OUTRO CORPO
INCONSCIENTE, SINTOMA E A CLÍNICA DO CORPO

Marcia A. Zucchi

OUTRO CORPO
INCONSCIENTE, SINTOMA E A CLÍNICA DO CORPO

1ª Edição
POD

KBR
Petrópolis
2015

Coordenação editorial **Noga Sklar**
Editoração **KBR**
Capa **KBR**
Ilustração da capa **"Good Red Love", óleo sobre tela de
Tracey Emin, 2014 (detalhe)**

ISBN: 978-85-8180-425-5

KBR Editora Digital Ltda.
www.kbrdigital.com.br
www.facebook.com/kbrdigital
atendimento@kbrdigital.com.br
55|21|3942.4440

PSY000000 - Psicologia

Marcia A. Zucchi é psicanalista, Membro da Escola Brasileira de Psicanálise (EBP) e da Associação Mundial de Psicanálise (AMP), licenciada em Psicologia pela Universidade Católica de São Paulo (PUC-SP). É Mestre em Ciências, na área Saúde da Mulher, pelo Instituto Fernandes Figueira (IFF), da Fundação Oswaldo Cruz (FIOCRUZ) e Doutora em Teoria Psicanalítica pelo Programa de Teoria Psicanalítica do Instituto de Psicologia da Universidade Federal do Rio de Janeiro (UFRJ). Além de suas atividades em clínica privada, é professora do Programa de Pós-Graduação em Psicanálise em Atenção à Infância (SEPAI) do Hospital São Zacharias, vinculado à Universidade Candido Mendes. É autora do livro *Estranhas Entranhas: Psicanálise e Depressão na Gravidez,* bem como de diversos artigos publicados em revistas nacionais, como *Latusa* (impressa e digital), *Opção Lacaniana* (impressa e digital), *Arquivos de Biblioteca, Trieb, Psicologia Clínica (PUC-RJ), Correio* e *Asephalus*; e internacionais, *como Medioditcho, Afreudite, Acheronta* e *Colofón,* além de diversas colaborações em livros.

E-mail: marciazucchi@hotmail.com

*Para Luis, Carolina, Rita e Enio (*in memoriam*).*

Sumário

Nota da autora

Este livro é baseado, em grande parte, em minha Tese de Doutorado denominada "O destino da anatomia: o inconsciente e sua relação com o corpo nos sintomas contemporâneos", apresentada ao Programa de Pós-Graduação em Teoria Psicanalítica do Instituto de Psicologia, da Universidade Federal do Rio de Janeiro (UFRJ) em março de 2007 e desenvolvida sob orientação da Profa. Dra. Tania Coelho dos Santos. Compuseram a banca julgadora as professoras Hebe Tizio Dominguez (Universitat de Barcelona), Ana Maria de Toledo Piza Rudge (PUC-RJ), Maria Cristina Antunes (Universidade Estácio de Sá), Angelica Bastos (UFRJ) e Tania Coelho dos Santos (UFRJ).

Agradecimentos

A todos os meus colegas. E aos amigos que fiz na EBP e na AMP, pela fértil experiência de Escola, absolutamente fundamental em minha formação analítica.

A Romildo do Rêgo Barros, por nos ter aberto as portas da EBP através de seus seminários, e, especialmente, pela generosidade ao escrever o prefácio deste trabalho.

A Marcus André Vieira, pelo constante estímulo intelectual e também pela apresentação, que torna ainda mais fértil a leitura deste livro.

A Sandra Viola, pela longa e sólida amizade e pela construção amorosa da resenha deste trabalho.

A Tânia Coelho dos Santos, orientadora não só desta tese de doutorado, mas de um fecundo percurso nas obras de Freud, Lacan e Miller.

A meus analistas e supervisores, por terem possibilitado travessias fundamentais, que só fortaleceram nosso laço com a psicanálise.

Agradeço especialmente a todos aqueles que tanto nos ensinaram ao nos conceder a possibilidade de escutá-los em seu trajeto analítico.

A Cintia Busato e Mirta Zbrun, pelo estímulo na produção deste livro.

À minha família, especialmente minha mãe Rita Leucci, meu pai Enio Zucchi (*in memoriam*) e meu irmão Enio Maurício Zucchi, que com amor incondicional sempre deram apoio e estímulo a todas as minhas realizações.

A meu marido, Luis David Castiel, e à minha filha, Carolina Zucchi Castiel, pelo imenso amor, admiração e respeito que nos dedicamos mutuamente, e que permitem que eu ainda me lance, sempre um pouco mais...

Agradeço ainda ao Programa de Pós-Graduação em Teoria Psicanalítica do Instituto de Psicologia da Universidade Federal do Rio de Janeiro, à Capes e ao CNPq pelo acolhimento e incentivo na viabilização da pesquisa de doutoramento.

Apresentação
Na vida do corpo

A psicanálise lida com o corpo de um modo muito especial: ele parece ficar de fora em suas dores e fomes, já que, em análise, só contam aquelas que podem ser narradas. Exatamente por isso, por mais paradoxal que possa parecer, o corpo ganha um lugar e dimensão que vão muito além daqueles de todo dia. Quando lidamos com os movimentos do corpo através das histórias que dele contamos, ou que ele nos conta, sua presença deixa de ser apenas "pão-pão, queijo-queijo", ganhando em imensidão e mistério. Não somente nos deparamos com os desejos que já conhecíamos, que se tornaram nossos prazeres e hábitos, como também com os inacreditáveis, ou disformes, aqueles que um dia foram vividos e esquecidos, ou experimentados apenas em sonhos.

Neste livro, o leitor encontrará a demonstração do modo como Freud estabeleceu a psicanálise como acesso a esta dimensão em que o gozo do corpo e sua satisfação excedem prazeres e amores cotidianos. Marcia Zucchi nos leva por essa trilha estreita, que se esboça desde a primeira grande descoberta de Freud: a vida do corpo é a sede de nossa maior singularidade, mas da maior estranheza ao mesmo tempo.

O roteiro é simples, partindo do ponto em que Freud

mostra como o corpo em análise é o corpo dos sintomas que não apenas traduzem sofrimentos concretos, mas falam de nossos segredos e satisfações inconscientes. Leva-nos a perceber, a seguir, como Lacan entrevê algo mais: nas falas do sintoma, insistem não apenas notícias do inconsciente, mas uma singularidade sempre em excesso com relação ao dizer. Para o analista, a experiência do corpo inclui o acontecimento desse excesso, sua intrusão na vida de todo dia. O corpo não é apenas paisagem, mas essa espessura vital que habita nossos desejos, essa "substancia gozante", ou ainda, "sinthoma", nos termos de Lacan que Marcia situa com precisão: não é apenas um corpo que fala, mas um corpo que, mesmo feito de fala, excede o discurso para nos trazer a certeza de sua vida que apenas é, sem porquê.

Como lidar com esse muito do corpo, que só vemos quando não o objetivamos? Em que ele pode nos ajudar nas embrulhadas da vida? Marcia não recua ante essas questões. Estruturado por uma pesquisa de tese de doutorado, o texto tem a força da palavra simples da autora, que reúne referências, articula, organiza e expõe. A pesquisa é pautada, porém, por sua experiência como analista, bússola que o orienta em direção às questões da clínica psicanalítica, nem sempre na mesma direção daquelas da sala de aula.

Deste modo, além de ser uma iniciação ao corpo na psicanálise, este livro é também um percurso sobre o corpo no ensino de Lacan. Para isso, segue o fio do trabalho de Jacques-Alain Miller, que extrai dos últimos seminários de Lacan as indicações esparsas para delimitar o modo de lidar com o *sinthoma*, como acontecimento de um corpo que goza. O livro de Marcia, farto em citações, preenche, então, uma lacuna em nosso meio, carente de publicações dos cursos de Miller em língua portuguesa.

Não contente com isso, Marcia quer interrogar nosso trabalho em dias de corpo-artefato, incessantemente feito e refeito, recortado, implodido. Poderiam as indicações de Lacan elucidadas por Miller ajudar no trabalho do psicanalista com os sintomas de nossos dias? Aguilhoada por questões que não cessam, Marcia tem a generosidade de dividi-las conosco, e assim nos tornamos seus parceiros nesta caminhada.

Marcia investiga, pinça, apresenta o essencial dessa última virada de Lacan no que ela interessa ao corpo implodido de hoje; e demonstra como essa "biologia lacaniana", segundo Miller, não visa a verdade, mas o vivo. Em vez de revelar ou descobrir a verdade do gozo, a questão será fazê-lo caber na vida.

Muito da psicanálise muda de ênfase. Os afetos? Podemos tomá-los menos como expressão e mais como vibração. O saber? Não mais o cinza da teoria, mas o estilo, o modo de gozar. A interpretação? Menos explicação e mais apreensão das vias de inscrição do Outro no corpo. O sintoma? Uma fixação inamovível, por onde a vida deságua no saber. O corpo? Não apenas paisagem, mas igualmente excesso, o que nos afasta do delírio de nos tomarmos como seus legítimos proprietários.

Finalmente, Marcia ressalta neste contexto a experiência clínica daqueles que escreveram sobre suas análises, os analistas nomeados pelo passe; e seus relatos destacam aquilo que se decanta nesses percursos, traço do que se fixa, letra, sempre "hipertexto" — encruzilhada levando a muitas histórias. No sentido inverso, é também o ponto a que todas elas conduzem, centro nervoso de uma singularidade que ecoa o modo como para cada um a vida foi compondo, nos encontros e acidentes com o Outro, uma colagem única, um modo singular do fluir e vibrar do gozo, meu corpo.

Marcus André Vieira
Rio de Janeiro, setembro de 2015

Prefácio
As alteridades do corpo

Este livro tem um percurso. Não somente de certa forma narra uma história da psicanálise, com ênfase sobretudo na fase atual, marcada por paradoxos, como também expõe certos elementos que constituem a ossatura do surgimento e continuidade da psicanálise, partindo de uma constatação que é provavelmente comum à maioria dos psicanalistas, senão a todos: há sintomas que não existiam antes, ou que não eram endereçados aos psicanalistas, ou mudaram de importância na cultura.

Marcia nos informa que no escopo de seu livro analisa as *condições culturais de organização desses novos sintomas*, passando ao *destacamento das relações entre o corpo e a linguagem*. Em seguida, percorre *as diferentes concepções de "sintoma" em Freud e Lacan*, para melhor compreender a estruturação dos novos sintomas, sua relação com o inconsciente e os limites de sua classificação. E assim se aprofunda *na análise da concepção de "psicose ordinária"*, para, finalmente retomar a discussão acerca da *sexuação*, visando avaliar a possibilidade de se considerar a *"indiferença sexual" como uma marca de alguns sintomas contemporâneos.*

Mais adiante, a autora nos dá um exemplo clínico do que chama de "descrença nos aspectos simbólicos relativos às questões subjetivas", que, segundo ela, marca profundamente os nossos tempos: trata-se do caso de uma jovem, vinda à consulta por causa da sua obesidade mórbida, que previne de saída aquela que se dispunha a ser sua analista: "Eu vim aqui pra emagrecer, não pra ficar falando de outras coisas".

"As outras coisas", podemos supor, é tudo o que não se refere diretamente à sua obesidade ou ao seu tratamento direto. Pode-se pensar, por exemplo, nos significantes que marcam a história de cada um, ou nas fantasias que fazem as vezes de realidade. "E, sobretudo, não me venham falar de sexo", poderia ter acrescentado a paciente. Há aqui uma clara tentativa de separação entre o corpo e o que não é corpo, ou entre o corpo e o que poderia representá-lo simbolicamente.

Mas, prossigamos no paradoxo: se não devemos falar de outras coisas a não ser do próprio corpo, com exceção até do sexual, por que seria o psicanalista o destinatário, ele que é suposto ocupar-se da mente, dos afetos, dos sentimentos ou do que quer que pareça abstrair-se do corpo? Esse apelo ao psicanalista mostra pelo menos uma coisa: a separação entre o corpo e os significantes não se dá inteiramente. O que está havendo, escreve Marcia Zucchi, é uma transformação no tipo de conexão que vinham mantendo: "Quando falamos em descrença no simbólico não queremos dizer que as práticas em torno do corpo não sejam práticas de linguagem, ao contrário. Aqui, porém, linguagem e corpo aparecem numa conexão muito peculiar".

Esta é, de fato, uma questão central para a psicanálise de hoje, e é fundamentalmente dela que trata o livro de Marcia Zucchi, quando descreve criticamente como opera essa nova conexão.

Sabemos como Freud resolveu o paradoxo, tal como se apresentou a ele: o percurso que a psicanálise oferece ao sintoma inicia-se em um sofrimento, atravessa uma experiência na qual o sujeito é acompanhado pelo analista, e dessa experiência pode resultar no fim um saber, que, por hipótese, está nos fundamentos da produção do sintoma.

O surgimento de um saber que, apesar de ocorrer no fim, esclarece na verdade as condições iniciais da produção do sintoma, está bem de acordo com a fórmula criada por Freud para expressar uma reação possível do analisante diante dos efeitos de uma interpretação: "Ah, isso eu sempre soube". Para Freud, aquilo que se sabe no fim é o que na verdade está no começo... Em outros termos, mais simples e de acordo com a prática de Freud, o que está na causação do sintoma se manifesta, por um lado, por meio da dinâmica das formações do inconsciente, e, por outro, pela inércia das cenas da fantasia.

Ora, temos aí uma exigência: para que o sofrimento, a experiência do trabalho analítico e o saber produzido possam se articular, é necessária uma certa estabilidade na função que Lacan chamou de "o Outro", que, no final das contas, percorre com o sujeito o caminho que vai da demanda de alívio ou de cura ao desejo, entendido como o confronto com um objeto que falta. Como pergunta a autora:

> (...) a que Outro essas respostas subjetivas estão endereçadas? Como advertiram Miller & Laurent (2005), a variação na consistência desse Outro já não oferece grandes narrativas em torno das quais os sujeitos podem organizar sua subjetividade.

Ou seja, essa perda de consistência do Outro nos nossos tempos é um fenômeno que está associado ao declínio apontado por Jean-François Lyotard no final dos anos 1970, em referência às narrativas universais que operavam como condição das subjetividades. Portanto, uma transformação importante, como a que estamos experimentando atualmente, forçosamente provoca modificações em todos os elementos que estão em questão na estrutura da aliança: no sujeito, nas formas de sofrimento e de endereçamento, no Outro, na maneira como se constitui um sintoma etc. E, naturalmente, nas relações que cada um desses elementos mantém com os outros. Por sua vez, a psicanálise, cujo surgimento foi, em síntese, suscitado pelos abalos nas famílias, não pode ignorar, ou *a fortiori* crer-se imune a essas mudanças que transformaram o mundo.

Portanto, a "condição pós-moderna" — que dá título ao livro no qual Lyotard apresentou em 1979 o declínio das metanarrativas — rompeu uma aliança que parecia ser a garantia inabalável da própria existência da clínica, que é o que nos interessa diretamente: uma aliança entre o sujeito, inseparável do seu sintoma, e o Outro, ao qual, entre outras coisas, se endereça o sofrimento. É fácil notar que foi nos termos dessa aliança que a psicanálise achou seus fundamentos e se fez possível.

Essa ruptura, mesmo relativa ou parcial, fez com que os nossos tempos, marcados por uma crise de grandes proporções e com consequências que deverão ainda ir bem mais longe, sejam quase sempre caracterizados de forma negativa. Não somente o termo "ruptura" tem sido aplicado ao contexto, como também destruição, dissolução, falência, decadência, incredulidade, declínio etc. Cada um desses termos negativos se contrapõe, mais ou menos diretamente, à autoridade paterna tradicional, elemento positivo por excelência cuja inconsistência testemunhamos, tanto na prática clínica quanto no convívio social, e até no campo da criação.

Isso mostra, não é difícil perceber, que se trata de uma crise que atinge o coração da lei. Mas, se atinge a lei no seu âmago, acentua ao mesmo tempo uma nova contradição que terá cada vez mais efeitos na cultura, como indica Marcia Zucchi em suas conclusões provisórias: "A ascensão do mais-de-gozar ao lugar de agente dominante na cultura hipermoderna implicou especialmente na elevação da satisfação individual e imediata à condição de norma cultural hegemônica".

A "ascensão do objeto *a* ao zênite do social", como afirmou Lacan quase como um oráculo em 1970, implica, portanto, não simplesmente um aumento da importância da satisfação individual, sob a forma de um afrouxamento da repressão, como também uma paradoxal universalização desse aumento, a tal ponto que se possa ter constituído em "norma cultural hegemônica". Isso desmonta, até certo ponto, a ideia de Freud segundo a qual o gozo individual é limitado pela pressão da cultura, e que, a rigor, é justamente essa limitação que define qualquer formação coletiva.

A ideia de uma universalização da satisfação individual como norma, em contraste com o que pensava Freud em 1930, exige que levemos em conta o que contém de ensino uma obra iconoclasta e ao mesmo tempo paródica de alguém como o Marquês de Sade, autor que, segundo Lacan, não somente inverte a máxima de Kant — "Age de tal maneira que a máxima de tua vontade possa valer igualmente em todo tempo como princípio de uma legislação universal" —, como também dá a sua verdade. A partir daí, podemos dizer que, dentre os elementos que são transformados na ruptura da aliança entre o sujeito e o Outro, sobressai o corpo, assunto principal deste livro e que, aliás, constitui o seu título: *Outro corpo*.

Segundo o que nos diz nossa autora, "O efeito decorrente dessa nova norma é que a ascese do corpo é posta no centro das relações entre os sujeitos contemporâneos. Entretanto, o corpo é agora menos organizado por grandes narrativas sociais do que foi até a primeira metade do século passado. A ênfase atual está no gozo do corpo em sua face solitária ou autista".

Toda a questão estará, portanto, em definir o tipo de alteridade do corpo, antes e agora: para Freud, e para o primeiro Lacan, o corpo é álter por definição, uma vez que não se integra sem que alguma moção de desejo do Outro o antecipe. É este, me parece, o sentido mais profundo do estádio do espelho lacaniano. Partindo de dados diferentes, é igualmente o sentido da hipótese freudiana de que "a erotização do corpo infantil acompanha como uma sombra os cuidados maternos".

A fronteira traçada por uma nova compreensão sobre o corpo para a psicanálise, e que até separa uma velha de uma nova psicanálise, pode talvez ser expressa como migrando da alteridade do corpo (que supõe o Outro como referência) a um *Outro corpo*, "em sua face solitária ou autista" — "fora do sexo", onde Zucchi o localiza em seguida e com precisão, separando o *Outro corpo* do corpo histérico, que Freud pôs para falar um século atrás.

Romildo do Rêgo Barros
Rio de Janeiro, setembro de 2015

Introdução
As demandas clínicas atuais e sua referência ao corpo

A clínica de casos diagnosticados pela psiquiatria como "síndrome do pânico", "obesidade", "anorexia" e "transtorno obsessivo-compulsivo", com sua demonstração exuberante de sintomas corporais e afetos depressivos, conduz à pergunta: haveria, hoje, alguma diferença nessas afecções corporais se comparadas àquelas de épocas iniciais da prática psicanalítica? Seriam os mesmos sintomas? Frequentemente ouvimos, na atualidade, a referência a um aumento dos sintomas que afetam o corpo, sejam fenômenos psicossomáticos, afecções somáticas que acompanham as alterações do afeto ou conversões histéricas, e mesmo as neuroses atuais.[1] Algumas hipóteses explicando esse aumento têm sido levantadas, especialmente no campo lacaniano, embasadas na queda dos ideais paternos coletivizadores — o que é próprio

---

1 Freud, já em seus primeiros trabalhos psicanalíticos destacou a conversão da libido das vias psíquicas para o corpo como sendo o mecanismo básico de formação de sintoma histérico. Nota, porém, que na histeria a fonte libidinal estaria ligada a eventos passados, desejos infantis, enquanto em alguns casos, denominados por ele neuroses atuais, a conversão seria referente a uma quantidade de libido atual que não teria encontrado meios de descarga motora, nem expressão psíquica (Freud, 1976a, pp. 107-138).

da alta modernidade,[2] na qual a referência do sujeito não é mais um Outro consistente, mas um Outro plural, localizado e fluido (Miller & Laurent, 1996[1997]/ 2005). Da redução desses ideais de identificação coletivos resultariam importantes modificações nas práticas simbólicas, aparentemente as enfraquecendo, com um consequente aumento dos laços imaginários favorecendo a busca de uma pretensa satisfação imediata.

Em tais condições, o corpo aparece como o principal elo dos laços sociais. É, além disso, o palco principal do "imediatismo" a que nos referimos acima. Verifica-se uma certa descrença nos aspectos simbólicos relativos às questões subjetivas, já que a palavra perde *status*, por exemplo, diante do imperativo de certas imagens, ou da materialidade biológica do corpo.

"Eu vim aqui pra emagrecer, não pra ficar falando de outras coisas", disse uma jovem sofrendo de obesidade mórbida, nos comunicando seu desconforto em vincular a obesidade à sua história subjetiva.

Como destaca Marcus André Vieira, talvez devamos considerar esses "novos sintomas" não como efeitos de uma precariedade simbólica, mas de uma certa depreciação no valor da verdade para esses sujeitos, uma espécie de descrença no simbólico que tem implicações na constituição dos sintomas. Para dar conta desses efeitos da fluidez dos laços simbólicos, Vieira (2015) propõe o termo "desrealização da verdade".

Quando falamos em descrença no simbólico não queremos dizer que as práticas em torno do corpo não sejam práticas de linguagem, ao contrário. Aqui, porém, linguagem e corpo aparecem numa conexão muito peculiar: a prática compulsiva é quase sempre a norma em relação ao corpo. Parece bastante difícil ligar os excessos — sejam de comida, de sexo ou de cuidados com o corpo — com algo da ordem do desejo. Em contrapartida, não podemos generalizar a ideia de que não há desejo

---

2 Utilizarei neste livro os termos, "pós-modernidade", "alta-modernidade", "modernidade tardia" e "hipermodernidade", como sinônimos, embora reconheçamos que especialmente o termo "pós-modernidade" possa se prestar a equívocos ao indicar a superação de valores modernos, quando, ao contrário, o que se verifica na contemporaneidade é o auge de sua vigência. Sobre esse tema conferir GUIDDENS (2002).

nos excessos de investimento corporais da atualidade, embora este seja um fator clínico a se considerar nessas novas formas de higiene e disciplina do corpo e da saúde. De toda forma, a lógica do desejo e sua satisfação parece insuficiente para pensarmos tais sintomas, tornando-se essencial nesta análise a utilização do conceito de gozo.

O fato é que vemos proliferar na cultura as chamadas "comunidades de gozo" e seus modos de tratamento por identificação entre supostos iguais: "alcoólatras anônimos", "narcóticos anônimos", "jogadores anônimos" "compulsivos do sexo" etc. Como se pode notar, é especialmente em torno de sintomas corporais que se organizam tais "comunidades" — pseudofratrias orientadas por um significante designador da *forma de gozo* que as reúne. As respostas apresentadas por esses sujeitos, frequentemente envolvendo o corpo, podem ser tanto defesas neuróticas quanto psicóticas.

Conforme o texto "De uma questão preliminar a todo tratamento possível da psicose", no qual Lacan (1958/ 1998) destaca a necessidade da metáfora paterna como organizadora do sujeito visando separar neuroses e psicoses, estamos, hoje, diante de uma nova "questão preliminar" para o tratamento desses "novos sintomas": a que Outro essas respostas subjetivas estão endereçadas? Como advertiram Miller & Laurent (2005), a variação na consistência desse Outro já não oferece grandes narrativas em torno das quais os sujeitos podem organizar sua subjetividade.

Recalcati (2004) demonstrou que a nova "questão preliminar" exige que se verifique a consistência do Outro ao qual o sintoma do sujeito está referido, sendo necessário, muitas vezes, que a análise venha a tratar esse Outro. O autor especifica esse tratamento como uma apresentação do analista na transferência numa posição especialmente diversa da ocupada pelo Outro com o qual sujeito se deparou em sua história subjetiva. Sendo o lugar do Outro como interpretante da posição do sujeito o de um Outro sem Outro, os sintomas contemporâneos mostram--se frequentemente refratários à interpretação clássica. Torna-

-se então necessário preparar as condições para a interpretação, ou seja, criar as condições para o laço analítico, e por isso as práticas analíticas são hoje frequentemente precedidas de uma fase preliminar, cujo principal objetivo é discernir a que Outro o sintoma do sujeito está referido (se é que está referido a um Outro, podendo não estar, como no caso do autismo).

A instalação de um sintoma analítico exige manejos muito singulares por parte do analista na instalação da transferência, já que a suposição de saber nem sempre constitui um enigma que implica o próprio sujeito, aparecendo muitas vezes referida a um saber protocolar: "Queria um passo a passo pra me livrar dessa compulsão", nos diz um jovem cujas crises de angústia são substituídas por práticas obsessivas.

Nesse sentido, há uma clara mudança na concepção de sintoma. Não podemos considerar os denominados "novos sintomas" como formações do inconsciente, porquanto o próprio inconsciente é um conceito tributário do recalque — que, por sua vez, é um conceito pensado numa lógica que envolve um Outro consistente, o agente da castração, segundo Freud. Além disso, o recalque serve à temporalidade criada por Freud, que permite ao sintoma ser afetado pela interpretação.

Como bem apresentou Romildo do Rêgo Barros, Freud teria criado "um passado que está na dependência do futuro" e se expressa na fantasia (Rêgo Barros, 2012, p. 23). Os novos sintomas, como Barros os define, parecem envolver a questão temporal. Enquanto os sintomas neuróticos comuns, ou pelo menos as compulsões clássicas, podem ser compreendidos como ações ou pensamentos recalcados ligados a um gozo anterior que insiste em se satisfazer, nos novos sintomas obsessivos e compulsivos, embora os atos sejam repetidos, parece haver uma barreira contra sua vinculação à uma fantasia. (Rêgo Barros, 2012, p. 115). O imperativo superegoico "goza", que marca a contemporaneidade, fixa o sujeito num presente eterno, no qual a angústia é evitada pela compulsão dos atos no presente. A presença da angústia implica um intervalo temporal no qual o futuro pode ser interrogado a partir do "*che vuoi*?", que vemos elidido nos sintomas contemporâneos (Rêgo Barros, 2012, p. 113).

Assim, procuraremos ao longo deste livro descrever detalhadamente as mudanças ocorridas no conceito de inconsciente e de sintoma na teoria lacaniana, pensando as abordagens dos chamados "novos sintomas" no campo de intervenção psicanalítica.

Desde já parece importante destacar que não nos parece que os sintomas sejam novos; o que tem características novas é sua apresentação ao dispositivo analítico, que pode ocorrer sem que um enigma esteja implicado na queixa. A própria divisão subjetiva que um sintoma analítico implica pode ser elidida por um conjunto de "saberes" e "nomeações" disponíveis em um teclado de computador, e frequentemente os sujeitos nos chegam já previamente diagnosticados e já medicados pela psiquiatria ou pela medicina. Tudo isso implica dificuldades adicionais ao estabelecimento do laço transferencial e do sintoma analítico, exigindo que o analista entre mais no jogo analítico com seu corpo (seu olhar, sua voz, sua disponibilidade para os aparatos eletrônicos etc.), do que seria necessário há algumas décadas.

O que pode ser novo na teoria psicanalítica sobre o corpo

Uma das formas do mal-estar na cultura ocidental atual é a necessidade da novidade. Nos mais diversos campos da vida social — na moda, nos costumes, nas organizações e até no próprio corpo — pode-se perceber como a exigência do novo é imperativa, sendo esse "novo" como exigência superegoica de gozo um dos sintomas contemporâneos. Nessa mesma corrente, também o culto à juventude pode ser considerado um efeito desse modo hodierno de aplacar o mal-estar, uma forma pós-moderna da pulsão de morte. E na esteira dessa exigência vêm a aceleração do tempo e a obsolescência programada: tudo é feito para durar cada vez menos; tudo que se produz hoje já nasce velho, uma vez que no dia seguinte à sua apresentação ao mundo seu sucessor já está preparado, e nesse sentido só há falsos novos, basta observar o que se passa com a informática.

No plano do corpo estético, nunca se temeu tanto a velhice. A exigência do novo e da juventude chega às raias da tortura. Como afirma Jacques Alain Miller, talvez o verdadeiramente novo, hoje, seja encontrar um limite absoluto para essa escalada progressiva de busca da novidade (Miller, 2005, p. 334). De todo modo, um dos efeitos dessa busca acelerada do novo é que o sujeito se experimenta sempre como um resto da civilização atual: caso se recuse a entrar na cadeia das novidades, perderá o ritmo da história; quando tentar entrar nela, será sempre dela ejetado pela rapidez das mudanças.

Qual a posição da psicanálise frente a esse empuxo para o novo? Miller nos lembra que a própria psicanálise surgiu como algo realmente novo, pois na aurora da modernidade, com seu empuxo ao novo e ao progresso, Freud descobriu justamente que no mais íntimo do sujeito humano impera o velho, o arcaico, o infantil: a "compulsão à repetição", a "implacável regra do sempre o mesmo, (...) antigo, obsoleto, porém ativo, operatório e mais poderoso que a novidade" é a lei maior do humano (Miller, 2005, p. 336).

Contudo, se Freud trouxe à luz o velho que há no novo, seu estilo não deixou de ser uma "mescla pós-moderna entre elementos atuais e antigos" (Miller, 2005, p. 337). Não se trata nem de uma fé ingênua na busca do novo, nem tampouco de uma retomada obsoleta e saudosista do antigo. Talvez a clínica psicanalítica revele o quanto o velho (infantil) condiciona as realizações atuais do sujeito; nessa perspectiva, o trabalho clínico seria tentar a redução desses condicionamentos, mantendo no horizonte a perspectiva de um final de análise no qual a produção de algo de fato novo possa eventualmente surgir do ato de um sujeito em particular (Miller, 2005, pp. 327-344).

Hoje, também em psicanálise, falar do corpo é um fato sujeito à pressão da novidade, e muito se tem escrito sobre o tema nos últimos anos. De todo modo, no presente trabalho tentaremos situar a discussão psicanalítica sobre a problemática do corpo numa certa perspectiva histórica, isto é, localizá-la em sua relação com o discurso da ciência, visando contextualizar a clínica do corpo na atualidade. Para isso, apresentaremos no primeiro capítulo algumas das principais transformações que marcam a passagem da modernidade inicial para a modernidade atual, destacando especialmente o papel do Nome-do-Pai como referência da subjetividade nesses dois períodos. A título ilustrativo, abordaremos algumas transformações na concepção de corpo ocorridas entre a era medieval e a modernidade.

No campo psicanalítico, as concepções de corpo tanto variam segundo as Escolas quanto ao longo da obra dos diversos autores. No segundo capítulo apresentaremos as diferentes vertentes nas obras de Freud e de Lacan nas quais o corpo foi considerado, por exemplo, a passagem da energética freudiana à teoria do corpo articulado à linguagem. Destacaremos o recorte produzido por Jacques-Allain Miller que, mediante o conceito de "acontecimento de corpo" como modo primordial de concepção do sinthoma, delimita o último ensino de Lacan. Esta última concepção de corpo é oriunda de uma perspectiva da ação vivificante do significante, em oposição à primeira perspectiva lacaniana na qual o significante mortificava a realidade corporal. Veremos, ainda nesse capítulo, como Lacan descreve a materialidade do corpo enquanto "substância gozante".

Tomar a perspectiva do "vivo" e do "gozo" exigiu de Lacan uma nova concepção de sintoma. No Capítulo 3, abordaremos a passagem do sintoma como portador de uma mensagem inconsciente ao sintoma como marca significante, que vivifica o corpo e condensa o gozo. Tal passagem já reflete a nova perspectiva com que Lacan aborda o Real nos anos 1970, quando, através da pluralização dos Nomes-do-Pai, busca explicar a proliferação de singularidades e, consequentemente, de sintomas surgidos desde então. Se em seu ensino anterior o simbólico era considerado determinante da organização do real, após os anos 1970 Lacan preconizará a independência dos registros imaginário, simbólico e real: a articulação entre eles será sempre um ato em suplência; o sintoma será esse elemento a mais, (o quarto nó) que manterá unidos os registros. Essa nova perspectiva permite à psicanálise abordar os sintomas contemporâneos nos quais o corpo, seja como imagem, seja como gozo, está sempre implicado no sintoma.

No quarto capítulo, pretendemos buscar as transformações no modo de articulação entre o inconsciente e o corpo nos chamados "novos sintomas". Pretendemos, especialmente, analisar a relação do corpo com o inconsciente quando o sujeito passa do inconsciente para o "*parlêtre*", como propõe Lacan.

Na tentativa de tentar compreender o estatuto do inconsciente quando o real é sem lei, tomamos como motivação a pergunta feita por Miller no Congresso da Associação Mundial de Psicanálise de 2004, em Comandatuba: "O inconsciente é corporal?" (Miller, 2004, p. 17). A noção trazida por Miller em seu curso "Peças Avulsas" (2004/ 2005) nos permitirá compreender a passagem do inconsciente estruturado (quando o simbólico é prévio), produtor de sentido, ao inconsciente "peça avulsa", *lalíngua*, fora do sentido e articulado ao corpo.

Os fatos quase sempre precedem a teoria em qualquer área do conhecimento, e isso, obviamente, inclui a psicanálise. É o que abordaremos no quinto capítulo, quando apresentaremos as dificuldades diagnósticas dos sintomas contemporâneos. Acompanharemos as discussões e avanços produzidos em três encontros promovidos pela Associação Mundial de Psicanálise — Angers, Arcachon e Antibes — a respeito dos casos de difícil classificação na clínica psicanalítica, nos quais esteve em evidência a constatação do aumento das chamadas psicoses ordinárias, ou psicoses não desencadeadas. Tentaremos mostrar como esses quadros de difícil classificação podem ser também neuroses cujo operador do Nome-do-Pai parece não recobrir extensas áreas da vida subjetiva dos sujeitos.

Servindo-nos de um filme como fragmento clínico, buscaremos mostrar como uma certa abertura contemporânea às novas formas de encontro sexual parece menos uma liberalização e mais uma forma de inibição diante da diferença sexual e da impossibilidade de relação entre os sexos. A fim de sustentar a hipótese de que alguns dos novos sintomas implicam em certa "indiferença sexual", tomaremos como apoio as reflexões freudianas sobre as consequências psíquicas da diferença anatômica entre os sexos e as teses lacanianas do Seminário 23 referentes à desproporção do papel do parceiro sexual para homens e mulheres, assim como as proposições de Miller quanto à partilha sexual

Em relação ao aspecto clínico, nosso interesse nesta pesquisa é extrair da teorização de Jacques-Alain Miller elementos para uma nova orientação frente aos sintomas contemporâneos. Pode ser que nesse percurso nos deparemos, uma vez mais, com o fato de que, em psicanálise, o novo é o que há de mais antigo, isto é, sua relação com a sexualidade. Existem, entretanto, diferenças marcantes nos modos como a relação corpo-sexo--inconsciente-sintoma foi tomada, quer na teorização freudiana quer no ensino de Lacan. Entender essas retificações deve nos permitir tanto compreender as transformações do sintoma na cultura atual quanto encontrar os meios mais efetivos de abordá-lo clinicamente.

Algumas questões metodológicas

Faz-se necessário um esclarecimento sobre a escolha da perspectiva milleriana da obra de Lacan. Conforme Tânia Coelho dos Santos, em seu livro *Sinthoma: corpo e laço social*, a leitura da obra lacaniana feita por J.-A. Miller segue a orientação epistemológica clara de Canguilhem e Bachelard, que preconizam respectivamente a definição de uma ciência não pela acumulação dos dados em si, mas por seu ponto de chegada, e o processo de construção do saber científico não por uma acumulação linear, mas sofrendo cortes e rupturas epistêmicas.

Como nos lembra Quillet, para Bachelard o conhecimento se dá de modo aproximativo; em sua epistemologia, no entanto, o filósofo não trata de produzir um "conhecimento aproximado", mas sim um "conhecimento que se aproxima, que visa o objeto por retificações sucessivas" (Quillet, 1977, p.

43). Nessa mesma esteira, a leitura de Miller é compatível com a pesquisa psicanalítica tal como é conduzida tanto no espaço acadêmico como no âmbito das Escolas de Formação Analítica. E por serem passíveis de demonstração lógica, as construções e conclusões de Miller estão inscritas no debate universal da ciência — não aquela baseada na quantificação, mas a ciência fundamentada na lógica argumentativa e na demonstração dos efeitos de práxis daí decorrentes (Coelho dos Santos, 2006, pp. 13-14).

Além disso, o próprio fato de Lacan ter designado Miller como seu legatário, confiando-lhe o estabelecimento de sua obra, nos parece razão suficiente para tomar sua leitura como autorizada. Resta, porém, uma questão: como relacionar um discurso orientado por uma mestria — que, por isso mesmo, pode se aproximar de um discurso iniciático — à exigência de racionalidade científica própria da academia?

Lacan nos ajudou a compreender que a psicanálise, sua prática e sua teoria são tributárias do advento da ciência, a "vocação de ciência" da psicanálise estando intimamente vinculada à articulação da concepção de sujeito com o *cogito* cartesiano. A divisão entre a verdade e o saber que a prática freudiana encontrou no eu humano é correlativa à divisão cartesiana entre o ser e o *cogito* (Lacan, 1998a, p. 870); e a "descoberta" ou "invenção" do inconsciente não seria pensável antes do advento da modernidade e da ciência (Lacan, 1998a, p. 871).

A mentalidade medieval não comportava oposições entre os seres, nem tampouco entre as ideias. Sua cosmovisão era inteiramente teocêntrica, não comportando dualidades como público e privado, interior e exterior, e menos ainda a divisão entre consciência e inconsciente (Rodrigues 1999, pp. 41-54). O sujeito da ciência é concebido como aquele que está em exclusão relativamente ao objeto que investiga, uma concepção fundamental para que a psicanálise venha a constatar que essa exclusão é interna ao próprio sujeito. Assim, o sujeito é uma invenção que escapa ao processo de construção do saber científico.

No processo de produção de saber, o sujeito só é capturável nos efeitos lógicos do transcurso das cadeias significantes no qual esse saber se constrói. A descoberta freudiana de que "a verdade fala" é comunicável e verificável no discurso, inserindo a psicanálise no rastro da ciência. O aspecto central da relação entre psicanálise e ciência é justamente que a impossibilidade de se estabelecer uma correspondência entre cada verdade e um saber só é superada através do apoio, da conjugação entre esses termos que a concepção de "sujeito da ciência" (Lacan, 1998b, p. 883) nos oferece: a verdade como causa do sujeito é o que a ciência vela e a psicanálise revela. E é desse lugar de sustentação da existência de uma verdade como causa subjetiva que a posição do analista pode ser deduzida da racionalidade científica.

Cabe ainda considerar um outro aspecto, o fato de que a ciência, uma vez constituída, "esquece as peripécias de que nasceu", enquanto a psicanálise, ao contrário, preza em alto grau essa dimensão da verdade (Lacan, 1998a, p. 884). É nisso que se apoia nossa justificativa quando falamos em *mestria* na orientação da construção deste livro. Como já dissemos acima, o saber e a prática psicanalítica se fazem não por uma acumulação de dados, mas sim pela repetição da experiência fundadora da psicanálise. O desejo de Freud foi encontrar relações de sentido nos sintomas histéricos estabelecendo uma relação de causalidade entre o sintoma e o amor ao pai, o que constituía uma verdade inconsciente. E ele o fez em conformidade com a razão científica (Castiel, 1996, pp. 66-67), sem recuar, porém, diante das limitações que esta razão impunha às suas explorações. A ele se seguiram todos os outros que pretenderam (e pretendem) sustentar a potência dessa descoberta; repetir esse ato de criação é o que é exigido de cada praticante da psicanálise, uma vez que se trata de um saber em aberto. Além do mais, como lembra Tânia Coelho dos Santos em *Psicanálise, pesquisa e universidade*:

> E dificilmente poderemos deixar de concluir que o saber suposto ao inconsciente é, ele próprio, objeto da crença de um grupo: os psicanalistas que descendem dessa tradição e

se confessam integrantes dessa genealogia de pesquisa. Se reintroduzirmos na consideração científica o Nome-do-Pai, o desejo do fundador, tal como Lacan nos convidou a fazer, não há, rigorosamente falando, nenhum saber que se possa pretender universal. Todo saber depende, para ser reconhecido, de uma comunidade de fundamentos, de uma crença fundadora, da identificação ao significante de um desejo. Dizendo isso, limitamos toda universalidade científica à particularidade do nome em que repousa a crença que constitui um grupo. (Beividas, 2002, p. 77)

Nesse sentido, o conhecimento em psicanálise se constrói essencialmente por linhas de transmissão de desejo, o que está conectado à mestria, como se verifica no Discurso do Mestre proposto por Lacan em seu seminário sobre "O avesso da psicanálise" (1969/ 1970). Nesse discurso, um saber (S2) opera movido por um significante arbitrário, caprichoso (S1), a fim de produzir a particularidade de um gozo que se pode transmitir. A condição linguageira da subjetividade é o que está velado como verdade nesse discurso (Lacan, 1969[1970]/ 1992). Aqui, todavia, interessa-nos essa conexão entre o que agencia o discurso (S1) — portanto entre o arbitrário do desejo — e o que ele pode produzir (transmitir), a saber: a pura parcialidade de um gozo singular.

Numa análise arrojada, Miller (2005, pp. 108-125) reconhece o caráter conservador, mas não conformista da psicanálise, afirmando que, ao criticar a modernidade que se erigia elevando o progresso à potência de significante-mestre, Freud revelou que o fundo da razão humana é pura repetição (Freud, 1920/1976). Para Miller, esse ato freudiano que afronta o "cientismo"[3] é um ato poético. No seu modo de entender, fazer psicanálise hoje exige esse "esforço de poesia": recriar o ato criativo de Freud, sustentando o caráter oracular, arbitrário, não

---

3 O termo "cientismo" foi utilizado por Miller para distingui-lo do espírito científico da investigação. O cientismo revela o caráter ideológico em jogo na investigação, ao associar de forma inexorável a ciência à ideia de "progresso".

democrático, do significante fundador de uma posição de desejo. É nesse sentido que o ato freudiano seria poético.

Os poetas também fazem Escola. Assim, é como discí-
pula de Freud, Lacan e Miller que tentamos aqui fazer "prosa"[4]
a partir de seus atos de poesia.

Resta-nos uma última palavra sobre o processo de construção deste trabalho. Ao longo do texto procuramos apresentar alguns fragmentos clínicos, que nos permitiram ilustrar os
pontos teóricos em pauta, e isso nos pôs diante de uma questão:
a ética do sigilo não nos permite utilizar casos da clínica particular sem a devida autorização. Deparamo-nos, então, com um
novo problema: qual o sentido ético de fornecer nossas hipóteses clínicas ao analisante que nos procura buscando alívio de
seu sofrimento, mas não sua explicação teórica? Por outro lado,
sabemos que não há aprendizado psicanalítico sem a construção de casos clínicos oriundos da prática cotidiana.

Entendemos por caso clínico o recorte do material discursivo e a construção de hipóteses feitas pelo analista acerca
do trabalho junto a seu analisante, o arranjo de um conjunto de
dados que possa demonstrar a validade ou não de uma hipótese
diagnóstica e dos efeitos de suas intervenções baseadas nessa
hipótese. Desse modo, o caso relatado será sempre o do analista,
mais do que o de um analisante específico. O sigilo é garantido
também pela omissão de dados ou fatos que permitam a identificação do paciente. Isso posto, sentimo-nos confortáveis em
utilizar breves referências a fragmentos clínicos visando ilustrar
alguns tópicos.

---

4 Diante da pergunta "se todos seriam capazes de fazer poesia", Miller responde que
os discípulos fazem prosa. (Miller, 2005, p. 124)

Capítulo 1
O contexto histórico dos "novos sintomas"

Da era vitoriana a maio de 1968

Falar de como o corpo foi abordado pela psicanálise, e das retificações sofridas por essa abordagem na obra de Freud, de Lacan e na própria teoria lacaniana, exige que situemos a teoria psicanalítica no universo dos saberes modernos; o que faremos utilizando a estratégia de um diálogo entre disciplinas, buscando destacar a convergência entre alguns desses discursos quanto às transformações ocorridas no início da modernidade inicial que culminaram na modernidade atual com efeitos nas sociedades, nas subjetividades e nos corpos.

Como já dissemos, a psicanálise é filha da modernidade. Em seu livro *Modernidade Líquida* (Bauman, 2001), Zygmunt Bauman apresenta um interessante cotejamento entre o início da modernidade — cenário em que a psicanálise freudiana se estabeleceu — e a modernidade atual, destacando elementos dessa passagem que a nosso ver são extremamente úteis para compreendermos o cerne dessa transformação.

O avanço do capitalismo associado ao desenvolvimento da ciência é a marca da modernidade, sendo as concepções de ordem e controle os eixos da racionalidade moderna, para a qual conceitos como "solidez", "permanência", "imobilidade", "volume" e "enraizamento" designam tanto os processos sociais como os individuais. Alguns significados da palavra "ordem" — tais como organização, estrutura, sucessão, fileira, sequência, método, processo, disciplina, lei, regulamento (Houaiss, 2006) — expressam claramente o modo dessa organização. Como demonstra Bauman, o modelo de organização fordista,[5] com suas oposições entre "liberdade e obediência", "comando e iniciativa", "projeto e execução", "invenção e determinação" e a passagem suave e calculada entre esses opostos "foi sem dúvida a maior realização até hoje de engenharia social orientada pela ordem. Não surpreende que esta tenha estabelecido o quadro metafórico de referência (...) tanto do nível societal-global como da vida individual" (Bauman, 2001, p. 68).

Esse modelo caracterizou o primeiro estágio do capitalismo, denominado por Bauman "capitalismo pesado",[6] em oposição ao capitalismo atual, considerado "líquido ou leve". Nesse contexto, a modernidade viu nascer não só o capitalismo inicial, mas também o comunismo e o socialismo que, na realidade, não eram seus opostos, no que diz respeito à relação com o paradigma positivista da ordem e da lei. Tanto o capital quanto os trabalhadores estavam enraizados nas organizações e no solo onde eram produzidos, diferentemente do capitalismo atual, que se caracteriza por uma desterritorialização do capital e dos sujeitos que designamos pelo termo genérico de "globalização".

O final do período medieval e a revolução renascentista europeia nas artes, na filosofia, na religião e nas ciências começaram a esboçar os valores da primeira modernidade, originada

---

5 O termo "fordismo" se refere ao empresário americano Henry Ford, que, no início do século XX, criou um processo de produção de automóveis em escala de massa, através, dentre outras coisas, de uma política de barateamento de custos e fixação do operário à empresa.

6 Uma referência ao *Manifesto Comunista*: "Essa subversão contínua da produção, esse abalo constante de todo o sistema social, essa agitação permanente e essa falta de segurança distinguem a época burguesa de todas as precedentes. Dissolvem-se todas as relações sociais antigas e cristalizadas, com o seu cortejo de concepções e de ideias secularmente veneradas; as relações que as substituem tornam-se antiquadas antes mesmo de ossificar-se. Tudo o que era sólido e estável se esfuma, tudo o que era sagrado é profanado e os homens são obrigados finalmente a encarar com serenidade suas condições de existência e suas relações recíprocas" (Marx & Engels, 1850/1973, pp. 36-37).

essencialmente do deslocamento do teocentrismo e resultando na rejeição ao poder da Igreja e das monarquias como representantes diretos da autoridade divina. Esse quadro abriu espaço para o que se considerou o marco da modernidade: a Revolução Francesa, com seu ideário de liberdade, igualdade e fraternidade, que criou o Estado moderno leigo, cujos dois pilares eram o "Estado" e o "cidadão".

O passo seguinte foi o esforço de consolidação das liberdades individuais frente ao poder estatal ou social, organizando o pensamento político e moral da primeira modernidade. Nesse período, as teorias do contrato social produzidas por Hobbes, Locke e Rousseau coincidiam em fazer ver que não haveria liberdade sem o Estado como protetor do cidadão. Iniciou-se, paralelamente, um processo de construção de leis limitadoras dos poderes do Estado salvaguardando as liberdades individuais, bem como os códigos de conduta dos cidadãos que visavam garantir a vida social (Camps, 1994, p. 62).

A passagem para a alta modernidade e o abrandamento das relações nitidamente demarcadas, desde a autoridade familiar até a própria noção de Estado, parecem ter sido precipitados especialmente pelo enfraquecimento das relações entre produção e acumulação, gerando uma volatilidade, senão virtualidade do capital, que desprezou (e de certo modo, destruiu) o poder organizador do Estado-Nação.

Com as referências individuais não haveria de ser diferente. Na passagem do antigo regime para o moderno, a radical e imediata verticalidade da relação dos sujeitos com a autoridade (já que o Rei e a Igreja eram representantes diretos de Deus) foi substituída por uma verticalidade mediada pelo Estado, legislador e gestor dos direitos individuais e coletivos. Todavia, o avanço do capitalismo e seu efeito direto, a exigência de consumo para fazer girar o capital, promoveram acontecimentos sociais que culminaram na total extinção das relações verticalizadas em prol do que seriam relações consensuais.

Entramos na era dos "comitês de ética", das "agências de regulação", "dos profissionais de mediação". A luta feminista pela igualdade de direitos sociais para as mulheres, que ainda está longe de haver atingido todos os seus objetivos, parece ter sido um desses acontecimentos. A rápida captação do ideário feminista pela máquina capitalista afastou mais ainda as mulheres das questões próprias à sua subjetividade, transformando o que seria uma luta pelo reconhecimento de direitos em competição pelo poder e dominação entre os sexos.

Por trás do discurso da igualdade, o que de fato ocorreu foi a transformação de todos em consumidores. Do mesmo modo, os acontecimentos de maio de 1968, iniciados na França como um movimento universitário ao qual se agregaram vários outros segmentos da sociedade, reivindicando uma revisão das rígidas relações de poder na educação, na política e da própria moralidade, foram rapidamente esvaziados. Os partidos de esquerda retiraram seu apoio ao movimento, assim como as estratégias de captação capitalista transformaram seus slogans em simulacros de liberdade, mais uma vez a serviço do consumo.

O corpo na história

A título de ilustração, nos valeremos de algumas teses apresentadas pelo historiador José Carlos Rodrigues que, em seu livro *O corpo na História* (Rodrigues, 1999) compara a sensibilidade[7] ou sensorialidade contemporânea à do período medieval. Assim como grande parte dos autores das chamadas ciências sociais e também da psicanálise, Rodrigues toma a Idade Média como o Outro da modernidade, porquanto é em reação a ela que esta última se erige. Além disso, segundo Rodrigues, vários traços da sensibilidade medieval serão encontrados nas camadas mais pobres das populações, muito especialmente da brasileira (Rodrigues, 1999, p. 18). Através da análise de um conjunto de oposições como "fusão e separação", "espírito e matéria", "proximidade e distância", "exterior e interior", tão próprias ao pensamento contemporâneo, o autor vai apontando

---

7 O termo sensibilidade aqui se refere aos órgãos do sentido: sensibilidade auditiva, tátil, gustativa, olfativa e visual.

sua impropriedade no contexto da razão medieval, em que se conjetura uma concepção bastante distinta de corpo e de subjetividade. Talvez nem devêssemos falar em subjetividade, visto que o descentramento do eu humano entre ser e pensamento só se promoveu com Descartes, mas utilizamos o termo por estarmos abordando a questão desde nossa racionalidade... Talvez esta seja a razão pela qual Rodrigues toma como fio de sua análise o corpo em sua função de percepção, localizando aí a razão.

Muitas das oposições que ainda hoje conhecemos, tais como cultura de elite e cultura popular, público e privado, interior e exterior, sagrado e laico, natureza e cultura e outras mais, são repartições surgidas no mundo feudal, isto é, no terço final do período medieval, constituindo as transformações preliminares ao advento da era moderna. Como afirma Rodrigues, em grande parte da Idade Média "(...) as contradições eram mais horizontais (por exemplo, entre corporações, cidades etc.) que verticais (como entre classes sociais dominantes e dominadas, ricos e pobres, mestres e aprendizes)" (Rodrigues, 1999, p. 37).

No que tange ao corpo, constatamos que no período medieval ele era tomado como o quadro privilegiado da inscrição de destinos. A cosmovisão medieval permitia que o mundo se desdobrasse como um enorme sistema de símbolos no qual se estabeleciam as relações entre as coisas, para além de suas relações causais ou genéticas. Havia a concepção de que as coisas portavam em si próprias sua razão de ser. Assim sendo, qualquer alteração era atribuída a um milagre — perfeitamente possível, já que a ideia de impossível não existia (Rodrigues, 1999, pp. 42-44).

O imaginário tinha um papel central no pensamento medieval. Não havia separação entre o visível e o invisível, ou entre o visível e o imaginado:

> (...) os homens medievais se comparados aos renascentistas, não sabiam olhar (...) Decorrência perfeitamente compreensível da inseparabilidade entre real e imaginário, os acontecimentos do sonho e da vigília não constituíam universos

distintos. (...) Não era necessário dormir para sonhar. O sonho estava presente e ativo aqui e agora (...) não representava algo que remetesse para dentro do sonhador, para um âmago íntimo e insondável de si mesmo. (...) A aparência não existia para ser negada em proveito de uma essência (...). A aparência era considerada positiva: já revelava por si mesma. Mais ainda, sua riqueza não se esgotava aí. Entre aparência e essência, existiam as infinitas mediações da imaginação. (Rodrigues, 1999, pp. 49-50)

Para o homem medieval, espírito e matéria não eram opostos, e o corpo era valorizado por si, pois continha o que hoje chamamos de "espiritual". Nesse sentido, a própria morte não dissociava o corpo de suas virtudes, como na modernidade. Multiplicar o corpo dos bons e dos nobres produzindo relíquias era uma prática comum na Idade Média. Cabe notar que a Igreja católica cuidou de preservar essa prática durante muitos séculos, mantendo-a inclusive na Idade Moderna. Aqueles que viveram na segunda metade do século passado puderam observar certo declínio desse tipo de culto que, no entanto, vemos ressurgir hoje, quando a renovação de práticas religiosas assume um caráter mais mágico-protetor do que propriamente de fé, um retorno do uso da relíquia que se assemelha ao seu aparecimento no período medieval.

A própria experiência do sofrimento e da dor se inscrevia de modo absolutamente distinto do que conhecemos atualmente, já que até a modernidade, isto é, até o advento da ciência e das técnicas delas derivadas, "a humanidade foi obrigada a lidar com o sofrimento por outros meios que não os técnicos (...) Sempre foi por meios culturais, integrando-a ou não a um sistema de significação, que os homens atribuíram sentido à dor, desenvolvendo diferentes espécies de 'arte de sofrer', que hoje nos soariam absurdas" (Rodrigues, 1999, p. 56).

A percepção do corpo como ferramenta ou máquina já é um efeito da modernidade; o corpo medieval não era definido por sua força, resistência, disciplina ou rentabilidade, vertentes que implicam o aspecto muscular do corpo. Tampouco era o corpo propriedade privada do sujeito. A propriedade do corpo (ideia de corpo próprio) quando este se torna "bem de produção" é uma aquisição burguesa, tal apropriação sendo a materialização de sua hegemonia no novo regime que viria a se instalar.

Consequentemente, no período medieval não cabia pensar em um corpo consumidor. A própria metáfora do corpo e do psiquismo como máquinas energéticas, de que Freud tanto se serviu, seria impensável naquele período. Somente no final da Idade Média veremos se multiplicarem os rituais de formalização do corpo, sendo a cavalaria, com suas vestimentas e gestuais contidos, disciplinados e treinados, um estágio que precedeu a transformação moderna do corpo em corpo produtivo (Rodrigues, 1999, p. 83).

Anteriormente, por ser o corpo integrado ao corpo social, cósmico e universal, a ideia de indivíduo lhe era completamente estranha, o que era extensivo às próprias manifestações do corpo.

> (...) O medievo era tempo de toques corporais na barriga e nas costas, de liberdade verbal, de descontração, de segurar o interlocutor pelo braço e de estar à vontade com os encontros epidérmicos. Tempo de um corpo expansivo, indisciplinado, transbordante. Promíscuo — se quisermos —, pois sempre misturado com outros corpos e matérias. (Rodrigues, 1999, p. 84)

Do mesmo modo, o funcionamento fisiológico era considerado algo que reunia esse corpo aos outros corpos, ou ao mundo não corporal. A ideia de excrescência era estranha ao homem medieval. Portanto, a exposição de partes corporais ou seus produtos não tinha qualquer significação de falta de pudor ou vergonha. A partir daí, fica fácil supor que mesmo a concepção de lixo tenha sido uma aquisição simbólica própria do ordenado mundo moderno.

Rodrigues prossegue em sua análise nos oferecendo algumas hipóteses interessantes, especialmente a que supõe a permanência de traços da sensibilidade medieval nas camadas mais pobres das populações (por exemplo, uma maior convivência com o lixo, ou mesmo um maior contato corporal). Questiona se tal persistência de uma sensibilidade pré-moderna, ao invés de denotar um caráter negativo (falta de ordem, de limpeza, de educação ou mesmo de boas condições sociais), não poderia ser pensada de forma positiva, como uma recusa ativa a entrar na sensibilidade capitalista moderna que imporia um afastamento de certos prazeres (equivalentes aos das crianças quando experimentam, por exemplo, o prazer da sujeira) (Rodrigues, 1999, p. 95).

A esse respeito, nos perguntamos então se a psicanálise seria aplicável à sensibilidade pré-modernas. Parece-nos que não. Como ressaltamos acima, a condição para a psicanálise é o sujeito que a ciência promoveu, dividido e afetado pelo recalcamento que o faz definitivamente reconhecível e estranho a si mesmo. As condições para a existência do inconsciente foram criadas pelas divisões que Rodrigues enumera em sua pesquisa, ainda que o autor, a nosso ver, trate as perdas sofridas na sensibilidade corporal do homem moderno num tom um tanto nostálgico. Para ele, a psicanálise e a ideia de inconsciente seriam subprodutos do afastamento do sujeito humano de si mesmo.

Com o auxílio de novos meios técnicos, manifestações mais ligadas ao fato de o homem ser visto como um corpo passaram a ser excluídas com mais eficiência, não só da vida coletiva, mas da convivência de cada um consigo próprio. A vergonha e o asco a elas associados em público insensivelmente se transferiram também ao âmbito do privado, do íntimo, do secreto. Inspirada pela repugnância que distanciou um corpo dos de outrem, desenvolveu-se igualmente em cada humano um afastamento de si mesmo. Não se deveria estranhar, por conseguinte, que por via da repressão de pensamentos, visões, cheiros, tatos, sons e tudo o mais se acabasse por quase proibir qualquer relação mais próxima de cada um consigo mesmo.

Nada há de incompreensível no fato de que ulteriormente, de modo predominante em certos meios sociais, com exclusão praticamente total de outros, em determinado momento de seu curso esse rio viesse a desaguar em um mar que pôde ser apelidado de "inconsciente" (Rodrigues, 1999, pp. 168-169).

Independentemente de sua visão crítica como uma "prática de elite", Rodrigues está correto ao afirmar que foi a distância do sujeito de si mesmo que originou a psicanálise. Talvez possamos dizer que, talvez por desconhecimento da obra freudiana e lacaniana, sua análise falha ao não verificar que, com o inconsciente, Freud descobre justamente o resquício nostálgico dessa perda, atuando permanentemente na divisão do eu humano. Talvez a falta de intimidade do autor com operadores como os que Lacan manejou — a lógica do significante e a topologia — não lhe tenha permitido compreender a psicanálise como uma técnica de manejo dessa divisão, visando permitir ao sujeito sair de uma insatisfação estéril, ou de uma paralisia nostálgica da perda de uma suposta relação natural com seu corpo, para obter uma melhor relação com a impossibilidade de obter a felicidade como estado permanente.

O Nome-do-Pai na modernidade.

Servindo-se do freudiano "O mal-estar na civilização", Bauman já apontava em *O mal-estar da pós-modernidade* (1997) a importante análise do mestre de Viena quanto aos fatores em jogo na modernidade,[8] fazendo-nos ver a relação de tensão entre "instinto" e "civilização". O texto tem como eixo o fato de as conquistas civilizatórias se fazerem ao preço de um *quantum* de satisfação pulsional. Nesse artigo, Freud analisa alguns elementos característicos da modernidade — "beleza", "limpeza" e "ordem" — como resultantes de um processo de coerção sobre a satisfação pulsional imediata: o homem teria trocado algo de sua

8 Bauman afirma que, ao tratar da Cultura (Kultur), Freud falava da modernidade, uma vez que "só a sociedade moderna pensou em si mesma como uma atividade da 'cultura' ou da 'civilização' e agiu sobre esse autoconhecimento com os resultados que Freud passou a estudar; a expressão civilização moderna é por essa razão um pleonasmo" (Bauman, 1998, p. 7).

liberdade para obter maior segurança contra a tríplice ameaça a que estava submetido, isto é, a fragilidade do corpo, a força da natureza e a agressividade do semelhante (Freud, 1930/ 1974).

Conforme a análise de Bauman, se, por um lado, na era vitoriana Freud descobre que a segurança traz um sofrimento consequente à perda da liberdade individual, por outro a evolução do capitalismo e dos valores individualistas levou esta substituição ao paroxismo (prazer/ segurança), a ponto de a pós-modernidade se caracterizar por uma "liberdade de procura do prazer que tolera uma segurança individual pequena demais" (Bauman, 1997, p. 10). Como afirma o autor, se na modernidade freudiana os sujeitos que então buscavam segurança "eram assombrados pela obscuridade e monotonia de uma vida protegida, hoje seu mal-estar são as noites insones, desgraça dos livres" (Bauman, 1997, p. 10).

Pensar aquele mundo ordenado, onde havia uma coincidência entre "legislador, arbitro e corte de apelação" (Bauman, 2001, p. 70), exige a suposição de um eixo organizador. O poder era definido, podendo ser reclamado, transmitido ou mesmo usurpado. Nas palavras de Bauman:

> Os passageiros do navio "Capitalismo Pesado" confiavam (nem sempre sabiamente) em que seletos membros da tripulação com direito a chegar à ponte de comando conduziriam o navio a seu destino. Os passageiros podiam devotar toda sua atenção a aprender e seguir as regras a eles destinadas e exibidas ostensivamente em todas as passagens. (...) *Já os passageiros do avião* "Capitalismo Leve" descobrem horrorizados que a cabine do piloto está vazia e que não há meio de extrair da "caixa preta" chamada piloto automático qualquer informação sobre para onde vai o avião, onde aterrissará, quem escolherá o aeroporto e sobre se existem regras que permitam que os passageiros contribuam para segurança da chegada. (Bauman, 2001, p. 70)

Como se pode ver, a metáfora utilizada para designar a

verticalidade das relações de poder no capitalismo inicial, com seus efeitos de organização social e individual, em contraposição à ausência desse elemento centralizador na sociedade capitalista contemporânea, presta-se também a designar ou exemplificar aquilo que, depois de Lacan, aprendemos a considerar como efeitos do Nome-do-Pai.

O conceito de Nome-do-Pai formulado por Lacan é uma formalização lógica do mito edipiano, do qual Freud se serviu para destacar os fatores em jogo no processo de subjetivação do sujeito humano: é o "nome" que possibilita ao sujeito se articular discursivamente e buscar se encontrar como sentido no campo da linguagem, e nessa lógica se articulam o vivo e a linguagem. Já o complexo edipiano é uma estrutura que envolve as relações familiares num jogo em que estão bem demarcadas as posições sexuadas e as hierarquias.

O sonho neurótico de transgressão só faz reforçar essas dissimetrias. Então, quando formula a teoria do Nome-do-Pai, mantendo-a válida até o final de seu ensino, ainda que ressituada pela pluralização dos nomes do pai e pela introdução da topologia em suas investigações, Lacan parece sustentar que o laço do sujeito com sua origem (causa) é o eixo da subjetivação humana

O Nome-do-Pai foi inicialmente postulado como a metáfora que substitui o desejo da mãe, conferindo ao sujeito traços de identificação que lhe permitem situar-se no campo das relações simbólicas, nos laços sociais. Nesses termos, a identificação implica uma diferença significante: pai e filho estão em posições dissimétricas quanto à posse do falo e à repartição dos gozos. Nessa concepção, a unidade da imagem corporal que apoia e sustenta a significação do sujeito é constituída por identificação com um traço do pai.

Poderíamos dizer que se trata de uma identificação vertical, aquela que se estabelece com o traço de alguém posto em posição de diferença radical. Aqui, a ênfase incide na carência do lado do sujeito, a mesma carência que, em termos freudianos, aparece na mítica edipiana como temor da castração nos meninos e inveja do pênis nas meninas. Em ambos os casos, quem tem o falo é o pai.

Vemos então que, sob a perspectiva inicial da psicanálise, aquilo que a ciência e a modernidade excluíram — respectivamente o sujeito e sua causa na hierarquia simbólica — retorna sob a forma do sintoma, como formação de compromisso entre desejo inconsciente e exigências sociais. O que a ciência excluiu se tornou inconsciente. A verticalidade que o ideário moderno de igualdade eliminou retorna como pressão superegoica, como mal-estar. O pai, agente da castração, está internalizado nas neuroses: há aqui uma articulação entre o agente da castração e o pai como função simbolizadora, que dá unidade imaginária e simbólica ao corpo do sujeito.

Na década de 1960, com todas as transformações culturais da época, Lacan anteviu a liquidação dessa relação de verticalidade na formação das subjetividades e previu alguns efeitos disso, especialmente os de segregação, que podem ser explicados pela falta de um "fiel de balança" (representado pelo pai como lugar da lei) nos jogos de forças entre iguais. Por trás da busca de uma maior democratização nos laços sociais, para além da maior flexibilização nesses laços, um dos efeitos negativos que se verificou foi o progressivo desancoramento do sujeito das grandes redes de relações e de sustentação, especialmente as da família extensa.

As identificações se tornaram predominantemente horizontais, com os efeitos de fragilização e instabilidade característicos do laço fraternal, conforme apontado por Freud em *Totem e Tabu* (Freud, 1913/ 1974). A ausência da exceção teria facilitado a rivalidade e o ódio pela ausência de mediação de um terceiro garantidor da lei de repartição dos gozos. Os sintomas pós-modernos (novos sintomas) parecem ser a luta do sujeito contemporâneo para "servir-se do pai",[9] mesmo quando este

---

9 "O Nome-do-Pai, prescindir, servir-se dele", tema do Congresso da Associação Mundial de Psicanálise em Roma, (2006), denotou o valor operatório que esse conceito continua tendo para os analistas de orientação lacaniana. Como revelou o discurso do presidente do V Congresso da AMP, Antonio di Ciaccia: "Em termos estritos, o Nome-do-Pai poderia prestar-se a uma só e única dimensão. Certamente não

não está lastreado num lugar de exceção amplamente reconhecido nos laços culturais e familiares.

A pluralização dos Nomes-do-Pai seria, então, um esforço de Lacan visando conceituar as novas modalidades de laços identificatórios nos tempos que estavam por vir. Essa passagem do singular ao plural equivale, em Lacan, à passagem da ênfase no pai como metáfora ao pai como função, um passo equivale à passagem do pai como tradição ao pai como função, ou seja, passagem da vertente religiosa (de onde Lacan tomara emprestado o conceito) à vertente científica. Pluralizar os Nomes-do-Pai indica a possibilidade de essa função ser suportada por diferentes elementos que servem à função de Nome-do-Pai. Nesse sentido, é necessário distinguir o Nome-do-Pai como elemento fundante da subjetividade do Nome-do-Pai como função de sustentação simbólica do sujeito (Miller, 2006).

A transformação da modernidade sólida em líquida implicou a pulverização das referências identitárias oriundas de uma relação hierárquica vertical cujo modelo é a identificação com o líder, tão bem desenvolvida por Freud em *Psicologia das Massas e Analise do Eu* (Freud, 1921/ 1976). Nas palavras de Bauman:

é pouca coisa, visto que ali se manifesta a dimensão do simbólico. Todavia, o próprio Lacan o desprendeu da hipóstase e da valência única. (...). Não obstante, não posso deixar de enfatizar um aspecto muito mais importante para nós: a multiplicidade do Nome-do-Pai brilha de maneira muito especial no interior do ensino de Lacan. (...) Lacan desenvolve essa pluralidade do Nome-do-Pai até chegar a suprimir o conceito no singular e propor uma nova e inédita leitura no plural. No fundo, se essa pluralização nos libera do pai, ela nos encadeia à linguagem: o significante paterno não é significante porque é paterno, mas é paterno porque é significante. (...) Mas, enfim, o subtítulo nos remete a uma nova reviravolta. Aqui, é sobretudo a operatividade da função do Nome-do-Pai que se destaca, porque essa função tem, de saída, uma fecundidade na prática clínica. Operatividade que não deve absolutamente se confinar a uma pura operação analítica, isto é, a essa operação conduzida por um psicanalista, através de seu ato, em um espaço supostamente extraterritorial, o espaço do tratamento. Afinal, hoje, o discurso analítico exige que se revele a céu aberto o impacto que ele tem e deveria ter sobre o plano social (para não dizer na política). Certamente, para que isso advenha, será necessário, antes de tudo, que nos perguntemos humildemente se nossa operação, a do psicanalista, se situa mais aquém ou mais além dessa função que, todavia, lhe permitiu emergir" (Ciaccia, 2005, pp. 9-11).

Como as Supremas Repartições que cuidavam da regularidade do mundo e guardavam os limites entre o certo e o errado não estão mais à vista, o mundo se torna uma coleção infinita de possibilidades (...). É a infinidade de oportunidades que preenche o espaço deixado vazio pelo desaparecimento da Suprema Repartição. (Bauman, 2001, p. 73)

Assim, o aumento paroxístico e infinito das possibilidades transforma os sujeitos em consumidores, destituindo-os de seus papeis de produtores (Bauman, 2001, p. 90). A compulsão ao desfrute dessas possibilidades infinitas (proliferação dos objetos de consumo e gozo) os torna adictos à própria busca, o consumo não mais diz respeito à satisfação de necessidades. Se o móbil do consumo foi, em algum nível, a liberação do *desejo*, hoje ele é substituído pelo *querer* (Bauman, 2001, pp. 88-89). O *desejo*, tal como a psicanálise o circunscreveu, está atrelado, por um lado, ao fantasma inconsciente, resultado do processo de recalque da sexualidade infantil; e, por outro, ao Princípio da Realidade, o que o destina a se manter essencialmente insatisfeito. Já o *querer* é inteiramente liberado dessas balizas, visando o uso incessante dos objetos e seu descarte imediato.

Quanto ao corpo, ainda seguindo a metáfora de Bauman, se a lógica da modernidade freudiana era a dos sólidos, era também a dos corpos. Na vida organizada dos "produtores" (em oposição aos atuais "consumidores"), as condições de sobrevivência e de manutenção da saúde eram relativamente bem definidas; mantinha-se uma margem de saúde e normalidade, dentro das quais os sujeitos se movimentavam na segurança da aprovação social e do bom funcionamento corporal, que, por sua vez, estava frequentemente associado à possibilidade de prestar-se, de modo conveniente, ao trabalho e à procriação.

Cabe lembrar que Freud preconizava como normalidade no processo civilizatório a capacidade de amar e trabalhar (Freud, 1930/ 1974, p. 121). Já na vida organizada em torno do consumo o conceito de saúde sofre profundas alterações, sendo essencialmente substituído pelo de "aptidão" (*fitness*), no qual as regras e condições de adequação (e, portanto, de normalidade) variam ao sabor dos contextos. Assim, no mundo das aptidões, produz-se uma quantidade excessiva de normas para o acesso e a manutenção da boa saúde — normas que são, via de regra, destituídas de valor num curto espaço de tempo, seja pela descoberta "científica" de novas técnicas, seja pelas novas exigências feitas ao corpo diante das variações dos quadros sociais, ou mesmo pelos modismos. Como lembra ainda Bauman:

> O que ontem era considerado normal e, portanto, satisfatório, pode hoje ser considerado preocupante, ou mesmo patológico, requerendo um remédio. Primeiro, estados do corpo sempre renovados tornam-se razões legítimas para intervenção médica — as terapias disponíveis também não ficam estáticas. Segundo, a ideia de "doença", outrora claramente circunscrita, torna-se cada vez mais nebulosa e confusa. (Bauman, 2201, p. 93)

A própria ideia de "norma" se esgarça quando as possibilidades são ilimitadas, não há excesso quando o excesso é a norma. Em seu livro *Precariedades do Excesso*, Castiel e Vasconcellos-Silva escrevem:

> (...) neste caso, a ideia familiar de norma tende a se desfazer, e se divisam 'modos de ordenação' baseados em exercícios desabridos de força, para além das regras de convivência, de preceitos éticos e da ideia apaziguadora de normalidade. (Castiel & Vasconcellos-Silva, 2006, p. 17)

Ao menos à primeira vista, os "novos sintomas" portam em sua definição esse caráter nebuloso de que fala Bauman: não se encaixam nem nas neuroses, nem nas psicoses, conforme sua definição clássica.

Astenia e excesso

Numa tomada panorâmica, constatamos que no início

da história da psicanálise as queixas eram referidas especialmente às afecções no corpo: a hipótese da conversão foi um dos fundamentos da teoria analítica e recobria grande parte dos casos relatados nos primórdios da pesquisa freudiana. Atualmente, após terem sido primariamente dirigidas ao discurso médico, as queixas quanto ao corpo ainda chegam com muita frequência aos consultórios dos analistas, mas o caráter de enigma desses sintomas parece assumir hoje contornos diferentes. Dores crônicas, falta de força para realizar os desafios da vida contemporânea, as mais variadas compulsões, obesidade, anorexia etc. são os motivos mais diretos daqueles que buscam um psicanalista hoje em dia. Paralelamente, proliferam na cultura os "regimes" de fortalecimento desse corpo afetado pela ameaça da debilidade, o que pode facilmente mascarar práticas de suplência sob a égide do "cuidado".

É preciso esclarecer em que diferem esses dois tempos da apresentação do corpo no dispositivo analítico. Por mais que a descrição dos fenômenos seja aparentemente a mesma, por mais que as descrições freudianas das neurastenias e da neurose de angústia pareçam descrever a maioria de nossos pacientes atuais, com suas "depressões" e "pânicos", existem diferenças. Apesar de reconhecermos nas queixas atuais de fracasso ou impotência as reivindicações histéricas, ainda que encontremos as marcas da obsessão nas compulsões atuais, observamos diferenças clínicas importantes, já que os sintomas do início da psicanálise e os de hoje se organizam em referência a um Outro de consistência bastante diversa, conforme descrevemos acima. Nos Capítulos 3 e 4 apresentaremos diferentes concepções de corpo e de sintoma com as quais a psicanálise freudiana e lacaniana vem trabalhando ao longo de sua história.

Hoje, uma das formas *princeps* de apresentação do sujeito é através do *corpo astênico*. As queixas atuais incidem prioritariamente sobre um déficit: "não consigo trabalhar", "não consigo escolher", "não sei o que eu quero", ou ainda, "preciso malhar" são frases que escutamos diariamente em nossos consultórios, o que indica o sentimento de uma "falha" na organização corporal. Por outro lado, uma série de excessos que de um modo ou de outro também envolvem o corpo clamam por nossa intervenção: tatuagens, *piercings*, plásticas, ginástica, excesso de consumo de drogas, de comida e de outros objetos.

Aqui nos parece necessário retomar a discussão sobre o sintoma. Sabemos que para Freud e para Lacan (ao menos até o Seminário 20) o sintoma é uma formação de compromisso entre uma exigência pulsional e os limites sociais exercidos pelo recalque: trata-se da mensagem sobre a verdade inconsciente do sujeito. Entretanto, as práticas que ora descrevemos muitas vezes não parecem traduzir imediatamente uma significação subjetiva, estando muito mais próximas da repetição cega e incessante de um gozo que, como tal, pode ser vinculado ao que Freud conceituou nos anos 1920 como "Pulsão de Morte" (Freud, 1920/ 1976). Não se trata, aqui, da pulsão de morte tal como Lacan a entendeu no início de seu ensino, isto é, como a mortificação do vivo promovida pela linguagem (Lacan, 1985), mas muito mais de como ele a destacou no final de seu ensino, ou seja, como uma repetição de gozo que resiste a se deixar inscrever no simbólico.

Para muitos, tais práticas parecem ser arranjos imaginários, nos quais a sustentação simbólica é vacilante, havendo uma espécie de paroxismo do imaginário. Cabe-nos distinguir a tentativa de dar ao imaginário um estatuto simbólico da mera inflação imaginária, embora ainda balizada pelo simbólico. No primeiro caso, os arranjos com o corpo são suplências à falta do Nome-do-Pai, ao passo que no segundo trata-se de máscaras de elisão da castração, aspecto que será melhor desenvolvido no Capítulo 5.

Nossa hipótese é que a astenia é efeito da conjunção entre a inconsistência do Outro e a falta de insígnias fálicas capazes de ancorar os sujeitos em significações que o amparem contra o "tudo é possível", vigente na cultura ocidental hipermoderna,[10]

---

10 O termo "hipermoderno" foi cunhado por Miller em sua conferência em Comandatuba, "Uma fantasia", por ocasião do IV Congresso da Associação Mundial de Psicanálise, em agosto de 2004.

hipótese que se aproxima à de Ehrenberg, para quem o sujeito da contemporaneidade se vê compelido à responsabilidade
e à iniciativa numa sociedade em que não estão mais em vigor nem a disciplina nem a hierarquia do pensamento, o que
leva os sujeitos à patologia da insuficiência (Ehrenberg, 2000).[11]
Quando o sujeito é sua própria medida, não há certeza em lugar
nenhum. Suas lutas podem facilmente parecer um esforço des-
perdiçado, pura perda;[12] o corpo retorna ao consultório psicanalítico, porém, aparentemente, mais refratário aos poderes da
palavra. Além disso, nesse retorno os analistas têm de se haver
com um conjunto de saberes produzidos na esteira do processo
cultural que transformou o corpo na principal sede de consumo: é para a satisfação no plano do corpo que se produzem as
mercadorias, desde os produtos de beleza até os de saúde.

A psicanálise parece estar na contingência de fazer barreira
às promessas de satisfação oriundas dessas práticas, cuja finalidade
é dar sempre mais consistência imaginária ao corpo. As concepções
psicanalíticas, sejam da determinação simbólica do sujeito, sejam
da determinação real do falante, ainda que pareçam consoantes
com o individualismo que impera na cultura ocidental dele se distinguem por tomar como sua orientação um real que descompleta,
impede qualquer completude para o ser falante.

---

11 "A depressão nos instrui sobre a nossa própria experiência atual da pessoa, pois
ela é a patologia de uma sociedade na qual a norma não é mais fundada na culpa e
na disciplina, mas na responsabilidade e iniciativa. Ontem, as regras sociais coman-
davam conformismos de pensamento, ou até automatismos de conduta; hoje, elas
exigem iniciativa e aptidões mentais. O indivíduo é confrontado com uma patologia
da insuficiência, mais do que com uma doença da falta, ao universo do disfunciona-
mento, mais do que ao da lei" (Ehrenberg, 2000, p. 16).
12 Destaco aqui o trabalho de Pura Cancina, *A Fadiga Crônica. Neurastenia, as doenças do século*, cujas conclusões se aproximam dessa hipótese quando afirma que as
neurastenias são doenças que dependem de uma suspensão do recurso ao significante. A autora afirma ainda, em concordância com Freud, que tais doenças dependem
essencialmente da alteração da relação com o outro real, objeto do investimento libidinal. Todavia, insiste no fato de que essa modificação não passa pela genitalidade,
mas pelas relações nas quais se "desfaz o estatuto do objeto" (Cancina, 2004, p. 253).
Nossa hipótese, porém, é de que a relação com o objeto depende de que o processo de
sexuação esteja completado, isto é, que o sujeito se tenha identificado com uma posição na partilha dos sexos, o que não se dá sem referência ao sexo corporal, conforme
demonstraremos, mais adiante, no Capítulo 6.

A concepção de sujeito implica o Outro. Não há sujeito sem o Outro da linguagem, da civilização. De modo semelhante, o "ser falante", ainda que se sirva de modos de suplência como o Amor, por exemplo, sempre se defronta com a relação sexual que não existe (Lacan, (1972[1973]/ 1985).

Quando falamos em "novos sintomas", penso que nem os sintomas, nem o sujeito são novos. Novas são as faces do Outro, em sua característica de fluidez e inconsistência. Se hoje, por um lado, quase toda forma de gozo tem seu lócus de reconhecimento no Outro social, por outro isso aumenta a responsabilidade individual em relação a cada modalidade de gozo, responsabilidade para a qual os sujeitos contemporâneos parecem despreparados, decorrendo daí o efeito de astenia diante do imperativo de gozo. Esta astenia, por sua vez, ou pode se inscrever num quadro de inibição neurótica ou num quadro de debilidade psicótica do laço com o Outro.

Tomando ainda a questão pela vertente do afeto, como o modo principal através do qual o corpo comparece na clínica, podemos considerar a astenia como uma detenção no processo de incorporação do afeto. Lacan trata o afeto como extensão significante no corpo, a parte do sintoma que indica o sujeito em seu apagamento, porém, na via do desejo. O afeto é rastro incorporado do sujeito (Vieira, 2001, p. 235). Clinicamente, a astenia aparece como um "desafeto".

Se o único afeto que não engana é a angústia (Lacan, 1962[1963]/ 2005, p. 88), diríamos que os mecanismos de velamento da experiência psíquica da angústia estão hoje inflados pela chuva de objetos propostos pela cultura. É nesse sentido que os sujeitos parecem "desafetados" de angústia e desejo, tomados ou pela inércia ou pelo pânico. Como há respostas para tudo e para todos, as respostas singulares sempre parecem inadequadas, tanto para o próprio sujeito que as emite quanto do ponto de vista das exigências sociais. A singularidade de um trajeto soa como desperdício de tempo e energia; por outro lado, quando as respostas são mediatizadas, parecem restabelecer ideais diante dos quais os sujeitos frequentemente se sentem impotentes. Esta impotência, entretanto, não se refere a um *impossível* — elemento lógico que determina o campo das possibilidades —, mas à impossibilidade de se alcançar algo quando "tudo" parece disponível (Rêgo Barros, 2003). O excesso dificulta ressaltar os signos da falta no Outro, em cujo desejo o sujeito pode vir a localizar seu valor, e onde falta o signo o sujeito consome o objeto", afirma Recalcatti (2003, p. 283). O excesso é, então, outro quadro afetivo (e comportamental) da contemporaneidade; a este respeito, é interessante assinalar a ênfase dada por Freud ao excesso[13] na dinâmica sexual dos neurastênicos de sua época.

O excesso e a exceção se articulam em seu significado comum. No *Dicionário Houaiss* encontramos, respectivamente, as seguintes definições: excesso é "o que passa da medida, dos padrões de normalidade, do que é legal, exagero"; e exceção é "o desvio de uma regra ou de um padrão convencionalmente aceito, aquilo que se desvia ou exclui de regras e padrões" (Houaiss eletrônico, 2006). Além de suas relações etimológicas, há também entre esses termos uma coincidência lógica: ambos implicam uma relação especial com a lei, seja de ultrapassagem ou de desvio.

Considerando o que apontamos acima sobre as mudanças ocorridas nas relações com a tradição (com o Nome-do-Pai como forma hierárquica de identificação), assim como as novas formas de identificação e de laço social construídas hoje, predominantemente sob o modo feminino (como singularidades), podemos compreender o excesso e a exceção como marcas da contemporaneidade. Mas num mundo onde o Outro é inconsis-

---

13 "Uma observação mais detida sugeriu-me que era possível escolher, dentre a confusão dos quadros clínicos encobertos pela designação de neurastenia, dois tipos fundamentalmente diferentes, que podem surgir em qualquer grau de mistura mas que, não obstante, iriam ser observados em suas formas puras. Em um dos tipos a manifestação central era o ataque de ansiedade com seus equivalentes, formas rudimentares e sintomas substitutivos crônicos; em consequência, dei-lhe a denominação de neurose de angústia, limitando o termo neurastenia ao outro tipo. Agora era fácil estabelecer o fato de que cada um desses tipos tinha uma anormalidade diferente da vida sexual como seu fator etiológico correspondente: no primeiro, *coitus interruptus*, a excitação não consumada e a abstinência sexual, e no segundo, masturbação excessiva e emissões noturnas numerosas demais" (Freud, 1976, p. 37).

tente, é fácil confundir a liberdade no exercício da singularidade com o direito à exceção. Neste caso, trata-se apenas de uma das modalidades neuróticas de tratamento da castração, como bem descreveu Freud em seu artigo "Alguns tipos de caráter encontrados no trabalho psicanalítico", no qual estende às mulheres em geral o traço de reivindicação de uma posição de privilégios e direitos excepcionais como compensação por sua falta fálica (Freud, 1916/ 1974, pp. 352-356) — o que não se confunde com a lógica do gozo feminino destacada no Seminário 20: para Lacan, além de sua relação com o falo, se relaciona também com o significante da falta no Outro.

Ao invés de pensar a lógica do feminino como uma concepção onde só há exceções, prefiro pensar que no feminino não há exceção, já que não há universal; na lógica do não-todo fálico só há singularidades.

O modo feminino de fazer suplência à relação sexual implica que o sujeito se inscreva na divisão do Outro (S($\cancel{A}$), divisão que se apresenta entre o gozo fálico e o gozo da fala. O que marca o corpo feminino é a ausência do falo; em seu lugar, o furo. Se para o homem o significante da identificação (S1) está vinculado imaginariamente à posse do pênis, na mulher ele parece articular-se ao furo, isto é, ao vazio do referente imaginário que a coloca numa relação com o infinito, designado por Lacan (1972[1973]/ 1985) como Deus no *Seminário, livro 20: Mais, ainda.*

No entanto, em seu livro *No Cinema com Lacan (...)* Stella Jimenez nos mostra como o não-todo não é ilimitado em seu caráter de abertura para o infinito, que inclui o limite do falo e da castração. Mas como a autora esclarece, "(...) a mulher está e não está toda submetida à lei da castração, embora a um só tempo, esteja a ela submetida" (Jimenez, 2014, pp.136-137.)

Nesse sentido, nos parece necessário considerar que, ainda que a contemporaneidade se organize prioritariamente ao modo do não-todo, faz-se necessária uma distinção entre sintomas inscritos no lado feminino da sexuação e alguns sintomas contemporâneos que ou não se inscrevem na ordem fálica ou parecem recuar diante da escolha sexual.

Esperamos poder demonstrar, ao longo deste livro, que os novos sintomas são formas de organização no limite do sintoma, onde a posição na partilha sexual ou não se dá ou encontra-se inibida.

Capítulo 2
Corpo e Linguagem

O corpo em Freud: os neurônios, a pulsão e o sexo

De início, é preciso delimitar ou esboçar os contornos daquilo que estamos considerando como "o corpo no dispositivo analítico".

As afecções corporais não são objeto exclusivo da psicanálise, que as compartilha com várias especialidades médicas e não-médicas. O *corpo*, entretanto, tem participado de forma bastante peculiar na construção e desenvolvimento da psicanálise, e o que afeta o corpo sempre fez parte do material analítico. As demandas clínicas dirigidas a Freud se situavam na franja dos distúrbios conhecidos e tratados pela medicina da época; as queixas das histéricas eram queixas corporais. A psicanálise, portanto, nasce dos limites da medicina anatomopatológica, frente a certos quadros em que predominavam os sintomas físicos, dores, paralisias, cegueiras etc., para os quais aquela medicina não encontrava respostas eficazes. O sintoma era então essencialmente *sintoma somático*, conversão (Brousse, 2001, p. 51).

Nesse sentido, os desenvolvimentos teóricos iniciais de Freud visavam alcançar o entendimento da etiologia desses sintomas corporais, como efeito de uma trama de excitação sexual e pensamentos inconscientes. Assim, dos limites da medicina,

Freud e os primeiros psicanalistas extraíram um campo para o desenvolvimento de sua "ciência"; as articulações particulares entre o organismo e a subjetividade, entre o orgânico e o erógeno, mantiveram a psicanálise e a medicina sempre fortemente ligadas, uma ligação não de contiguidade nem de solidariedade, mas bem mais a de dois campos em tensão.

Desde os primeiros tempos da prática psicanalítica houve aqueles que se interessaram de modo especial pelas manifestações corporais das questões subjetivas, assim como pelas possibilidades terapêuticas da psicanálise nas alterações orgânicas. Groddeck (1988) e Reich (1981), dentre outros, dedicaram-se intensamente à pesquisa das possibilidades de extensão da clínica psicanalítica às afecções corporais.[14] Lembremos também que Freud iniciou a construção do campo psicanalítico a partir de sua posição de neurologista, debatendo seus achados especialmente com Wilhelm Fliess, clínico e otorrinolaringologista; o interesse de ambos se centrava na procura das vias, vetores e mecanismos de relação entre os impulsos somáticos e os acontecimentos psíquicos. Entretanto, Freud vai formalizando sua "neurótica", e, com isso, centrando seu interesse nas tramas psíquicas, o que o afasta progressivamente de Fliess. A descoberta da sexualidade infantil e sua relação com as neuroses recortaram um campo especial do funcionamento do organismo, e a partir desse momento Freud voltou seu interesse para a sexualidade humana e seus correlatos psíquicos.

Ao separar da *neurastenia* a *neurose de angústia* — conjunto que compunha o que chamou de "neuroses atuais" —, Freud fez ver um corpo cujas afecções,[15] embora ainda ligadas a conteúdos sexuais, não estavam referidas a eventos passados, mas sim presentes. Para ele, esse tipo de afecção não seria tra-

---

14 No livro *A função do orgasmo* Reich demarca a diferença entre sua teoria e a de Freud, nos seguintes termos: "O meu afastamento da posição de Freud e a procura de uma solução econômico-social desses problemas (o sofrimento neurótico) compreendeu duas partes: primeiro, era necessário entender biologicamente o anseio de felicidade. Dessa forma ele poderia ser isolado das distorções secundárias da natureza humana. Segundo, havia a importante questão da exequibilidade social daquilo que as pessoas desejavam profundamente e que ao mesmo tempo temiam tanto" (Reich, 1981, p. 191).

15 Vertigem, dispneia, perturbações no ritmo cardíaco, exsudação, fadiga, cefaleias etc.

tável pelo método psicanalítico, uma vez que tais sintomas não eram provenientes de nenhuma significação infantil a ser elucidada, mas de uma fonte somática e de um impedimento real, presente, atual de sua satisfação. Mas Freud observou também que um sintoma da neurose atual frequentemente constituía o núcleo e o primeiro estágio de um sintoma psiconeurótico (Freud, 1916[1917])/ 1976b, p. 455). Assim, em todo sintoma neurótico haveria um núcleo de excitação somática.

A descoberta (ou invenção) do *inconsciente* permitiu entrever algumas articulações especiais entre organismo e psiquismo, sobretudo aquelas em que a anatomia e mesmo a fisiologia respondiam à lógica do sentido. Em 1905, ao apresentar o caso Dora, Freud fala pela primeira vez em "complacência somática" como processo normal ou patológico no qual eventos psíquicos inconscientes encontram uma saída no domínio do corpo. Nessa concepção de sintoma, não se poderia decidir entre uma origem somática ou psíquica, pois "um sintoma histérico exige uma contribuição dos dois lados (...)" (Freud 1905/ 1972, pp. 38-39). A complacência somática é o fator, constitucional ou adquirido, que predisporia um órgão ou aparelho corporal à "conversão" da energia psíquica em uma descarga somática; o conceito de "conversão" depende da suposição da complacência somática.

A conversão, tal como Freud a observou em alguns casos de histeria, é correlativa ao desligamento da libido de uma representação, através do recalque, e à sua descarga através de uma inervação somática (Freud, 1984/ 1976, p. 61). A noção de complacência somática, porém, transcende largamente o campo da histeria, revelando a questão do poder expressivo do corpo, sua aptidão para significação. (Laplanche & Pontalis, 1986, pp. 106-107). Cabe ressaltar que a presença de sintomas corporais vinculados a fantasmas inconscientes ocorre também em outras neuroses, como, por exemplo, nas perturbações intestinais do Homem dos Lobos. Alguns autores optam por uma distinção entre esses casos e as conversões histéricas, referindo-se aos sintomas corporais nas outras neuroses diferentes da histeria como "somatizações" (Laplanche & Pontalis, 1986, pp. 148-150).

O "Projeto para uma psicologia científica", trabalho resultante de suas primeiras pesquisas que Freud não quis incluir no conjunto de suas obras psicanalíticas, marca sensivelmente toda sua construção teórica posterior, sendo considerado uma das importantes referências da pesquisa freudiana sobre as relações entre os fenômenos mentais e corporais, uma tentativa de explicar de forma neurofisiológica fenômenos corporais acompanhados e/ ou causados por eventos psíquicos (Freud, 1895/ 1977). Embora essas primeiras pesquisas indicassem a busca de uma inter-relação entre os processos psíquicos e os processos orgânicos, especialmente os neuronais, a aparição de seu texto de 1900, *A interpretação dos sonhos* (Freud, 1900/ 1972), já não deixa dúvidas quanto ao foco do autor nos chamados processos psíquicos envolvidos no ato de sonhar. O corpo e sua biologia aparecem ali como apoio, ou fonte somática dos processos mentais.[16] De acordo com Marie-Hélène Brousse, evidencia-se nesse período o trabalho de Freud na demarcação das interações e diferenças entre o *orgânico* e *psíquico* (Brousse, 2001, p. 10).

De todo modo, o conceito freudiano de *pulsão* é o que melhor articula a relação entre o organismo e a subjetividade, entre o corpo e o aparato psíquico. Nas palavras de Freud:

> Se agora nos dedicarmos a considerar a vida mental de um ponto de vista biológico, um 'instinto' nos aparecerá como sendo um conceito situado na fronteira entre o mental e o somático, como o representante psíquico dos estímulos que se originam dentro do organismo e alcançam a mente, como uma medida da exigência feita à mente no sentido de trabalhar em consequência de sua ligação com o corpo. (Freud,1915/ 1974, p. 142)

---

16 Conferir especialmente o Capítulo 1, item C, "Os estímulos e fontes dos sonhos" (Freud, 1900/ 1972, pp. 35-41) e o Capítulo 5, item C, "As fontes somáticas dos sonhos" (Freud, 1900/ 1972 pp. 234-255).

Todavia, o conceito em si não é uma unanimidade no campo. Algumas Escolas, seguindo Freud, o concebem como de natureza energética, móbil das representações psíquicas. Em contrapartida, Lacan e as várias correntes do lacanismo compreendem a pulsão como efeito da materialidade e dos jogos de linguagem.

Com a estruturação dos conceitos de *libido* e *pulsão*, outro par conceitual entra em jogo na teoria: *corpo e erogeneidade*. A erogeneidade não está relacionada estritamente à fisiologia, tratando-se mais de uma característica do corpo em relação, tal como se verifica no conceito de pulsão em que a *fonte* é o próprio corpo, dependendo, porém, de que o objeto se destaque no caminho da *satisfação*. Independentemente de o *objeto* ser o elemento mais variável da pulsão, sua presença é essencial para garantir o estabelecimento de um circuito pulsional ou erógeno

As pesquisas acerca da sexualidade infantil apontam para uma polaridade entre o corpo biológico e o corpo erógeno. Tomemos então como referência os *Três Ensaios sobre a sexualidade*. Embora o texto se desenvolva num constante entrelaçamento entre funções corporais e funções erógenas, o prólogo à sua segunda edição, de 1915, revela seu verdadeiro caráter:

> Devo acrescentar, entretanto, que este trabalho se caracteriza não só por se basear inteiramente na pesquisa psicanalítica, como também por ser deliberadamente independente das descobertas da biologia. Evitei cuidadosamente introduzir quaisquer preconceitos, quer deduzidos da biologia sexual geral, quer de determinadas espécies de animais, neste estudo que se preocupa com as funções sexuais em seres humanos e que se tornou possível por meio da técnica da psicanálise. (Freud, 1905/ 1972a, p. 130)

Ainda em Freud, podemos encontrar uma terceira polaridade entre o corpo como superfície e o corpo como narcisis-mo.[17] *Sobre o narcisismo: uma introdução* aponta a distinção en-tre o corpo como superfície de onde emanam os investimentos pulsionais e, simultaneamente, esse mesmo corpo como objeto de tais investimentos (Freud, 1914/ 1974).

A partir de 1920, com a constatação de que a vida men-tal não seria regida em sua totalidade pelo Princípio do Prazer/ Realidade, Freud se vê compelido a formular uma dualidade pulsional em termos de Pulsão de Vida e Pulsão de Morte. Na base da vida psíquica haveria algo de *repetição*, fosse para ligar um *quantum* de energia pulsional à deriva no aparato mental, fosse como pura perda energética. Toda construção freudiana se apoia na biologia, especialmente na teoria weissmaniana do "plasma germinal" como o correspondente das células sexuais, que se serviriam do corpo somático mortal para garantir, via transmissão sexuada, sua imortalidade.

Freud assimila a pulsão sexual às pulsões de vida. A hi-pótese da pulsão de morte, por sua vez, é formulada como uma tendência ao inorgânico inerente a todo processo vital (Freud, 1920/ 1976). Essa concepção vem reforçar a ideia de uma rela-ção muito estreita entre o corpo como conjunto de processos biológicos e a vida mental em sua característica de conjunto de experiências psíquicas e afetivas.

Foram profundas entre os pós-freudianos as discordân-cias quanto ao tema da pulsão de morte.[18] Em seu seminário de 1954/ 55, "O eu na teoria de Freud e na técnica da psicaná-lise", Lacan trabalhará exaustivamente o texto freudiano *Além do Princípio do Prazer,* considerando a postulação da pulsão de morte como o equivalente à mortificação do corpo pela lingua-gem. Lacan destaca ainda no seminário o fato de Freud ter tido a necessidade de escrever esse texto para garantir o vigor de sua descoberta, isto é, o descentramento do eu humano. Tratar do

---

17 A referência a três polaridades relativas ao corpo na obra de Freud é sugestão de Marie-Hélène Brousse em seu seminário de 2001, "O corpo em psicanálise", realizado na ELP-Madrid, Escuela Lacaniana de Psicoanálisis (Brousse, 2001, p. 10).
18 Sobre este tema, conferir *A pulsão de Morte* (Green et al, 1988).

eu e das resistências não era suficiente para resolver questões clínicas fundamentais, como os sonhos traumáticos, as neuroses de destino, as brincadeiras repetitivas da infância e a própria transferência. Lacan se pergunta então qual a razão da repetição no humano e conclui que é uma exigência da própria linguagem, porquanto ela inscreve o sujeito num circuito discursivo que não responde a nenhum fator adaptativo harmônico ou evolutivo. Nesse sentido, o próprio registro da vida para o humano comporta algo fora da vida, algo mortificado pela linguagem e desvinculado da adaptação (Lacan, 1954[1955]/ 1985, pp. 118-119).

Retornando a Freud: para o desenvolvimento do presente trabalho é importante ressaltar qual concepção de corpo se extrai da obra freudiana após 1920, ou seja, após a produção de sua segunda tópica. Tomemos inicialmente sua afirmação em *O Ego e o Id*, de que o eu é eminentemente uma superfície corporal (Freud, 1923/1976, p. 41). Conforme entendemos, essa afirmação designa o eu como o conjunto de experiências pulsionais primitivas do sujeito, lembrando que, para Freud, a fonte pulsional é sempre somática. Em Freud, como sabemos, a vida pulsional caminha na direção da organização genital fálica.

Em seu livro *Introdução ao Narcisismo - O amor de si* (Nicéas, 2013, p. 95), Carlos Augusto Nicéas afirma que, como *"instância psíquica, ele [o eu] não se constitui com um ser de superfície, mas é, ele mesmo, a projeção, no psiquismo, de uma superfície* [a superfície corporal] (grifamos)" (Nicéas, 2013, p. 95). O autor demonstra como a teoria do estádio do espelho de Lacan é a retomada desse processo onde o eu é investido libidinalmente; e sublinha ainda que no seminário sobre a angústia, anos depois da publicação do *Estádio do Espelho*, Lacan apresenta uma nova articulação sobre o corpo, não mais apenas como imagem, mas especialmente como zona erógena. O objeto que angustia é o mesmo que para Freud produz inquietante estranheza, mas Lacan o recolhe da angústia, da própria relação do sujeito com a imagem. Conforme Nicéas,

Se, por um lado, o objeto que se presentifica no centro desta construção — a imagem unificada do corpo próprio — produz no sujeito um sentimento de júbilo, por outro lado a experiência de se ver no espelho como uma totalidade, num momento ainda de não integração biológica, não subtrai dessa identificação fundadora do eu uma marca, no sujeito, da presença de um 'branco', designado por Lacan como 'menos phi', manifestação do não especularizável (Nicéas, 2013, p. 97).

"Menos phi" é o modo como Lacan descreve o falo em sua condição de não especularizável, isto é, como o que faltaria à imagem caso esta pudesse ser completada. As pulsões parciais concorrem para essa organização orientando-se em torno da posse do falo, o que torna a sexualidade eminentemente masculina; a sexualidade das mulheres seria, assim, o negativo da masculina, isto é, uma organização gerada pela ausência do falo e pela aspiração a tê-lo.

Até 1920, evidenciava-se um certo vazio teórico na produção de Freud quanto à positividade da sexualidade feminina. Mas logo em seguida, a intensa produção das analistas mulheres da época[19] teve como consequência o fato de Freud não poder mais recuar diante da necessidade de teorizar sobre tais questões: a feminilidade tornara-se um desafio a enfrentar.

No conjunto teórico freudiano, em que a subjetivação do sexo se dá em torno da posse do falo, o que ele havia podido captar do que a feminilidade apresentava dizia respeito essencialmente à falta ou à perda (por castração) desse órgão e suas consequências psíquicas. Mas havia mais... Ele, porém, se apresentava impotente para escuta então convocava as analistas mulheres para que tentassem falar sobre isso. É nesse sentido que em seu artigo "Análise Terminável e Interminável" (Freud, 1937/ 1975) Freud apresenta a feminilidade como o verdadeiro impasse ao final da análise, tanto para mulheres quanto para homens.

---

19 Helen Deutsch, Ruth Brunswick e Marie Bonaparte, entre outras. Para ir além, conferir *Féminité Mascarade* (Hamon, 1994)

É de nosso interesse destacar, mais adiante, a sequência de produções relativas à articulação entre a subjetividade e a organização genital. Veremos que artigos como "Organização genital infantil", "Dissolução do complexo de Édipo" e "Algumas consequências psíquicas da diferença anatômica entre os sexos, todos produzidos na esteira da discussão sobre a feminilidade após 1920, delineiam os limites da sexualidade fálica e revelam uma atenção especial de Freud para com o corpo sexuado, aspecto que trataremos detidamente no Capítulo 6.

O corpo em Lacan: imagem, significante e gozo

Compreender as relações apontadas por Lacan entre o corpo e a linguagem ao longo de seu ensino implica destacar, a princípio, o valor do corpo como imagem.

No período inicial do ensino de Lacan observamos a importância por ele atribuída ao corpo enquanto imagem, como organizador primitivo da subjetividade. No artigo "O estádio do espelho como formador do eu", Lacan destaca o jogo dialético entre a imagem do semelhante e uma antecipação jubilosa da imagem totalizada do corpo como matriz simbólica do eu, antes da realização do sujeito na linguagem e também de se objetivar na dialética da relação com Outro (Lacan, 1998, p. 97). O cerne dessa concepção é a prematuração biológica do organismo humano, uma identificação com um eu idealmente organizado, orientado pela imagem do semelhante. Nos termos de Lacan, "a forma total do corpo pela qual o sujeito antecipa numa miragem a maturação de sua potência só lhe é dada como *Gestalt*, isto é, numa exterioridade em que essa forma é mais constituinte do que constituída (...)" (Lacan, 1998, p. 98). A conclusão desse processo resulta na identificação com a imago do semelhante e na consequente rivalidade com ele — esta é a matriz da "dialética que desde então liga o [*eu*] a situações socialmente elaboradas". (Lacan, 1998, p. 101) A esse respeito, Gustavo Dessal afirma, em uma análise dos diferentes tratamentos do estádio do espelho no ensino de Lacan:

Nessa época a causalidade, a determinação da experiência do espelho, é biológica, o que está determinando essa experiência é o corpo fragmentado e essa vivência do corpo fragmentado é uma vivência cuja raiz é orgânica.

Poderíamos supor efetivamente que a experiência jubilosa de assumir a imagem consiste na superação dessa discordância neurológica, portanto, nesta etapa há quase uma proposição de equivalência entre os termos 'corpo' e 'imaginário', o corpo é o imaginário. (Dessal, 2001, p. 44)[20]

Acrescentaríamos: nessa época, o imaginário se apoia no corpo biológico. Nesse período, a *libido* é pensada por Lacan como eminentemente narcísica, originada na defasagem entre a imagem do corpo totalizada e a experiência do corpo fragmentado. Os investimentos libidinais visariam sempre a recuperação dessa imagem integrada. Assim, a libido conjugaria aspectos vivificantes e mortíferos, uma vez que geraria o movimento desejante, mas em torno de uma imagem mortificante que vem a substituir a experiência orgânica, que é de desorganização e descontrole. Entre 1953 e 1960, no entanto, os trabalhos de Lacan revelarão uma nova perspectiva da função da imagem. Nessa época, Lacan descreve o inconsciente estruturado como uma linguagem, e sua pesquisa se dá em torno de como o simbólico determina o imaginário: trata-se aqui de verificar como o significante organiza a imagem corporal. Seguindo ainda as indicações de Dessal, vemos que, nessa perspectiva, o corpo como consistência imaginária está determinado pela incidência de um suporte simbólico, sem o qual tal consistência não se constituiria. Tal concepção implica numa mudança do estatuto do imaginário, e o destaque está no valor do traço unário na formação da imagem do corpo como totalidade (Dessal, 2001, p. 45). Se, na primeira perspectiva, o imaginário é quase autônomo, nessa segunda abordagem depende inteiramente do

20 Tradução da autora.

simbólico, e tal mudança de perspectiva é desenvolvida ainda mais por Lacan em seu escrito "Observações sobre o relatório de Daniel Lagache: 'Psicanálise e estrutura da Personalidade'", no qual o autor situa o inconsciente como o discurso do Outro e revê seu modelo ótico do vaso invertido, modelo através do qual demonstrava a constituição especular do eu, incluindo ali o significante do Ideal do Eu como mediador dessa totalização (Lacan, 1960/ 1998).

Nessa abordagem, a libido seria essencialmente mortífera, assimilada à pulsão de morte; e esta, por sua vez, ao simbólico. Para compreender melhor esse aspecto, temos de nos referir à duplicação do conceito de *morte* feita por Lacan. Como nos lembra Miller, trata-se de um conceito que, associado a seu par — o conceito de vida –, separa a noção de corpo da noção de vida, sendo que a vida ultrapassa o corpo. A duplicação da morte em orgânica e simbólica assinala o valor vivificante do significante.

> A morte simbólica é a que individualiza em contraste com a morte natural. (...) A morte simbólica da qual se trata assegura uma sobrevida significante. (...) Por isso Lacan sustenta que [essa morte] transcende a vida herdada do animal, e dá lugar a uma vida de outro tipo que a biológica. (Miller, 2004, pp. 341-342)

Uma terceira abordagem da imagem em Lacan aparece em seus seminários e escritos a partir de 1964: trata-se da importância da imagem não só como formadora do eu, mas como constitutiva do objeto *a*. Nessa época, o objeto é concebido como o que do real aparece nas relações simbólicas, e nesse sentido, o olhar, como aquilo que escapa à imagem refletida, tem a função privilegiada de localizar o objeto; a imagem do corpo é o enquadre no qual se inscreve um vazio — o do olhar — constitutivo do objeto. Utilizaremos duas citações de Lacan que demonstram a articulação entre a imagem do corpo como enquadre do lugar evanescente do sujeito enquanto objeto, e o olhar como o objeto privilegiado nessa experiência.

Em "De nossos antecedentes", Lacan afirma:

> O que se manipula no triunfo da assunção da imagem do corpo no espelho é o mais evanescente dos objetos, que só aparece à margem: a troca dos olhares, manifesta na medida em que a criança se volta para aquele que de algum modo a assiste, nem que seja apenas por assistir a sua brincadeira.[21] (Lacan, 1966/ 1998, p. 74)

Já em seu seminário de 1964, "Os quatro conceitos fundamentais em psicanálise", ele diz: "Na relação escópica, o objeto de que depende o fantasma ao qual o sujeito está apenso numa vacilação essencial, é o olhar" (Lacan, 1964/ 1985, p. 83). Não se trata, porém, do olhar como fenômeno de consciência, mas como índice de desejo. Nesse seminário, Lacan trabalha a experiência do "ser visto" como algo além da experiência biológica da visão, apontando ali o olhar como marca no sujeito da presença do Outro, o olhar que surpreende o sujeito em seu desejo: "(...) o olhar podemos dar-lhe corpo. (...) Esse olhar que encontro (...) de modo algum é um olhar visto, mas um olhar imaginado por mim no campo do Outro" (Lacan, 1964/ 1985, pp. 84-85).

Nessa perspectiva, a causalidade biológica (prematuração) já não é o motivo essencial da identificação imaginária do eu humano. O organizador principal desse processo é o *objeto a*, na sua vertente de olhar. A experiência de ser visto pelo Outro, ser capturado por seu olhar, é o que organiza o corpo e o eu. Conforme enfatiza Dessal, aqui se verifica uma nova proposta de Lacan, "pensar o corpo em sua articulação entre imaginário e real, ou seja, a incidência do gozo como um real na subjetivação do corpo" (Dessal, 2001, p. 47).

---

21 Quanto a essa citação, preferimos a versão castelhana, que traduz a última palavra da frase do texto original, "*son jeu*", por "juego" (jogo) o que nos parece indicar melhor a dialética de "ver-se sendo visto" que atua nesse momento.

Ainda um pouco antes do Seminário 11, em 1962/ 63, ao proferir o Seminário 10, "A Angústia", Lacan introduz as preliminares conceituais do objeto *a* implicando algo vivo: a libra de carne. O que causa a pesquisa de Lacan que resultará na postulação do *objeto a* como causa de desejo é o limite da análise, encontrado por Freud no rochedo da castração, que se manifesta sob a forma da angústia. Lacan se pergunta se a angústia de castração seria mesmo o último termo da análise do neurótico, para concluir que o neurótico se detém diante do oferecimento de sua castração como garantia da existência do Outro. Esse ponto de detenção é encontrado pelo sujeito no trabalho analítico, que o leva ao encontro da castração por via da interpretação (Lacan, 1962[1963]/ 2005, pp. 55-56); e o que se destaca da interpretação é essencialmente o *objeto a* enquanto índice da castração.

Como destaca Hebe Tizio, neste seminário o corpo fragmentado do estádio do espelho dá lugar à desordem dos objetos a. Antes da imagem ideal — i(a) — existem os objetos parciais, pedaços de corpo captados no momento em que essa imagem se constitui. Em suas palavras:

> O corpo é agora um corpo libidinal e não especular, e aparecem os órgãos. É um corpo informe com zonas erógenas, ou seja, não é limitado; apenas marcado pelas zonas erógenas. Lacan assinala que a forma mais segura de conceber o objeto é como um pedaço de corpo. Trata-se de *a* concebido como peça faltante. É um recorte corporal de consistência topológica. (Tizio, 2007a)

À psicanálise interessa o processo de subjetivação, o modo de estruturação do desejo humano. Assim, é a partir deste plano que as demandas ganham sentido no trabalho analítico, não como uma organização progressiva do campo das necessidades biológicas, mas como modos de encarnação da falta fálica, isto é, modos de apreensão, no corpo, da perda que se processa na passagem do vivo ao campo da linguagem. Ao falar, deixamos de saber algo sobre o sexo.

No seminário sobre a angústia Lacan pesquisará a função do *objeto a* muito especialmente em torno daquilo que está além da imagem especular. Em suas palavras: "*O homem encontra sua casa num ponto situado no Outro para além da imagem de que somos feitos* (grifamos)" (Lacan, 1962[1963]/ 2005, p. 58). O *objeto a* é o que resta do campo do sujeito que os significantes do campo do Outro não recobrem. Assim, a articulação do objeto a ao sujeito dividido pelos significantes organiza um fantasma que está na base do desejo.

Todavia, se, por um lado, a posição de objeto, tal como se sustenta no fantasma do neurótico, serve ao sujeito como defesa contra a angústia, por outro é um "postiço", uma "isca para agarrar o Outro". Transportando a função de *a* para o Outro, o neurótico espera que as demandas surjam daquele campo, eximindo-se, assim, do preço a pagar pelo desejo. O que caracteriza o neurótico é a recusa em dar sua angústia, e, nesse sentido, é no limite do ciclo das demandas que o neurótico pode encontrar a castração no trabalho analítico, e, portanto, o objeto a (Lacan, 1962[1963]/ 2005, pp. 62-63).

Lacan mostra neste seminário como a angústia é sinal de um perigo, não propriamente da perda do objeto, como parece ter apontado Freud em *Inibição, Sintoma e Angústia*, mas de sua presença — a presença do *objeto a* indicando aqui o desaparecimento do lugar da falta onde o sujeito vê inscrever-se a causa de seu desejo, ou o fundamento de sua existência como ser de desejo (Lacan, 1962[1963]/ 2005, p. 64).

A estrutura do desejo, ou a constituição da subjetividade como atrelada ao Outro comporta, então, um resto. O que Lacan apresenta de novo neste seminário é a constatação de que este resto diz respeito ao próprio corpo do sujeito — é a libra de carne — esse algo de "inerte", "separado", "sacrificado" do próprio corpo com que se paga pelo engajamento na linguagem (Lacan, 1962[1963]/ 2005, p. 242). O objeto aqui é essencialmente *cedido* pelo sujeito, e o desejo é a forma de articular na linguagem as vias de uma recuperação (impossível) desse objeto. Nesse sentido, os objetos ditos parciais revelam menos as etapas do desenvolvimento libidinal, como apontava Abraham, e mais os diferentes tempos (ou níveis, conforme Lacan) da encarnação do desejo. O *objeto a,* enquanto vazio constitutivo da origem do sujeito no Outro, é obscurecido pela sombra do desejo, é velado pelo fantasma (Lacan, 1962[1963]/ 2005, p. 309). A angústia provém do fato de que o sujeito não sabe que objeto ele é para o desejo do Outro. (Lacan, 1962[1963]/ 2005, p. 353). A angústia é o que está entre o gozo e o desejo, apontando inequivocamente que é como objeto do desejo do Outro que o sujeito toca o real prévio à sua constituição de sujeito metaforizado pela linguagem (Lacan, 1962[1963]/ 2005, p. 359).

Lacan se orientava cada vez mais em direção ao real, buscava o fundamento do desejo, ou a passagem entre gozo e desejo, outra forma de falar sobre a causa do desejo. Se até o momento desse seminário se tomava o espaço especular — o estádio do espelho — como a matriz do desejo, foi necessário a Lacan supor um aquém do estádio do espelho — aquém do narcisismo — para pensar a relação entre o desejo e a Coisa (Lacan, 1962[1963]/ 2005, p. 295).

Não haveria como fundamentar o desejo a partir do narcisismo. Isso, porque o plano especular é aquele que vela o fundamento do desejo, na ilusão de que este possa se resolver na totalização da imagem, na tomada do Outro como "complemento" da imagem do sujeito — daí a importância do que rompe com a boa forma no campo da imagem (a mancha, a pinta, tudo que causa estranheza) como aquilo que aponta o desejo enigmático do Outro, para o qual a imagem estruturada oferece um véu.

Após o Seminário 20, vemos surgir em Lacan a formulação segundo a qual o corpo é tomado em sua vertente de gozo, como o que de real resta intraduzível pelo simbólico e pelo imaginário. Nesse seminário, Lacan apresenta a questão do ser do sujeito vinculada à experiência do Um, experiência que, por sua vez, depende inteiramente do significante; e nesse processo, o gozo é o que resta fora da identificação.

O ser do corpo certamente que é sexuado, mas é secundário, como se diz. E como a experiência o demonstra, não é desses traços que depende o gozo do corpo, no que ele simboliza o Outro. (...) o Um só se aguenta pela essência do significante. (...) Gozar de um corpo, quando ele está sem as roupas, deixa intacta a questão do que faz o Um, quer dizer, a da identificação. (...) Dito de outro modo, o que há sob o hábito, e que chamamos de corpo, talvez seja apenas esse resto que chamo de objeto *a*.

O que faz aguentar-se a imagem é um resto. (Lacan, 1972[1973]/ 1985, pp. 13-14)

Até o Seminário 20, ainda que em diferentes matizes, a imagem do corpo sempre esteve articulada à identificação. Entretanto, isso se retifica naquilo que Miller vem designando como o último ensino, onde Lacan postula um real específico da psicanálise — o real sem lei —, distinto do real da ciência, real que escapa à organização pela lei fálica. O paradigma dessa perspectiva é o gozo feminino, no qual se verifica a separação entre o gozo do significante (sempre fálico) e o gozo do corpo. Assim, por trás da identificação significante haveria a identidade de gozo do falante: surge aqui um novo *status* para o corpo na teoria.

Naquilo que Miller chamou de primeiro ensino de Lacan, a prevalência do corpo é imaginária. Imaginário e simbólico se conjugam na constituição subjetiva; a imagem, porém, é o que faz resistência ao simbólico. Em tal concepção, a relação com o Outro se dá por via do desejo de reconhecimento. Já em seu segundo ensino, o corpo é essencialmente corpo simbólico, recoberto pelos significantes do Outro; e o desejo é desejo de desejo, ou seja, desejo de estar situado no desejo do Outro. No último ensino observa-se que o corpo com o qual a psicanálise tem de se haver é um corpo de gozo, isto é, um corpo afetado pelo significante, mas fora do regime fálico. Este aspecto será mais desenvolvido no final deste capítulo e nos capítulos seguintes.

Gozo e linguagem

Miller (2000, pp. 87-105) propôs reler a doutrina de Lacan sobre o gozo através de seis paradigmas, e podemos extrair dessa releitura os diferentes modos pelos quais Lacan tratou a relação do gozo com a linguagem. Se compreendermos o gozo como o que do corpo se implica na subjetividade, poderemos estender esses paradigmas como chaves de leitura das diferentes relações entre corpo e linguagem encontradas na obra de Lacan.

Num primeiro tempo do ensino de Lacan, a primazia está no simbólico, nos mecanismos e efeitos da linguagem sobre o sujeito. O que é do corpo — o pulsional — é compreendido como imaginário e como fonte de resistência ao funcionamento simbólico. Conforme Miller, nesses primeiros anos do trabalho de Lacan o inconsciente é ora linguagem, ora palavra (Miller, 2000a, p. 87). Tudo o que se organiza em torno do sintoma e interessa clinicamente diz respeito ao sentido e à sua liberação, ao reconhecimento pelo Outro. A satisfação no plano simbólico é a da decifração. Há, todavia, um outro plano da pulsão e dos investimentos libidinais nos objetos pulsionais que permanece no registro imaginário. Não sendo totalmente recoberto pelo simbólico, aparece como gozo nas falhas do simbólico. O Gozo é, então, imaginário. A unidade corporal obtida no estádio do espelho é a organização imaginária do eu, sede das pulsões autoeróticas, de onde esse gozo provém, conforme descrevemos acima. Nesse momento, há no ensino que Lacan transmite uma certa autonomia, tanto do simbólico quanto do imaginário, embora o simbólico tenha ação sobre o imaginário.

Dizíamos acima que o gozo imaginário aparece nas falhas do simbólico. O que seria uma falha no simbólico do ponto de vista linguístico? Aqui aparecem as formações de linguagem destacadas por Freud e ressaltadas, priorizadas por Lacan como formações do inconsciente — falhas detectáveis na cadeia do discurso, seja como interrupção abrupta com irrupção de uma outra cadeia, seja como chiste, ou como ato, todos indicando o aparecimento de um sentido novo.

Miller enfatiza que, nesse primeiro momento do ensino de Lacan, seu gesto inaugural e liberador foi o de resgatar a "autonomia da ordem simbólica", ensinando os analistas a atentar para a lógica do discurso, independentemente de qualquer referência ao gozo do corpo (Miller, 2000a, p. 89).

Paulatinamente, vai se acentuando a concepção de que o gozo do corpo vivo, a própria libido, se presta à simbolização, algo já indicado nesse período em que se observa a significantização do gozo pulsional na obra de Lacan. As pulsões são agora descritas como estruturadas através da linguagem, submetidas às suas leis. Quando Lacan matemiza a pulsão ($ \$ \lozenge $ D) e o fantasma ($ \$ \lozenge a $), estabelece a conexão íntima entre o simbólico e o pulsional. Tanto a pulsão se estrutura através das demandas do Outro, que aparecem como discurso, quanto o fantasma (relação do sujeito com o objeto) se organiza em cena ou roteiro. A imagem (pequeno a) é capturada numa estrutura significante.

No *Seminário Livro 6, O desejo e sua interpretação*, Lacan apresenta a própria libido como inscrita no significante, fazendo equivaler o gozo libidinal ao *significado de uma cadeia inconsciente*. O vocabulário dessa cadeia é a pulsão, e esta é a estrutura do desejo: "O significante anula o gozo e o restitui sob a forma de desejo significado" (Miller, 2000a, p. 90). Nesse momento da obra de Lacan, o gozo é eminentemente simbólico.

Em seu sétimo seminário, "A Ética da Psicanálise", Lacan opera uma importante alteração sobre sua teoria do gozo quando o situa não mais no imaginário, nem tampouco no simbólico, mas sim no real. O gozo estaria no limite da lei, aquém da linguagem, supostamente só alcançável por transgressão. Nesse sentido, o gozo teria um caráter absoluto; toda estrutura significante aparece como *defesa contra o real*. Nesse momento de seu ensino, Lacan leva ao paroxismo a disjunção entre significante e gozo. A libido, antes transcrita como desejo figurado na cadeia significante, aparece agora como *das Ding*, a Coisa freudiana, portanto fora do campo do significante e do significado; a pulsão é destacada em sua face de pura pulsão de morte, um passo prévio à sua postulação, no Seminário 11, de que desse real maciço, a Coisa, o sujeito só gozará de seus exemplares, as "espécies da coisa", os objetos *a*.

Como indica Miller, essa radicalização quanto ao gozo torna problemático o estabelecimento das relações entre os significantes e algo que está fora da simbolização. A proposição de Lacan é de que o *objeto a* é que responde por essa relação. A passagem da Coisa às espécies da Coisa parece indicar a insistência da orientação de Lacan quanto ao campo da linguagem como único campo possível para a apreensão do que é relativo ao sujeito do inconsciente.

Se Lacan pensava o desejo como efeito da pulsão de morte, parece-nos central o fato de que, após o seminário sobre a *Ética*, há uma reorientação no sentido de não haver manejo possível da pulsão de morte senão em sua face erótica. O discurso, o laço social, a linguagem, enfim, têm um vértice essencialmente erótico, ainda que toda pulsão seja de morte. E é neste vértice que opera o sujeito.

No *Seminário, livro 11, Os quatro conceitos fundamentais em psicanálise*, Lacan retoma a aliança entre o significante e o gozo; ao tratar da Coisa como fragmentada em objetos *a*, mostra que o gozo é conexo ao funcionamento do significante.

Nesse seminário, o funcionamento do corpo vivo e o inconsciente linguageiro tornam-se homólogos. Lacan lança aqui os conceitos de *alienação* e *separação*, propondo-os como operações relativas à produção do sujeito e do objeto, respectivamente, modos pelos quais demonstra, através da teoria dos conjuntos, como o sujeito é efeito da cadeia significante e como a própria operação simbólica revela o gozo do objeto. Diferentemente dos seminários anteriores, nos quais o inconsciente era descrito como ordenamento, regularidade, funcionamento em cadeia, desta vez Lacan o descreve como homólogo a uma zona erógena, como uma borda que se abre e fecha, um inconsciente pulsátil. Porém, como lembra Oscar Ventura:

> (...) nada indica, a princípio, uma reunião da pulsão com a sexualidade; a pulsão é assexuada, e se seu gozo se ata ao

sexo é em razão de sua estrutura topológica de borda, pois ali se conjugam carne e logos graças à função do orifício. É por homeomorfismo que a pulsão se equivale secundariamente ao gozo sexual. (Ventura, 2002)

Miller destaca ainda um quinto paradigma do gozo na obra lacaniana e o situa em torno do *Seminário, livro 17: O avesso da psicanálise*, quando Lacan passa a trabalhar com a noção de que os discursos são aparelhos de gozo, concepção que estabelece uma relação primitiva entre significante e gozo: ao mesmo tempo em que um significante representa um sujeito para outro significante, representa também o gozo (Miller, 2000a, pp. 95-96). O autor ressalta que a operação de passar do signo ao significante e defini--lo circularmente ("o significante **é** o que representa o sujeito para outro significante") tem como função destacar a necessidade lógica de um mínimo de dois elementos significantes, a fim de que se tenha um efeito de sujeito — uma outra forma de dizer que não há sujeito sem Outro. Essa definição circular do significante ressalta o Um como exceção que causa a série — S(Ⱥ).

Segundo Miller, nesse momento do ensino de Lacan a questão do gozo e dos objetos sofre uma transformação radical. A ideia do discurso como aparelho de gozo afasta definitivamente a noção de autonomia do significante; linguagem, sujeito e gozo estão de tal modo imbricados que, mais do que o sujeito, o que se veicula no percurso da cadeia significante é seu gozo, supõe-se uma equivalência entre sujeito e gozo. O significante-mestre marca simultaneamente tanto uma perda de gozo quanto um suplemento desta perda, através do mais-de--gozar; o significante cria a falta, bem como seu suplemento. Com a afirmação "o saber é meio de gozo", Lacan (1992, pp. 43-48) renuncia à autonomia do significante, e o gozo aparece como perda oriunda do próprio movimento da cadeia. Os suplementos a essa perda são os objetos mais-de-gozar, não restritos às funções naturais apoiadas no corpo orgânico (voz, olhar, seio, fezes), mas estendidos aos objetos produzidos pela cultura (Miller, 2000a, pp. 98-100).

Nesse paradigma, a grande modificação na relação entre o significante e o corpo é que a divisão entre o corpo e seu gozo se acentua; há um corte entre a libido e a natureza. Se, no Seminário 11, a libido é pensada como um órgão, no Seminário 17 ela passa a ser cultura.

O *Seminário, livro 20, Mais, ainda*, marca uma última reviravolta na obra de Lacan quanto à articulação entre significante e gozo. Se, nos primeiros paradigmas, o ponto de partida era a linguagem como prévia, autônoma, agora seu ponto de partida é o gozo. No que diz respeito ao sujeito — tomado desde então em sua realidade de ser falante —, a linguagem é posterior à "lalíngua" [*lalangue*], conceito forjado para designar a fala anterior à ordenação gramatical ou lexical, fala que marca originariamente o corpo do falante. Segundo Miller, Lacan enfatiza o caráter autista do gozo dessa fala anterior a qualquer comunicação, — gozo do Um, anterior ao Outro (Miller, 2000a, p. 101). Nos termos de Miller, este é o paradigma da "não-relação": não há relação entre os sexos, assim como não há relação entre significante e significado, nem entre o gozo e o Outro. Há um gozo do corpo que poderá servir (ou não...) como meio de acesso ao Outro.

No último ensino de Lacan, em função da ênfase dada ao *gozo*, o conceito de pulsão adquire um valor especial. A vinculação da pulsão ao Outro também adquire contornos especiais quando o acento recai sobre o gozo do Um. No *Seminário, livro 20*, Lacan afirma:

> Mas, o ser, é o gozo do corpo como tal, quer dizer, como assexuado, pois o que chamamos de gozo sexual é marcado, dominado, pela impossibilidade de estabelecer, como tal, em parte alguma do enunciável, esse único Um que nos interessa, o Um da relação sexual. (Lacan, 1972[1973]/ 1985, p. 15)

Como ressalta Miller, essa concepção de Lacan privilegia o gozo do Um, deslocando a ênfase dos laços do Um com o Outro (Miller, 2000, pp. 24-29). Este deslocamento produz um rearranjo nas relações entre o simbólico e o real, alterando assim o papel do imaginário. Se o simbólico não é mais considerado prévio e determinante da subjetividade, se o gozo do corpo vivo, marcado pela linguagem, é o que orienta e determina a lei de acesso ao real, então o papel do corpo, da pulsão, é primário na construção do sintoma que articulará os registros imaginário, simbólico e real.

Partir do gozo é partir do corpo vivo. E o gozo do corpo é autista, fora de qualquer relação com a alteridade. Assim, todas as conexões com o Outro se farão por suplência, uma vez que, na origem, essa relação não é suposta necessária; os objetos, os sentidos serão sempre suplementares. Implicar o gozo singular no laço social será um ato suplementar do falante.

Na lógica significante, o Outro do sujeito é o código, o outro da comunicação que sanciona o sentido. Na lógica do gozo, o Outro do falante (linguagem incorporada) é o Outro sexo. Esta é uma forma de dizer que partindo do gozo não se chega necessariamente ao Outro simbólico; os imperativos do corpo não conduzem ao laço social senão como suplência: "O ponto de partida encontrado no gozo é o verdadeiro fundamento do que aparece como extensão, ou mesmo a demência, do individualismo moderno" (Miller 2000a, p. 103).

Miller afirma que radicalizar a concepção de não-relação limita a noção de estrutura com suas relações pré-determinadas, transcendentes à experiência dos fenômenos. Para o autor, a inversão paradigmática operada no Seminário 20 mediante a ideia de não-relação é a proposição de uma pragmática na qual, não havendo nenhuma determinação ou condicionante prévio, as relações entre o falante e suas experiências se fazem por rotina (tradição) ou invenção (suplência).[22]

Em seu artigo "Una invención: legitimidad de la 'Biología lacaniana'", Graciela Esperanza (2001) retoma as pas-

---

[22] A este respeito, Tânia Coelho dos Santos propõe que se compreenda a proposição de Miller não como indicação de uma não-relação *a priori*, mas como um consequente que pode dispensar suas relações com o antecedente. Conferir Coelho dos Santos, 2002, Aula 11 de 18/9/2002, pp. 149-163.

sagens entre o 4º e o 6º paradigmas propostos por Miller para enfatizar a obrigatoriedade da postulação, ainda que irônica, de uma certa biologia nas últimas proposições de Lacan, dada a relação íntima (necessária, porém não suficiente) entre o corpo vivo e o gozo. Nesse artigo, a autora ressalta o deslocamento que se processa, nos referidos paradigmas, da ênfase na estrutura para a ênfase no ponto de inserção do aparato significante; esse ponto de inserção da linguagem no corpo é o gozo. Assim sendo, o enodamento entre gozo e significante desloca a autonomia do simbólico em favor de um enodamento entre ambos. A autora destaca ainda a ênfase dada por Miller à substituição do sujeito pelo corpo, que pode ser observada na passagem dos últimos paradigmas. A metonímia não é mais só do sujeito enquanto falta-a-ser, mas metonímia de gozo. E o ponto a ser realçado é o seguinte: o *ser de gozo* é o suporte da inserção do sistema significante (Esperanza, 2001).

Elementos de biologia psicanalítica, um aporte milleriano: "o acontecimento de corpo"

No terço final de seu seminário de 1998-99, "A experiência do real no tratamento analítico", Miller trabalha o que chamou de "biologia lacaniana". Trata-se, antes de tudo, de uma pesquisa sobre o que seria o *gozo* no último ensino de Lacan e sua relação com o *corpo vivo*. Miller afirma interessar-se pela *vida*, já que esta pode responder pelo que quer que seja a especificidade real do gozo do falante, e se pergunta o que pode significar *o vivo* no âmbito do falante. Sua hipótese é a de que o vivo corresponde ao real: "Com efeito, não me interesso pela vida mais do que por sua conexão com o gozo, e na medida em que, talvez, mereceria ser qualificada de real" (Miller, 2004, p. 319).

A tese de Lacan no *Seminário, livro 20, Mais, Ainda* é de que o *gozo* que conforma o *ser* do sujeito é o gozo do corpo vivo sexuado, porém o gozo do corpo depende do significante, ou seja, depende do que ele nomeou como *lalíngua*.

Não é lá que se supõe propriamente a experiência psicanalítica? — a substância do corpo, com a condição de que ela se defina apenas como aquilo de que se goza. Propriedade do corpo vivo, sem dúvida, mas nós não sabemos o que é estar vivo, senão apenas isto, que um corpo, isso goza. Isso só se goza por corporizá-lo de maneira significante. (Lacan, 1972[1973]/ 1985, p. 35)

E ainda:

Só que uma coisa é clara, a linguagem é apenas aquilo que o discurso científico elabora para dar conta do que chamo lalíngua. Lalíngua serve para coisas inteiramente diferentes da comunicação. É o que a experiência do inconsciente mostrou, no que ele é feito de lalíngua, essa lalíngua que vocês sabem que eu escrevo numa só palavra, para designar o que é a ocupação de cada um de nós, lalíngua dita materna, e não por nada dita assim. (...). A linguagem, sem dúvida, é feita de lalíngua. É uma elucubração de saber sobre lalíngua. (Lacan, 1972[1973]/ 1985, pp. 189-190)

Em 1974, na conferência realizada em Roma, denominada "A Terceira", Lacan nos diz que lalíngua, enquanto húmus do falante, é morte, e sua animação se dá na linguagem. Lalíngua é tratada neste artigo como o depósito das línguas que, como já dissera em "Lituraterra", se depositam como restos do ravinamento produzido sobre o corpo pelas línguas prévias que envolvem a vida de um falante. O inconsciente é tratado nesse artigo como articulação de saber produzido a partir de lalíngua. Em suas palavras:

Não é porque o inconsciente está estruturado como uma linguagem — é o que ele tem de melhor — que, para tanto, ele não dependa estreitamente de lalíngua, quer dizer, do que faz com que toda lalíngua seja uma língua morta, mesmo que ela ainda esteja em uso. (Lacan, 1974/ 2011) p. 33

Lalíngua parece, assim, inscrever uma experiência de gozo no limite de seu enquadramento em uma fantasia, o que já viria a situar esse gozo na lógica fálica. A experiência desse gozo nos limites do enquadramento da fantasia tem sido tratada por Miller como "acontecimento de corpo".

No seminário acima citado, Miller enfatiza a utilidade da compreensão do sintoma como "acontecimento de corpo", expressão que aparece pelo menos uma vez em Lacan, em seu seminário sobre Joyce (e no escrito dele derivado, "Joyce, o Sintoma"), e que Miller destaca para recuperar o aspecto de gozo do sintoma, isto é, seu aspecto de satisfação pulsional.

> (...) o sintoma é um acontecimento de corpo.
>
> Esta definição é necessária, inevitável, e sem dúvida foi necessário o texto "Inibição, Sintoma e Angustia", a obra de Freud, para que se tornasse evidente que o sintoma constitui como tal um gozo ou, em termos freudianos, uma satisfação substitutiva de uma pulsão. (...)
>
> Quando se admite que o sintoma é gozo, e na medida em que o gozo passa pelo corpo, é impensável sem o corpo — o corpo como forma, ou melhor, como modalidade de vida — a definição do sintoma como acontecimento de corpo, que Lacan formula pelo menos uma vez, se torna inevitável. Destaco esta definição, a sublinho, a repito e, deste modo, a torno um indicador fundamental de nosso conceito de sintoma. (Miller, 2004, p. 335)

Tal postulação duplica o sintoma em duas faces: uma de significação, outra de acontecimento corporal. Por um lado, acontecimentos como o sintoma, os sonhos, os atos falhos, os chistes, são formações de linguagem que Lacan, em seu Seminário 5, chamou de "formações do inconsciente", acontecimentos que, por trás de sua significação aparente (ou da ausência dela), se revelam portadores de outra significação que lhes advém por interpretação. Nessa vertente, a satisfação envolvida no sintoma está ligada à experiência do sentido. Por outro lado, os sintomas portam também uma face de satisfação que ultrapassa a do sentido. Miller destaca um nível de satisfação que transpõe o da significação vinculando-se diretamente ao corpo, à pulsão, e está presente no fantasma como um composto de significação e satisfação (Miller, 2004, pp. 343-344).

Além disso, paralelamente à questão do *vivo*, Miller ressalta que a psicanálise se organiza em torno da questão da *verdade*, formando com ela um par que não caminha de mãos dadas confortavelmente em nosso campo, e relembra o fato de a psicanálise ter começado se ocupando da histeria, que se caracteriza por exibir um corpo adoecido da verdade. Assim sendo, a partir de Freud, a verdade da qual antes se falava passa a falar ela própria nas palavras e nos corpos. A verdade passa a exigir interpretação.

Depois de Lacan, porém, a questão da verdade se viu reduzida a seu valor de semblante. Ao exigir uma escrita lógica da verdade, Lacan a reduziu ao efeito da articulação entre axiomas, assim como de suas regras de dedução, passando a ser "escrava de um saber elaborado para recobrir o real" (Miller, 2004, p. 362). Assim, se partimos da questão da vida, seu par adequado não é a verdade, mas o saber: há no corpo saber sobre a vida. Entretanto, no humano, esse saber está subvertido pela questão da verdade. O corpo humano vivo é "doente pela verdade". Ao contrário do animal, o vivo humano padece de não ter mais definida sua função na perpetuação da vida, através da reprodução e de sua morte (como representante individual da espécie). A inscrição desse saber no homem está perturbada pela linguagem (Miller, 2004, pp. 360-363).

Nesse sentido, as estruturas clínicas seriam modos de adoecimento devido à verdade, em que o corpo tem perturbada sua função, dita "natural", de autoconservação. Tomando como referência o texto "A concepção psicanalítica da perturbação psicogênica da visão" (Freud, 1910/ 1970), Miller discute como o "saber do corpo" cede lugar a um funcionamento anômalo a serviço do gozo. Isso significa que o órgão, ao saber que está a serviço da vida individual, deixa de obedecer ao saber do corpo para tornar-se o suporte de um "gozar-se", com essa ênfase no autoerotismo indicada na fórmula "goza-se" (Miller, 2004, p. 367).[23]

A divisão organismo/ corpo não basta, então, para esclarecer os modos de afetação entre psíquico e somático. Miller propõe uma separação entre o *corpo epistêmico* — que está em conformidade com seu saber natural — e o *corpo libidinal*. Mas, como o corpo epistêmico (o organismo) é também libidinal quando o prazer está dentro dos limites desse saber, Miller opta por fazer uma distinção entre *corpo-prazer* e *corpo-gozo*. O corpo-prazer obedece ao saber do organismo, à regulação da vida; já o corpo-gozo é desregulado, aberrante, ultrapassa qualquer tentativa de preservação da vida (Miller, 2004, pp. 368-369).

Pode-se perceber, assim, que se o ser do sujeito está atrelado a seu corpo, este, de certo modo, lhe advém, não é dado. Disso decorre a ênfase de Lacan no fato de o homem "ter" um corpo, e não "ser" um corpo (Lacan, 1975/ 2003, p. 561).

Esse aspecto é importante, pois estamos supondo que muitas das apresentações corporais de sintomas mais frequentes na atualidade — como corpos anoréxicos, obesos, tatuados, etc. — podem indicar um transtorno quanto ao "ter" ou ao "ser" um corpo.

Numa primeira aproximação da questão, diríamos que o corpo que o sujeito *tem* é efeito de sua mortificação enquanto corpo vivo, efetuada pelo significante. O corpo perdido pela entrada no universo da linguagem retorna ao sujeito como imagem, como corpo simbolizado, ou como um resto de real inapreensível. Assim, o neurótico sofre de *ter* um corpo, ao passo que nas psicoses as questões giram em torno dos embates relativos à certeza de se *ser* o corpo. Nelas, a ausência da metáfora paterna que investe falicamente o corpo do sujeito exige uma suplência para que este se integre, em imagem e em discurso.

---

23 Numa apresentação de um fragmento desse seminário em Minas Gerais, anterior à publicação de sua versão completa, esse parágrafo aparece acrescido do seguinte: " (...) justamente, que o órgão não está mais a serviço da vida" (Miller, 1999a, p. 64).

Na esquizofrenia, os sintomas revelam com clareza o corpo vivido como fragmentado, como palco de uma série de experiências que parecem advindas ao sujeito desde o exterior. No concernente à psicose, faz-se necessário que algum significante cumpra o papel que o Nome-do-Pai desempenha no caso das neuroses, isto é, que um significante permita localizar o gozo de vivo sexuado, possibilitando ao sujeito psicótico manter-se no discurso e no laço (ainda que predominantemente imaginário) com o Outro.

Contudo, o último ensino de Lacan parece indicar uma outra possibilidade de leitura das relações do sujeito com o corpo apoiadas na diferença sexual e na inexistência de relação entre os sexos, na qual *ter* e *ser* um corpo estarão coordenados respectivamente às posições masculina e feminina. Além disso, temos as manifestações clínicas desse gozo da marca de lalíngua sobre o corpo que os finais de análise testemunham — uma letra de gozo — e que podemos apreender em alguns relatos de passe. É o que tentaremos desenvolver mais adiante.

A substância gozante

Esta nova substância introduzida por Lacan no campo do falante parece ser o fundamento do sintoma em seu último ensino, no qual o corpo é colocado no lugar central da organização sintomática.[24]

No Seminário 20, Lacan reorienta sua abordagem do sujeito do inconsciente. Se, até então, o inconsciente era o saber (simbólico) existente no real, a partir de agora o real será considerado sem lei, o que significa dizer que o real levado em conta pela psicanálise não é mais delimitado a partir do simbólico. Nessa perspectiva, o real ex-siste ao simbólico e o gozo é o que há de mais real no falante (Miller, 1991[1992]/ 2002, pp. 12-16).

No capítulo desse seminário dedicado a Jakobson, Lacan

---

24 No próximo capítulo, trataremos mais detidamente das mudanças na concepção de "sintoma" operadas de Freud a Lacan e no próprio ensino de Lacan.

rediscute o uso do significante em psicanálise e forja a palavra *linguisteria*, através da qual descreve um domínio específico do significante no falante — o do inconsciente. Mas, quando retifica a afirmação de Jakobson, segundo a qual tudo que é da linguagem seria relativo à linguística, parece-nos já apontar o descentramento do simbólico e a ênfase no real (Lacan, 1972[1973]/ 1985, p. 25). Na parte 4 desse mesmo capítulo, Lacan assinala que o gozar de um corpo põe em função algo que ele denomina "substância gozante". (Lacan, 1972[1973]/ 1985, p. 35) O sujeito da psicanálise é o sujeito da ciência, sujeito cartesiano cuja materialidade se divide em substância extensa (matéria/ corpo) e pensante (cogito/ alma). Lacan propõe mais uma: a substância gozante. A ideia de substância gozante parece enfatizar a mudança na materialidade que fundamenta a especificidade do falante. Essa nova materialidade, embora concernente à linguagem, se funda no corpo. Lacan afirma que "o significante é a causa do gozo", porém, causa final. "Nisso que ele é o termo, o significante é aquilo que faz alto ao gozo" (Lacan, 1972[1973]/ 1985, p. 36). A substância gozante é o corpo afetado pela linguagem.

Em seu artigo "A Terceira", Lacan afirma que "o corpo deve ser compreendido ao natural como desenlaçado desse real que, para ex-sistir a ele na qualidade de fazer seu gozo, não lhe é menos opaco" (Lacan, 1974/ 2011, p. 21). O gozo só é apreensível enquanto tal no enodamento dos registros real, simbólico e imaginário — outro modo de se dizer que lalíngua só se faz substância gozante ao se enlaçarem os três registros.

Já em "Biologie lacanienne et événement de corps", Miller demonstra que a proposição da substância gozante é tributária do pensamento de Descartes, que trata a matéria como extensão — redução que, em princípio, exclui o gozo do corpo. Tratar o corpo em sua face material, extensa, sem o gozo, é tratá-lo como um corpo em pedaços,[25] sem uma unidade intrínseca. Assim, a

---

25 Estamos evitando aqui o termo "despedaçado" por considerá-lo mais preciso em certas experiências clínicas. Há uma conotação de "dor" nessa expressão. Aqui, todavia, a ideia que se quer transmitir é a de um corpo desmontável, fundamento de toda biologia molecular e das práticas médicas atuais, portanto, não necessariamente negativa.

unidade não advém ao falante através de seu corpo senão por via imaginária, em espelho, através do outro, o semelhante. É o significante que pode conferir a esta imagem um sentido de unidade (Miller, 2000, pp. 10-13).

Ainda nesse artigo,[26] Miller propõe que se distingam os dois modos de articulação do corpo com o significante, nos dois primeiros e no último ensino de Lacan. Ao discutir a materialidade do significante, Miller afirma tratar-se de uma materialidade essencialmente formal, lógica. A materialidade é emprestada ao significante não só pelo som, mas por todo o corpo. (Miller, 2000, p. 56) Essa materialização parece operar--se de dois modos distintos, como "significantização" e como "corporização", respectivamente. Na significantização, o corpo oferece ao significante sua matéria, sua realidade. O paradigma desse processo é a significantização do falo. No ato de elevação do corpo ao nível do significante, o corpo se anula; o significante mata a coisa e opera suas metonímias. Na corporização, ao contrário, "trata-se do significante entrando no corpo (...) o significante adentra o corpo, estilhaçando o gozo do corpo, fazendo salientar o mais-de-gozar, recortando o corpo, até surgir o gozo, o mais-de-gozar que aqui é virtual" (Miller, 2000, p. 57).[27] Esse saber no corpo foi o que Lacan chamou de "afeto". A partir do Seminário 20, o afeto é o efeito corporal do significante, é o que desarranja as funções do corpo vivo (Miller, 2000, p. 58). O significante não é mais só o meio de simbolizar o vivo, ou o real, mas a *defesa* contra o real (Miller, 2000a, pp. 101-105). Nessa vertente, não se tomará o significante como o que mata a coisa, ou substitui o gozo do vivo pelo gozo da linguagem, mas, ao contrário, ele será tomado em sua face de vivificação do corpo, singularizado através da letra.

Essas diferentes formas de articulação entre o significante e o corpo não são apenas conceituais, ao contrário, trazem em seu bojo mudanças na perspectiva clínica. Nas proposições

---

26 Este artigo resulta do seminário de Miller "A experiência do real no tratamento analítico" (Miller, 1998[1999]/ 2004).
27 Tradução da autora.

posteriores ao Seminário 20, o horizonte da práxis analítica vai além, tanto do destacamento dos significantes que determinaram as identificações do sujeito, quanto do destacamento do sujeito da posição de objeto no fantasma. O horizonte do tratamento será esse núcleo formal, essa letra que marca o corpo, núcleo do sintoma que articula real, simbólico e imaginário.

Antes de concluir o presente capítulo, cabe-nos ressaltar que, embora Miller demarque o último ensino de Lacan a partir do Seminário 20 enfatizando a prevalência do real na estruturação do gozo do falante (em oposição à ênfase no simbólico que está na origem do sujeito), até esse seminário os registros do simbólico, do imaginário e do real eram pensados como enodados. Já no Seminário 23 Lacan apresenta os registros como originalmente separados, sendo que o sintoma é que virá enodá-los. É o que veremos no próximo capítulo.

Nesse sentido, como afirma Coelho dos Santos, até o Seminário 20 o corpo na psicanálise é o corpo histérico, ao passo que no Seminário 23 o paradigma do corpo é o corpo psicótico. O corpo histérico é um corpo significante no qual o objeto *a* se destaca como real; em contrapartida, o corpo psicótico é um corpo parasitado, afetado pela linguagem, sem a unidade que lhe é conferida pelo Nome-do-Pai (Coelho dos Santos, 2006a).

A letra de gozo

Em 1955, no âmbito de seu Seminário 2 sobre "O eu na teoria de Freud e na técnica psicanalítica", Lacan (1954[1955]/ 1985), aborda o conto de Edgar Allan Poe "A carta roubada", trabalho que resultou no escrito que abre a coletânea *Escritos*. Já então se faz presente sua preocupação com a relação entre a letra e o significante; nesse momento, trabalhando a letra em sua relação com a carta, tema do conto de Poe, Lacan demonstra que, mais do que a mensagem que a letra/ carta porta — desconhecida pelo leitor, sendo apenas evocada uma intriga que a permeia —, o que importa são os efeitos que esta carta/ letra produz naqueles que a detêm, efeito que Lacan irá, progressivamente, retomar e especificar em seus seminários como feminizante. Já no próprio escrito "O seminário sobre 'A carta roubada'" Lacan (1957/1998) aponta esse efeito de desfalicização dos portadores da carta, uma indicação do poder de furo da letra/carta.

Em 1957, em seu escrito "A Instância da Letra ou a Razão desde Freud", Lacan segue a conceituação da letra e sua relação com o inconsciente, a letra sendo tratada em sua associação com o conceito linguístico de significante. Nesse texto, sua proposta era a de aprofundar sua hipótese do "inconsciente estruturado como uma linguagem". Ao explicar o sentido da letra, Lacan a designa como "suporte material que o discurso concreto toma emprestado da linguagem" (Lacan, 1957/ 1998a, p. 498). Nesse momento de seu ensino o que é destacado é o caráter primário da linguagem, anterior à qualquer organização somática ou psíquica do sujeito.

Nesse escrito, Lacan desenvolve a aplicação da linguística estrutural, criada por Ferdinand de Saussure, para demonstrar o modo singular com que se serve de seu famoso algoritmo (conceito/ imagem acústica ou significante/ significado). Para além da arbitrariedade da relação entre os elementos do algoritmo, Lacan destacou a barreira entre eles. Adensando a barra que separa significante e significado, Lacan pôde desenvolver as operações em que esses planos se tocam, a metáfora e a metonímia, fazendo surgir respectivamente o sujeito (nos efeitos metafóricos da cadeia) e seu desejo inconsciente (expresso na metonímia do campo dos significados). O ponto central desse escrito é a homologia entre as leis da linguagem e as do inconsciente, o sujeito do inconsciente como representado entre significantes.

Como destaca Attié em seu livro sobre a obra de Mallarmé, a distinção significante/ letra permanecerá no centro das interrogações de Lacan. Porém, o que se pode destacar como opondo o significante à letra é que o primeiro é fundamento de discurso e, portanto, implica na relação entre um significante e outro, enquanto a letra está remetida a si mesma, ainda que esteja no fundamento da escrita.

O significante visa a outro significante, tendo como de-safio o *status* do sujeito e uma significação fálica. A letra não visa à outra letra. Estamos aqui tratando com 'uma identidade de si a si isolada de toda qualidade'. A letra não remete a uma significação, é somente um signo, o da mulher, 'pelo que ela faz valer seu ser, fundando-o fora da lei'. É nessa perspectiva que Lacan faz equivaler a mulher e a letra. Toda literatura, toda poesia, visa esse enigma de um gozo que não conseguiria dizer-se. (Attié, 2013, p. 410)

Em "Lituraterra", já na pesquisa dos anos 1970 sobre o amálgama entre língua e corpo e seus vestígios no trabalho ana-lítico, Lacan apresenta a *letra* como litoral entre campos distin-tos, entre o campo do gozo e o campo da linguagem.

Não é a letra... litoral, mais propriamente, ou seja, figu-rando que um campo inteiro serve de fronteira para o outro, por serem eles estrangeiros, a ponto de não serem recíprocos?

A borda do furo no saber, não é isso que ela desenha? E como é que a psicanálise, se justamente o que a letra diz por sua boca 'ao pé da letra' não lhe conveio desconhecer, como poderia a psicanálise negar que ele existe, esse furo, posto que, para preenchê-lo, ela recorre a invocar nele o gozo? (Lacan, 1971/ 2003, p.18)

"A letra rompe os usos estandardizados do significan-te na língua comum" afirma Laurent (2010, p. 19), mostrando como *lalangue* se enlaça em torno das bordas e dos furos do corpo, tornando-se seu instrumento de gozo: a letra fura o tex-to. Compara, ainda, a letra ao link de hipertexto na internet: a letra opera um vazio na rede significante tal como o hipertexto se configura no texto digital. Se a profusão das possibilidades na web nos faz imaginar um saber universal, a letra nos confron-ta com o furo no Outro. Nas palavras de Laurent: "A web nos faz descobrir seu avesso, os subúrbios do texto onde rodam as fantasias de uma pulsão desarrimada do significante" (Laurent, 2010, p. 20): fantasia da possibilidade de nomear-se o inominável. Através da experiência analítica, nos indica Laurent, o que o analisante pode conseguir é surfar na tela tecida por sua hiperletra, que sempre comporta um naco de carne, liberando-o da fantasia de um Outro que ponha fim à falta do Outro, mas não sem o "respeito ao pouco de semblantes que ainda permitam enlaçar o mais de gozar com a língua comum (Laurent, 2010, p. 20).

Como destaca Laurent, a vantagem de passar do furo à letra é que esta localiza o real para um corpo. Nesse sentido, ela se "corporifica", ela ativa os corpos, como indica Miller em "Biologie lacanienne" (2000, p. 57). Sua inscrição no corpo, porém, não equivale à da letra em um papel. Em realidade, ela inscreve no corpo uma falha, marca algo que nunca pode inscrever-se plenamente (Laurent, 2011, p. 62).

Laurent compara a metáfora freudiana do inconsciente como a cidade de Roma, como suas várias camadas de história, à afirmação de Lacan de que o inconsciente seria Baltimore ao amanhecer, isto é, uma cidade do novo mundo, sem história, um instante apenas. O sujeito é essencialmente um lugar vazio por onde se pode circular. Para esse inconsciente não histórico, a letra tem a função de furar os diferentes discursos que atravessam o sujeito, enquanto simultaneamente localiza o gozo no corpo.

A letra de gozo e o corpo falante

Diferentemente do corpo que se presta a servir de inscrição, queríamos destacar aqui um corpo que se repete, ou melhor — como destaca Miller, estabelecendo uma relação com o conceito de repetição —, um corpo que *itera* uma letra que é marca de gozo (Miller 2010[2011], aula de 6 de abril de 2011).

Ainda nos parece difícil verificar essa iteração, a não ser no fim de uma análise e no retorno que se faz sobre ela através dos depoimentos de passe. Numa análise em curso, sempre é possível que aquilo que se apresenta como um gozo que insiste sofra variados destinos por sua inserção no campo do sentido. E mais, parece difícil saber quando esse gozo se encontra no limite da fantasia, ou ainda, é efeito dela.

Tomaremos o exemplo de dois testemunhos de passe que nos têm servido para avançar na tentativa de compreender como abordar esse gozo do amálgama corpo e lalíngua, e como eles aparecem na análise. No testemunho de passe que Marina Recalde apresentou à Escola Brasileira de Psicanálise, Seção Rio, em maio de 2014 (Recalde, 2014) lhe perguntamos se a qualificação "negra de merda", nomeação injuriosa que viria se mostrar determinada por sua fantasia, teria tido para ela um valor traumático. Num primeiro momento, ela nos responde que sim, e que a análise havia possibilitado que ela deixasse de estar a serviço desse significante sem nada saber sobre ele. Em seguida, ela nos escreve um email onde situa o "negra" em seu valor "fantasmático", mais que "traumático". Nos perguntamos, então, se isso não seria indicativo de que o trauma e a fantasia estavam conectados, se a fantasia não seria um modo de recobrir com sentido o trauma da própria língua no corpo. Cabe lembrar aqui as diversas significações que o significante "negra" pode assumir, especialmente na cultura argentina, desde "pessoa cuja pele é de cor negra" até "tratamento carinhoso entre pessoas casadas, namorados ou pessoas que se querem bem", passando por "obscuro", "clandestino" e "sujo",[28] conforme nos esclarece o dicionário eletrônico da Real Academia Española (2015).

Mas Marina nos fala também de um novo nome — "decidida" — que lhe advém já no dispositivo do passe. "Decidida" lhe serve para nomear um modo de funcionamento que, se não se opõe ao seu funcionamento anterior como "trabalhadora incansável", ao mesmo tempo reinventa esse funcionamento, desatrelando-o da fantasia que devotava esse funcionamento ao Outro. Era seu projeto para "branquear-se"; agora, encontra nova satisfação em ser "decidida". Trata-se agora de um nome "no limite das ficções".[29]

---

28 Tradução livre da autora.
29 Recalde, M. Comunicação Pessoal.

Pensando o trauma como generalizado, como o impacto da língua no corpo, talvez o gozo que é nomeado no final da análise (o gozo que se nomeia como "decidida", no caso) venha do uso desses restos de lalíngua que gravitam o corpo falante e servem para discernir o real, fora do peso da fantasia, conforme propõe Vieira (2014).

Algumas questões persistiam (e ainda persistem): seriam os limites do trauma, de um lado, a fantasia, e de outro a pulsão despertada por lalíngua? De onde extrai esse gozo sua satisfação que se nomeia no final da análise, livre do peso da fantasia? Seria a pulsão em estado "puro"?

Em outro passe, de Marie-Hélène Blancard (2013a), o sintoma de "calar-se" é incluído numa série de determinantes de sua história, tais como o silêncio sobre as coordenadas de seu nascimento (já que ela pouco sabia sobre o seu pai), bem como os imperativos de calar-se que estavam associados à sua avó materna; enfim, dizeres que se associaram a um gozo autoerótico da manter a boca fechada, gozo que, segunda ela, obliterava o lugar do sujeito da enunciação. A letra de gozo se situaria para ela como "Ch", letra oriunda do "chut" como imposição de silêncio exigida pela avó na infância que se imprimiu em sua carne. A homofonia na língua francesa entre "chut" (equivalente ao nosso "psss" ou "shhh") e "chute", "queda", se impõe como uma injunção repetitiva vivida como um imperativo que faz cair o corpo em diversos acontecimentos de corpo. Como lembra a autora, na análise esse "ch" foi reduzido a um assovio, cujo som se transforma numa série significante: "*Chienne*", "*chinoise*", "*chimère*(s)", "*cht*", "*ch*"[30] (Blancard, 2013a, p. 56) — todos significantes que a nomeiam no percurso de sua história(eria) e que a análise vem iluminar.

Blancard relata um sonho em que ela se vê num aquário como objeto de olhares, e este se transforma em um auditório que lhe permite apreciar a música das palavras e o farfalhar da língua. Nas suas palavras: "Eu era toda ouvidos". Acompanhando seu testemunho, observa-se que teria sido num aquário (em

---

30 "Cadela", "chinesa", "quimeras", "shh": tradução livre da autora.

Trocadero) que sua avó lhe teria relatado um acontecimento dramático: a tentativa de sua mãe de atirar-se no rio Sena quando estava grávida dela, gesto que teria sido impedido pela avó. Esse relato provoca um acontecimento de corpo, o sentimento de que o corpo se liquefizera. E o acontecimento se relaciona a outro, em que num restaurante chinês perguntara à mãe sobre sua relação com seu pai e a mãe lhe contara as contingências dessa relação amorosa, transmitindo uma forte carga de sofrimento e produzindo um desmaio em Marie-Hélène: quedas. Ela fala desses acontecimentos como acontecimentos que apagam o sujeito.

No sonho de conclusão, uma frase se apresenta: "Roupa suja se lava em casa como OMO que lava mais branco que branco", lembrando que seu sobrenome é "Blancard". O que ela diz a respeito em análise é que "não basta tomar a palavra (ao pé da letra), é preciso gozar com ela" (Blancard, 2013a, pp. 558-559).

Essa fórmula OMO é analisada de vários modos: os dois "O"s como articulando o vazio do sujeito com o vazio do objeto (o "M" teria a função de punção, ou seja, "todas as articulações possíveis entre"); o "M", por sua ressonância fonética, também é lido como o imperativo "Ame!", amar como um dos modos fantasmáticos de lidar com o traumático do gozo que liga sujeito e Outro numa relação amorosa de devastação; outra leitura é de que a letra "O" se escuta em francês como homofônica a "água" (*eau*). Segundo Blancard, o "O" circunscreve as duas modalidades do sujeito, o ser e o existir, ou seu sintoma e seu gozo — um silêncio sintomático que é, ao mesmo tempo, iteração de um gozo autoerótico, ilógico e sem-sentido, ex-sistindo ao significante.

Depois desse sonho, ela considera sua análise terminada. Podemos destacar então desse testemunho que o trauma da língua marcando o corpo se reedita na cena traumática produzida com a avó no aquário de Trocadero, onde se dá a experiência de apagamento do sujeito como sujeito da enunciação. Sem um significante separador, a fala do Outro incide sobre o corpo, deixando de fora o sujeito e a enunciação. É somente pelo esvaziamento do gozo oral autoerótico, subjacente ao sintoma do "manter-se calada", que algo desse Um gozo iterativo, no limite da possibilidade de simbolização, pode ser destacado, e um novo destino inventado para ele. Penso que o que se produz de novo é justamente o "ser toda ouvidos", que sai dos limites fantasmáticos do ouvir, já que é necessário calar-se para que seja possível o desejo de escutar sujeitos em análise.

Capítulo 3
O corpo e o sintoma

Sintoma na psicanálise

Para melhor compreender a relação entre corpo e sintoma, faz-se necessário um percurso pela noção de sintoma em psicanálise. Passaremos rapidamente pela concepção de sintoma em Freud, que é retomada na leitura de Lacan. Em contrapartida, nos deteremos nas diferentes concepções de sintoma em Lacan, uma vez que encontramos em seu ensino retificações importantes relativas ao tema. Além disso, o sintoma, tal como formulado por Lacan em seu último ensino, nos permite acolher sintomas que conforme Freud restariam fora do escopo de intervenção clínica da psicanálise. É o caso, por exemplo, das psicoses, dos autismos e também do que vamos definir aqui como "novos sintomas".

O que é um sintoma em psicanálise?

Se tomarmos a "Conferência XXIII" das Conferências Introdutórias de Freud, encontraremos a seguinte definição:

> (...) são atos prejudiciais ou, pelo menos, inúteis à vida da pessoa, que por vezes deles se queixa como sendo indesejados e causadores de desprazer ou sofrimento. O principal dano que causam reside no dispêndio mental que acarretam, e no dispêndio adicional que se torna necessário para se lutar

contra eles. Onde existe extensa formação de sintomas, esses dois tipos de dispêndio podem resultar em extraordinário empobrecimento da pessoa, no que se refere à energia mental que lhe permanece disponível e, com isso, na paralisação da pessoa para todas as tarefas importantes da vida. (Freud, 1916[1917]/ 1976, p. 419)

Conforme destaca Freud, os sintomas neuróticos "são o efeito de um conflito surgido em torno de um novo modo de satisfação da libido" (Freud, 1916[1917]/ 1976, p. 419). Assim, o móbil da formação dos sintomas é a libido insatisfeita. Na busca de satisfação, ao encontrar resistência à descarga em objetos da realidade, a libido regride a objetos e modos de satisfação já abandonados; a imposição de censura à satisfação do desejo inconsciente faz com que este venha a se expressar de modo deformado, a fim de estabelecer compromisso entre a censura e a satisfação. Segundo Freud, no desenvolvimento da libido as fixações em modos primitivos de satisfação permitem que ela escape à censura, obtendo uma satisfação, ainda que precária, por via regressiva. A sexualidade infantil cria tendências no modo de satisfação, bem como privilegia certos objetos; assim, a reprodução desses modos infantis de satisfação se deve, na realidade, a uma fixação dos mesmos na fantasia inconsciente. Em suas palavras:

> Como encontra a libido o caminho para chegar a esses pontos de fixação? Todos os objetos e tendências que a libido abandonou ainda não foram abandonados em todos os sentidos. Tais objetos e tendências ou seus derivados ainda são mantidos, com alguma intensidade, nas fantasias. Assim, necessita apenas retirar-se para as fantasias, a fim de encontrar aberto o caminho que conduz a todas as fixações reprimidas. (Freud, 1986[1987]/ 1998, pp. 435-436)

A regressão da libido à fantasia, processo que Freud

chamou de "introversão", constitui uma etapa intermediária na formação do sintoma. O investimento dessa cena imaginária de satisfação da sexualidade infantil só configura uma neurose quando a libido a ela retorna e nela se fixa. O sintoma neurótico é a permanência nesse modo de satisfação fantasmático, sem retorno à realidade; o principal determinante do recalque que impõe um desvio ao desejo sexual infantil é o complexo de castração, sendo o sintoma o compromisso entre a satisfação e a ameaça de castração.

A satisfação obtida no sintoma tem o caráter peculiar de não ser vivida como tal, mas, ao contrário, como insatisfação, incômodo, ou mesmo dor. Assim, o que na vida infantil foi fonte de satisfação por efeito da censura é vivido com desprazer no sintoma, do mesmo modo que, no sonho, os processos de condensação e deslocamento podem fazer com que no sintoma a satisfação derive de elementos muito específicos, às vezes ínfimos, do complexo libidinal.

Ainda nessa Conferência, Freud faz referência às disposições inatas e às herdadas, bem como às intercorrências do meio que podem ocasionar o fator traumático, acrescentando-o à serie dos dispositivos necessários à instalação da neurose e de seus sintomas (Freud, 1986[1987]/ 1998).

Em seu retorno a Freud, Lacan promove algumas atualizações na concepção freudiana dos processos de formação do sintoma, afastando-se da energética freudiana e traduzindo-a em lógica significante. Durante grande parte de seu ensino, porém, manteve a mesma concepção a respeito do núcleo do sintoma. Ainda de modo introdutório, diríamos que no primeiro ensino de Lacan o sintoma é entendido em sua natureza simbólica por excelência: tanto se produz quanto se transforma obedecendo às leis da linguagem, aquelas mesmas que Freud destacou no que concerne ao inconsciente — deslocamento e condensação. Mais tarde, Lacan fará equivaler essas leis às operações linguísticas da metonímia e da metáfora, respectivamente. Fiel a Freud, Lacan compreende o sintoma como um compromisso entre o desejo sexual recalcado e sua possível satisfação; consequentemente, o sentido do sintoma é sempre sexual, sempre referido à castração.

Nessa vertente, o conteúdo do sintoma é essencialmente simbólico; há uma verdade subjacente ao sintoma que exige decifração. Nesses termos, os sintomas corporais nas neuroses, especialmente na histeria, mostram como a anatomia pode submeter-se à lógica do sentido; a própria fisiologia, por vezes, pode prestar-se à expressão de um sentido sexual. O que se destaca dessa concepção é que na histeria o corpo biológico dá lugar a um corpo fantasmático.

Em grande parte do ensino de Lacan, a concepção de sintoma está ligada à prevalência do simbólico, à primazia do significante, a linguagem prévia ao sujeito conformando toda experiência corporal ao que pode ser recoberto pelo significante: a experiência do corpo ou é tomada em sua vertente de imagem, ou como significante. O sintoma como produção de linguagem tem primazia sobre a satisfação pulsional que ele representa, e a satisfação buscada pelo sintoma estaria primeiro na decifração das moções corporais e no seu reconhecimento pelo Outro, e, mais tarde, na cifração do excedente pulsional, restringindo-o ou inscrevendo--o no plano do significante (Coelho dos Santos, 2002, pp. 158-160).

Nessa concepção, se observa que o sujeito afetado pelo sintoma, sujeito barrado, efeito de pura lógica, se mantém perfeitamente fora do corpo vivo. Porém, considerar o indivíduo afetado pelo inconsciente exige mais do que só o sujeito do significante: é necessário tomar o significante em uma dupla vertente, para que se possa captar sua potência simbólica de, simultaneamente, substituir o experienciado pelo símbolo e engendrar a própria experiência. O significante tem efeito de significado, mas também "afeta" o corpo. Nas palavras de Miller: "É preciso dar a esse termo 'afetar' toda sua generalidade. Trata-se do que vem perturbar, deixar traços no corpo. O efeito de 'afetar' inclui, também, o efeito do sintoma, o efeito de gozo, e mesmo o efeito de sujeito, mas efeito de sujeito situado num corpo, e não puro efeito de lógica" (Miller, 2000, p. 46).[31]

A partir do Seminário 20, "Mais, ainda", de 1972/ 73, Lacan muda a perspectiva de sua construção conceitual, passando a tratar a linguagem não mais como primária, precedente, mortificadora do vivo, mas secundária à *lalangue* — lalíngua —, gozo da língua materna (Lacan, 1972[1973]/ 1985, p. 188), gozo da palavra antes de seu ordenamento gramatical e lexicográfico (Miller, 2000, pp. 24-25). Nessa reversão, Lacan privilegia o gozo da marca do vivo que o significante promove. Em suas palavras:

> Não é lá que se supõe propriamente a experiência psicanalítica? — a substancia do corpo, com a condição de que ela se defina apenas como aquilo de que se goza (substância gozante). Propriedade do corpo vivo, sem dúvida, mas nós não sabemos o que é estar vivo, senão apenas isto, que um corpo, isso goza. Isso só se goza por corporizá-lo de maneira significante. (Lacan, 1972[1973]/ 1985, p. 35)

Nessa concepção, a função do sintoma, que antes seria a de tentar reintegrar, por via da linguagem, algo do vivo (objeto *a*) perdido *a priori* para o sujeito, passa a ser a de "identificar o ser do falante a seu modo particular de gozo". Aqui, sintoma e estrutura são idênticos. A consequência clínica resultante disso é que a direção do tratamento não será mais a do desinvestimento libidinal do sintoma, e sim a do "saber fazer com o sintoma": trata-se da reintegração da satisfação obtida com o desprazer do sintoma, da qual o sujeito se esquiva pelo não-querer-saber (Coelho dos Santos, 2002, p. 162).

A retificação do peso do simbólico, como determinante do sujeito no sentido de enfatizar a determinação real do falante, leva Lacan a postular o "acontecimento de corpo" como correlato do acontecimento de significação.

No texto "Biologie lacanienne et événement de corps",

---

31 Tradução da autora.

esclarecendo a noção de sintoma compatível com o último ensino de Lacan, Miller afirma:

> Percebemos, por curto circuito, que o sintoma analítico diz respeito, eminentemente, ao corpo (...). Por isso, adotarei como definição do sintoma essa expressão encontrada uma vez em Lacan e que faz do sintoma um "acontecimento de corpo". (Miller, 1999a, p. 69)

Exporemos agora com mais detalhes essa passagem do sintoma como mensagem ao sintoma como signo do gozo, e para tanto nos apoiaremos especialmente em três seminários de J.-A. Miller: "Os signos do gozo", "A experiência do real no tratamento analítico" e "Peças avulsas".

Do sintoma como mensagem ao sintoma como signo do gozo

No seminário "Os signos do gozo", Miller pontua as passagens, ou cortes epistêmicos no ensino de Lacan que justificam a mudança da teoria do sintoma como mensagem inconsciente para a concepção de sintoma como gozo. Examina, especialmente, as relações entre o significante unário (S1), significante da identificação do sujeito, e o objeto *a*, sua marca de gozo, ressaltando que a articulação entre esses dois elementos presentes na constituição subjetiva é o que faz insígnia para o sujeito humano. Investiga também as semelhanças e diferenças entre esses dois construtos teóricos e as realidades clínicas a eles vinculadas (a identificação significante e a identificação de gozo), já que ambos ocupam o mesmo lugar estrutural, fora da cadeia discursiva que funda o sujeito como sujeito de desejo. Podemos, então, antecipar a conclusão à qual chega Miller: o sintoma é, por excelência, o que faz insígnia (Miller,1986[1987]/ 1998).

Mas, recuemos um passo. Por que razão, ao tratar do sintoma e de seus elementos essências (S1 e a), Miller elege o

termo "insígnia"? Se o sintoma é o mais singular de um sujeito e o trabalho analítico se realiza visando fazer sobressair essa
singularidade, buscar (talvez melhor, "construir") as marcas
elementares do sujeito, então se trata, efetivamente, da busca
das insígnias — sinal distintivo, estandarte, emblema (Houaiss,
2001, p. 1624) Todavia, como adverte Graciela Brodsky, em
nota introdutória à versão castelhana desse seminário de Miller,
a expressão *"Ce qui fait insigne"*, título do original francês, se
presta a várias homofonias ("o que faz insígnia; o que faz um
signo; o que faz um, signo; e inclusive o que faz um cisne"). Essa
proliferação de sentidos por homofonia não ocorre em espa-
nhol nem em português; desse modo, Miller opta pela tradução
"O que faz um signo" (Brodsky, 1998, p. 8), signo indicando não
só a presença do sujeito como efeito do jogo significante, mas
também sua presença de gozo.

A seguir, tentaremos descrever as passagens nas quais
Miller se apoia para apresentar o sintoma em sua dupla vertente
de significação e de gozo. Seu ponto de partida é uma proposição de Lacan em seu seminário "O ato analítico", aula de 6 de
dezembro de 1967, na qual Lacan descreve uma relação ternária
entre o sujeito ($), o significante do ideal do eu (I) e o gozo (*a*)
(Lacan, 1967[1968]). Miller lê essa divisão como a dupla face
do sujeito cindido entre a identificação significante e o gozo:
"No meu entender, isto é o que justifica que ao menos uma vez
Lacan tenha escrito no quadro este triângulo, que indica que
não só o ideal completa o sujeito" (Miller,1986[1987]/ 1998, p.
240).[32]

A escrita lacaniana para a identificação com o ideal,
quando inserida na lógica do significante, é S1 (o traço unário).
Quanto ao S1, significante-mestre, Miller lembra que devemos
fazer a distinção entre seus dois estados possíveis. Por um lado,
pode estar ligado à cadeia significante, ligado a S2, produzindo
significação e permitindo a interpretação em seu sentido clássico. A localização do sujeito entre os significantes S1 e S2 per-

---

32 A tradução desta, assim como de todas as outras citações desse seminário de
Miller são da autora.

mite que o sintoma seja interpretável. Agregar um significante à cadeia produz interpretação quando induz uma descontinuidade com o significante unário; a interpretação anula o efeito de significação, já que S2 em posição de verdade, tal como se apresenta no discurso analítico, isola o S1 da cadeia (Miller, 1986[1987]/ 1998, p. 156). e é como significante isolado que S1 faz insígnia. Por outro lado, quando consideramos esse significante fora da cadeia sua escrita será S(Ⱥ) querendo dizer a falta de um significante no campo do Outro como lugar possível de localização para o sujeito.

Em relação a esse aspecto, Miller faz uma importante indicação clínica: é a intervenção do analista, sua interpretação, que permite realçar S1 em posição de insígnia. Em suas palavras:

> Não há nenhum traço que permita perceber que, em determinado momento, o significante-mestre brota da produção do paciente. Para isso, é necessário decompor a ambiguidade de seu estatuto e distinguir o S1 sozinho, ou seja, fora da cadeia, do S1 enquanto articulado com S2. S1 não é insígnia senão quando está sozinho. (Miller, 1986[1987]/ 1998, p. 157)

O valor de representar o sujeito e seu desejo só ocorre na articulação entre significantes. Miller chama essa articulação de "identificação", uma identificação secundária, variável, cambiável, dependente do Outro significante. Porém, há que se considerar também a identificação fundamental do sujeito, aquela promovida por um S1 isolado, que não é da ordem da representação, mas bem mais o apagamento do sujeito, a alienação fundamental (Miller,1986[1987]/ 1998, p. 160).

Quanto à vertente de gozo, é tratada mediante o objeto *a*. Cabe lembrar que, nesse momento de seu seminário, Miller está tomando o objeto e o gozo em seu estatuto lógico, e, portanto, com prevalência simbólica. Para abordá-lo, Miller retoma o processo de separação constitutivo do sujeito na posição de objeto, mostrando que o objeto *a* é uma função lógica, função significante, porquanto se inscreve como intersecção entre $ e a falta no Outro (Ⱥ).[33] O que Freud encontrou para preencher essa função lógica, enfatiza Miller, foi justamente *o corpo* — em termos mais exatos, o organismo. Nessa perspectiva, porém, a função à qual a pulsão responde é estritamente lógica: "Não é evidente que essa função chegue a ser suportada por partes do organismo. Também é necessário se entender que, quando ocupam essa função, essas partes do organismo estão, digamos, irrealizadas" (Miller, 1986[1987]/ 1998, p. 192).

Assim, na intersecção entre $ e Ⱥ, o objeto *a* indica o que do sujeito se encontra fora dos efeitos de sentido. Todavia, essa posição só é dedutível por via significante, e disso decorre a suposição de que a interpretação analítica visa o objeto *a* em sua vertente lógica. Temos aqui uma certa isotopia entre o objeto *a* e S1 como insígnia, já que ambos estão fora da cadeia, porém referidos a ela.

Um aspecto importante para nossa pesquisa é o realce dado por Miller ao organismo. Segundo ele, sob essa perspectiva o organismo sofre uma fratura entre o que é tomado do lado da cadeia significante (S1-S2) e o que fica do lado do objeto. Do lado do objeto, o organismo é tomado como "fora do corpo", o que transtorna a sexualidade como dado anatomofisiológico. A consistência do objeto não lhe advém da materialidade do corpo e de seus produtos, mas da lógica que os envolve. Assim, o objeto *a* é índice de um real estritamente localizável em seu estatuto lógico, a partir do simbólico.

> Devemos notar, entretanto, que em relação ao que imaginamos sobre o real do organismo — quando falamos de objeto da pulsão, quando nos referimos ao falo —, tudo isso é completamente irreal. (...) Trata-se de um órgão que não é de todo reconhecível no real do organismo (...). Esse objeto só pode ser concebido como real a partir da lógica, na lógica. (Miller, 1986[1987]/ 1998, p. 194)

---

33 Existem duas formas de o sujeito apreender-se no Outro: ou pela *alienação*, através da identificação significante; ou como o que falta ao Outro, isto é, como objeto.

A operação analítica é, então, um jogo entre o ser e o sentido. Apesar de operar com significantes, o que o analista visa — suas coordenadas — não são os significantes; é a falta no Outro que o orienta, seu horizonte é o fora do sentido. A posição de objeto que o analista ocupa no discurso analítico obedece à lógica dos tempos da análise, obedece às passagens entre alienação e separação. Conforme esclarece Miller, a direção do tratamento é regida pelas escansões que o analista promove no discurso do analisante, de modo que se produza separação. Nessas escansões, o sujeito se torna significante ($), e a detenção do sentido (S1) é suficiente para colocar uma significação como algo suposto (S2). O sujeito imediatamente se precipita em sua falta (*a*); e a falta é encarnada pelo analista, de quem o analisante deverá se separar. Disso decorre a lógica da posição do analista como objeto *a*. Algo da pulsão se atualiza em cada final de sessão. O analista ocupa o lugar de semblante do objeto pulsional e o sujeito se vê como "- φ", ou seja, confrontado com uma perda de gozo (Miller, 1986[1987]/ 1998, pp. 196-197).

A novidade apresentada por Miller nesse seminário foi a formalização do que se destaca no último ensino de Lacan: a posição do sujeito não só como o sujeito do significante ($), mas também como sujeito de gozo (*a*). Estávamos acostumados a pensar esta escritura ($), ou essa cifra, como algo exclusivamente de ordem significante. Nesse seminário, todavia, Miller propõe que a cifra também estaria do lado do objeto e, portanto, do gozo, e afirma que no plano da origem do gozo também há um *menos* (-), um vazio de gozo, e um chamado a preenchê-lo. Sob essa perspectiva, o efeito do significante é não somente o de apagar o sujeito, revelando-o por representação, mas também esvaziá-lo de gozo. Miller vai demonstrar que o fantasma, ainda que articule essa dupla face do sujeito, não dá conta da relação mais geral do sujeito com o objeto *a* — da qual o fantasma é apenas uma modalidade. A relação do sujeito com o gozo revelada no fantasma é apenas parcial. Vemos aqui a indicação do que será formalizado com o conceito de *sinthoma*, isto é, uma relação do significante com o corpo que marca o sujeito e conforma suas relações posteriores à linguagem. Trata-se, portanto, de algo aquém da estrutura fantasmática que se deduz do complexo edípico. De acordo com Miller, essa relação do sujeito com o gozo, não mediada pela fantasia (imaginária), diz respeito à relação do sujeito com a face real da pulsão:

> É certo que o fantasma sob o modo imaginário é uma relação com o gozo. Mas também é verdade que essa relação está presente quando falamos da pulsão, ainda que, neste caso, se estabeleça na dimensão real. Daí que tratar a relação com o gozo que reclama o segundo valor de $ a partir do fantasma não *é* mais que uma aproximação, ou uma parcialidade. Desde essa perspectiva, me parece extremamente esclarecedor examinar o fantasma e a pulsão segundo a relação do sujeito com o gozo, e opor a relação do sujeito com o significante àquela que se estabelece entre o sujeito e o gozo. Encontramos aqui, definitivamente, as duas vertentes da insígnia. Mas, além disso, essa duplicidade do significante e do gozo é também aplicável ao Outro. Ainda que estejamos acostumados a considerá-lo como o lugar do significante, o Outro é também o corpo, enquanto "deserto de gozo" — segundo afirma Lacan. (Miller,1986[1987]/ 1998, pp. 240-241)

A hipótese de Miller é que essa duplicidade de vazios relativos ao sujeito (vazio significante e vazio de gozo), que são preenchidos pelo significante-mestre e pelo objeto *a*, recebem uma única nomenclatura ao final do ensino de Lacan: *sinthome*. "Minha tese é que, ao introduzir uma nova escritura para o conceito de sintoma, Lacan exibe o esforço de escrever ao mesmo tempo e com um só traço, o significante e o gozo" (Miller, 1986[1987]/ 1998, p. 241). Miller propõe então a escrita $\Sigma/\$$

As operações de alienação e separação são compatíveis com essa duplicidade de perspectiva do sujeito. Para isso, na separação, o que Lacan havia destacado como produção de objeto Miller lerá como produção do sujeito de gozo, enquanto na alienação o que se dá é a sujeição ao significante. A alienação produz uma identificação significante, e a separação destaca a identificação do sujeito enquanto objeto (o sujeito localiza sua falta-a-ser na falta do Outro; portanto, como objeto do Outro) (Lacan, 1964/ 1985, pp. 202-203).

Miller ressalta então a homologia, ou homotopia entre S1 e *a*, ambos situados na intersecção entre o campo do sujeito e o campo do Outro, afirmando que embora não se possa encontrar em Lacan uma reflexão nesses termos, algumas passagens da teorização de Lacan permitem inferir que existem relações entre a representação significante do sujeito e seu ser de gozo. Por exemplo: ao tratar da identificação como alienação significante, Lacan enfatiza que o sujeito ($) é apagado pelos significantes; o que se passa entre o significante unário (S1) e a cadeia (S2) é um processo de representação metafórica do sujeito. Já no processo de separação, trata-se também de uma identificação, mas não por representação. Ao situar-se como objeto da falta do Outro, o sujeito também se identifica, porém agora ao objeto. Outro momento de sustentação da articulação entre esses termos é a própria concepção de fantasma, na qual a relação do sujeito com a pulsão implica o fato de ele ultrapassar sua posição de sujeito identificado com o significante.

Uma outra indicação dessa estreita relação entre significação e gozo se encontra na própria teorização sobre a transferência, na qual, sob a noção de sujeito suposto saber, está implícita a conjunção entre os termos S1 e *a*, já que o fim do laço transferencial implica a substituição da significação pelo objeto. Todo esse percurso nos leva a concluir que a relação da significantização do sujeito com seu ser de gozo se verifica efetivamente na teoria do sintoma (Lacan, 1964/ 1985, pp. 243-248).

Do sintoma ao sinthome

Em sua definição clássica, o sintoma é uma significação inconsciente relativa ao sujeito, passível de interpretação. Nos termos de Lacan, para quem o inconsciente é estruturado como uma linguagem, o sintoma é entendido como uma mensagem que advém invertida para o sujeito, a partir do Outro, concepção de sintoma que percorre seu ensino até 1972. Entretanto, no Seminário 20, Lacan promove uma importante mudança em sua concepção anterior ao postular o sintoma como "o que não cessa de se escrever", isto é, como "necessário" (Lacan, 1972[1973]/ 1985, pp. 80-81). Em sua primeira acepção, a interpretação do sintoma era variável, já que este dependia do significante que lhe fornecia sentido; o sintoma era essencialmente simbólico, seu sentido variava segundo quem o escutava.

Na nova conceituação, porém, o sintoma adquire uma face real. Ao tomar como eixo de teorização a inexistência da relação entre os sexos, Lacan foi levado a formular o sintoma como necessário, como a construção do falante para fazer face à inexistência de relação entre os sexos. Como indica Laurent, em sua relação com o inconsciente o sintoma é o que está do lado da letra, aquilo que se lê (na experiência analítica) e, portanto, aquilo em que se crê, já que supõe um saber que concerne ao sujeito (Laurent, 2011, pp. 65-71). Já o *sinthoma*[34] é tratado como um *composto* entre o sintoma e a fantasia, o que significa que o gozo e a gramática que o definem estão unidos, gozo e significante se encontram imbricados. Nas palavras de Miller, Lacan "(...) inclui na definição mesma de sintoma o gozo que implica. Nesse sentido, faz do sintoma — eis aqui a novidade — um modo pelo qual cada um goza de seu inconsciente. E por isso pode dizer que o sintoma não cessa de se escrever" (Miller, 1986[1987]/ 1998, p. 235). Nesse sentido, o sintoma é algo necessário.

Todavia, Miller ressalta que, embora a definição de inconsciente determine a definição de sintoma, Lacan não diz que o sintoma se estrutura como linguagem, já que nesta definição faltaria o corpo. Para demonstrar a necessidade de incluí-lo, Miller utiliza o grafo do desejo para demonstrar como a demanda (D) dirigida ao Outro (A) tem como efeitos tanto uma signi-

---

34 Utilizaremos a grafia sinthoma como tradução do termo *sinthome* utilizado por Lacan.

ficação quanto o fantasma. O circuito da significação mascara a relação com a pulsão estruturada no fantasma; é nesse sentido que o sinthoma seria um composto formado por uma significação e um fantasma, em outras palavras, um composto formado por um efeito de verdade promovido pelo significante e por um efeito de gozo. Agora, tanto a significação quanto o fantasma são predominantemente imaginários. Sua desimaginarização viria pela interpretação, que reduz o fantasma à pulsão.[35]

No grafo do desejo formulado por Lacan durante seu seminário "Formações do inconsciente" e apresentado no escrito "Subversão do sujeito e dialética do desejo no inconsciente freudiano" já se pode ver o enodamento sinthomático enlaçando significação e gozo, ainda que o objeto *a* só apareça localizado no fantasma (Lacan, 1960/ 1998a). Se o objeto do fantasma era tomado inicialmente por sua vertente imaginária, isto é, como o outro imaginário da cena fantasmática, Lacan irá progressivamente destacar sua vertente de *mais-de-gozo*.

De todo modo, resta explicar como o sintoma, articulado em uma estrutura significante, captura o gozo. Miller lança mão da passagem entre os seminários de Lacan "...ou pior" e "RSI" para mostrar que já ali Lacan pensava essa articulação pela via do resto de gozo ininterpretável do sintoma, gozo que Freud já havia abordado em sua descrição de "reação terapêutica negativa". Nas palavras de Miller:

> Ainda que interpretado, há no sintoma um gozo que resiste. Foi o que Freud descobriu sob a forma de reação terapêutica negativa. Se o acento é posto no gozo, então a distinção en-

---

35 "Entendemos, inclusive, o que significa a construção do fantasma fundamental, que é uma grande preocupação da análise: construo bem meu fantasma fundamental? A construção do fantasma fundamental depende estritamente da interpretação que reduz o sintoma, posto que enumera — ou conduz o sujeito a enumerar — o conjunto dos significantes mestres, os S1, a partir do qual há significação. O fantasma fundamental se constrói ao mesmo tempo em que se interpreta o sintoma, quer dizer, à medida que os efeitos de verdade do sintoma são progressivamente referidos ao significante que os induz, ao S1 que os induz. Desse modo se isola o objeto a, isto é, se desimaginariza o fantasma. Neste sentido, a construção do fantasma fundamental equivale à sua redução à pulsão" (Miller, 1986[1987]/ 1998, p. 251).

tre fantasma e sintoma pode ser questionada e superada, estes dois termos podem ser contidos por um terceiro. Ao final de seu ensino, Lacan propôs o termo *sinthome*, que engloba sintoma e fantasma. (Miller, 1986[1987]/ 1998, p. 252)

Miller conclui sua análise da lógica da passagem da noção de sintoma à de *sinthome* mostrando que entre os seminários "...ou pior" e "RSI" Lacan parece estar buscando articular o efeito proveniente da lógica significante que estrutura o sintoma — o efeito de verdade —, com sua face resistente de gozo. Miller afirma ser esta a última grande problemática enfrentada por Lacan, e lembra que em "RSI" o sintoma é definido como "o modo em que cada um goza de seu inconsciente tanto quanto o inconsciente o determina" (Lacan, 1974[1975]),[36] determinação que se refere a S1, o imperativo do dito primeiro. Nessa trilha, sinthoma é um modo de gozar do inconsciente, gozar desse imperativo. Assim, a partir de "Radiofonia", Lacan (1970/2003, pp. 410-412) passa a falar de signo onde, antes, falava de significante, revelando que o sintoma se refere não só a um sujeito formalizado na linguagem, mas também a um sujeito vivo, cujo gozo é signo de sua presença. Aqui, o conceito de *signo* é a referência de uma presença.[37]

O fato de que o sintoma responde a uma estrutura idêntica à da linguagem não implica em que a linguagem o absorva por inteiro. No sintoma, significante e significado estão disjuntos, diferentemente do campo da palavra onde o sentido domina; e por essa razão, Lacan vinculou o sinthoma à escritura, e não à palavra.

Embora a passagem entre sintoma como mensagem e sinthoma como escritura pareça ser tardia na obra de Lacan, Miller mostra seu rastro já nos trabalhos lacanianos dos anos 1950. O que parece ser fundamental em seu último ensino é

---

36 Aula de 18 de fevereiro de 1975.
37 A ideia de que o signo representa algo para alguém é tomada por Lacan como indicação de uma presença: "onde há fogo, há fumaça". Tal afirmativa é lida por ele como "onde há fogo, há fumante".

que, se o sintoma se estrutura como linguagem, sua estrutura não é a da palavra na qual significante e significado estão acoplados, mas a da escritura em que o significante é independente da significação e tem função de vivificar o corpo. Aqui, o significante tem valor de letra.

Em "A terceira", embora ainda não tenha formalmente falado em *sinthome* — o que só virá a fazer em 1974, em sua conferência sobre "Joyce, o Sintoma" — este caminho já aparece indicado quando Lacan afirma que o trabalho da análise é separar o gozo fálico do sintoma (Lacan, 1974/ 2011, p. 25); o sinthoma sem o gozo fálico deixa entrever esse gozo no limite do enquadre da fantasia. Neste artigo, Lacan destaca que o real como o que não anda, como os entraves que se apresentam no caminho da fala do sujeito, é indicativo desse gozo fora do falo (Lacan, 1974/ 2011, p. 26).

Quando Lacan afirma que a estrutura significante determina o sintoma, não está se referindo simplesmente ao lugar do Outro como ponto de onde retorna a significação, mas ao circuito completo, que implica preferencialmente o que nessa significação vale como resposta do real, isto é, seu efeito de gozo. O sinthoma como escritura se articula ao Outro como inexistente; não há relação do sinthoma com o Outro do código, e a escritura do sinthoma é um ato em si, que dispensa o Outro. Fazer existir o Outro depende de que se busque dar significado a essa escrita. Nos termos de Miller, "(...) quando se fala ao Outro, não se escreve mais que para si mesmo" (Miller, 1986[1987]/ 1998, p. 295). Assim, de acordo com a doutrina do sintoma, o que há nas cadeias significantes, na própria comunicação, é, antes de tudo, um "autismo de gozo" (Miller, 1986[1987]/ 1998).

Um "arco elegante"

Uma vez que noções como a de sinthoma e sintoma parecem tão díspares, Miller prefere traçar uma linha evolutiva entre esses conceitos a destacar a ruptura entre eles. Serve-se, então, da noção de *compostos* ou *híbridos* entre o que é do campo do sujeito e o que é do campo onde este se produz. Assim, noções como as de *insígnia* e *composto* lhe permitem pôr em série conceitos aparentemente bastante distantes. Miller se propõe a construir o que chama um arco elegante, isto é, um fio de articulação entre elementos presentes nas primeiras elaborações de Lacan que se aproximam dos de seu último ensino, sem, no entanto, se unirem a eles.

A *identificação* é, então, um primeiro conceito proposto por Lacan que estaria relacionado à insígnia. Trata-se, aqui, da identificação narcísica, baseada num movimento paranoico do eu segundo o qual o eu se identifica com o ideal da imagem do outro. O operador dessa identificação é a *imago*. E não se trata de uma imagem qualquer, mas de uma imagem tipificada e significantizada: "Quer dizer que ao serem realidades, realidades de forma, já estão (...) circunscritas pelo significante" (Miller, 1986[1987]/ 1998, p. 259). Assim, essa imagem é um composto entre dimensões simbólicas e imaginárias.

Nesse momento da obra de Lacan, correspondente ao início dos anos 1950, ainda não há uma separação clara entre o sujeito e o eu. Nesse período, o eu é uma construção paranoide, com seu corolário de agressividade, o trabalho analítico visando revelar as imagos constitutivas do eu. Segundo Miller, o que Lacan chamou de "imago" em seus primeiro trabalhos é o mesmo que reencontramos no conceito de *sinthome* (Miller, 1986[1987]/ 1998, p. 260).

Um segundo composto seria o *falo*. Quando teoriza o falo como organizador da subjetividade, Lacan passa a considerar o simbólico como causa subjetiva. Nesse momento, o sujeito é efeito do significante, e as imagens apenas formas de engano em relação ao recobrimento que o simbólico pode fazer do real. Enquanto a imago era um composto entre o simbólico e o imaginário, o falo, por sua vez, é um composto entre o real e o simbólico: "Uma parte do corpo, entendido como real, é elevada à função simbólica" (Miller, 1986[1987]/ 1998, p. 262). A dinâmica da identificação, antes sustentada pela imago, é agora sustentada pelo falo, cuja dialética entre ser e ter organiza a constituição subjetiva.

A *fantasia* é um terceiro composto, revelado, como afirmamos acima pela própria fórmula da fantasia ($ \diamond a$). Enquanto o $ designa o sujeito da cadeia significante, o a, de início, representava o outro imaginário e, posteriormente, o objeto a como real.

O arco elegante se fecha com a proposição do *sinthoma* como composto. A teoria do final de análise, que inicialmente se referia às identificações com imagos e depois à travessia do fantasma, termina como identificação ao sintoma.

Para que se compreenda melhor a transformação da concepção de sintoma em *sinthome* são necessários alguns passos anteriores, no que concerne ao estatuto do objeto a e do real. Primeiramente, o objeto foi tomado como imaginário (como o outro, o semelhante); em seguida, como parte do real indiscernível entre sujeito e o Outro (tal como proposto no seminário "A angústia", no qual seu paradigma é a placenta). Na proposição dos quatro discursos, o objeto toma um estatuto simbólico, pelo fato mesmo de compor o conjunto dos elementos de um discurso com os outros três termos ($, S1 e S2). No Seminário 17, Lacan enfatiza o caráter estritamente lógico do objeto a, e o que restitui o caráter real ao objeto a é o fato de ele ser enganchado ao corpo. Nos recobrimentos das faltas do $ e do Outro, algo do corpo se enlaça e passa a representar essa função (Miller, 1986[1987]/ 1998, p. 264).

Como já apontamos anteriormente, o conceito de real sofre importante mudança, especialmente a partir do Seminário 20. Até este momento, o real como "impossível" era uma articulação estritamente relacionada ao simbólico, era o limite da simbolização. Contudo, no seminário "Mais, ainda", Lacan propõe que o real, antes tratado como tudo o que permanece impossível de ser recoberto pelo simbólico e apresentado[38] pelo objeto a, seja deslocado para fora da ordem simbólica. Como afirma Miller, nesse momento Lacan, está resgatando o "caráter verdadeiramente insensato do real" (Miller, 1986[1987]/ 1998,

---

38 Utilizamos aqui o termo "apresentar", ao invés de "representar", para ressaltar a face do objeto que é inassimilável ao significante.

p. 266) e buscando operadores que permitam abordar, em primeiro lugar, as relações entre simbólico e real, e em segundo as relações entre imaginário e real. O sintoma[39] será esse operador, um composto entre simbólico e real.

Como compreender essa afirmação? Como supor uma medida comum entre registros distintos? Miller encaminha sua resposta afirmando que o sintoma é o que faz, "de maneira selvagem", essa vinculação; o sintoma revela a presença do simbólico no real através da "letra" (Miller, 1986[1987]/ 1998, p. 268), letra sendo definida como o significante "fora de sua função de produzir significações" (Miller, 1986[1987]/ 1998, p. 280). Quando o sintoma é tomado nessa vertente, o significante-mestre, mais do que um símbolo que representa o sujeito, é um sintoma produtor de gozo, designando o sujeito como uma resposta do real. Trata-se, aqui, de um real encarnado (Miller, 1986[1987]/ 1998, p. 290).

Há uma mudança axiomática quando Lacan introduz o *sinthome*. Nas palavras de Miller: "Pois bem, neste novo axioma o prévio não é o Outro, mas o gozo e, por conseguinte, o Um, a posição do Um, a tese do Um" (Miller, 1986[1987]/ 1998, p. 343). De todo modo, é a ênfase na existência de uma realidade anterior ao laço com o Outro e que insiste e se repete. A essa realidade Lacan chama "gozo". Há uma passagem da ênfase no "desejo" para a ênfase no *gozo*. No axioma subjacente ao primeiro ensino, o sintoma é relativo ao desejo que, por sua vez, é sempre desejo do Outro. Já na axiomática vigente em seu último ensino, o sintoma é determinado a partir do gozo. "Escrever esta axiomática não implica partir do sintoma definido a partir da comunicação, mas a partir do incomunicável" (Miller, 1986[1987]/ 1998, p. 341).

---

39 Miller considera inútil manter distintas grafias para o termo sintoma, de modo que o grafa em sua forma habitual. (Miller, 1986[1987]/ 1998, p. 270). Supomos que sua decisão se deva ao fato de que, depois de estabelecido que *sintoma* e *sinthome* são diferentes formas de compreender a articulação entre simbólico e real — (na teoria do sintoma, o simbólico é prévio e condiciona o real como impossível; na teoria do *sinthome* há um real exterior a toda possibilidade de articulação simbólica) —, e considerando que a orientação lacaniana vai no sentido desta última concepção, não haveria por que grafá-los diferentemente.

No trabalho analítico, a suposição de que o inconsciente fala, de que "isso quer dizer algo", leva imediatamente à ideia da existência do Outro, destinatário deste dizer. E o retorno é "eu sou". Todavia, conceber o inconsciente como "isto quer gozar" não mais conduz a um Outro, e sim ao mesmo, ao próprio, e o retorno não será uma fantasia de ser, mas um "se goza [*se jouit*]" (Miller, 1986[1987]/ 1998, p. 342).

Como se pode notar, se o ponto de inflexão é o gozo e não o sujeito, o que se verifica na análise é seu ponto de maior autismo. Sabemos, porém, que a inexistência da relação sexual não é algo a que os sujeitos se acomodam; ao contrário, é o que provoca toda sorte de laços, e ali o mal-estar da relação entre o corpo e a linguagem pode tomar outra feição. No primeiro e segundo ensinos de Lacan, aprendemos a pensar o sintoma como laço social. Qual é então o estatuto do sinthoma no final de seu ensino? O sintoma assume uma dimensão de lei, e nesse contexto, a ideia de lei não é a de universal, ao contrário, a orientação é para a singularidade absoluta, uma ordem que se extrai da relação de cada falante com o real.

No seminário "O Outro que não existe e seus comitês de ética", Miller nos lembra que, na produção teórica de Lacan anterior aos anos 1970, o que permitia passar do simbólico para o real era o Nome-do-Pai, isto é, a nomeação dependia desse referente que, portanto, tinha valor de inscrição no real. Contudo, em seu último ensino, com a passagem da problemática do Nome-do-Pai para a do Pai-do-Nome, observamos que o Nome-do-Pai, quando está em vigor, funciona como uma lei particular, já que o real só poderia ser abordado como particularidade. Nessa mudança, o que está em questão é o fato de haver ou não um real universal para a espécie humana. Lacan, no entanto, parece descrever a própria contingência do sintoma como universal para a espécie falante. Se consideramos o sintoma como aquilo que se escreve onde falta a inscrição da relação sexual, então o real do falante, seu sintoma, é a inexistência de um saber sobre a relação entre os sexos.

Dito de outro modo, a constância específica que pode ser balizada na experiência analítica é exatamente a contingência, ou seja, é a própria variabilidade o que localizamos como uma constante. Variabilidade quer dizer que não há um saber pré--inscrito no real. Tal contingência decide o modo de gozo do sujeito, e é nisso que ela torna evidente a ausência de saber no real no que diz respeito ao gozo e à sexualidade: um certo "não está escrito". Isso se encontra, e a partir daí o que funciona como real de referência não é mais o "não cessa de se escrever" mas sim um "não cessa de não se escrever", ou seja, a relação sexual como impossível. (Miller, 2005, pp. 256-257)

Lembremos que, até agora, apresentamos o entendimento de Miller referente à passagem para o último ensino de Lacan tal como ele o formulava em 1987. A nosso ver, naquele momento, seu trabalho de distinguir entre as duas concepções de sintoma em Lacan se pautava ainda numa ótica de continuidade. Seriam necessários mais 11 anos para que Miller viesse a se debruçar diretamente sobre a extensão dos efeitos teóricos e clínicos decorrentes da mudança do conceito de real.

Passemos a um fundamento lógico dessa última concepção de sintoma em Lacan, o sintoma como "acontecimento de corpo" realçado por Miller em 1999, em seu seminário "A experiência do real no tratamento psicanalítico".

Sintoma como "acontecimento de corpo"

Como já mencionamos, ao longo do ensino de Lacan o conceito de sintoma avança numa direção que vai do simbólico para o real, e essa transição, evidentemente, não se processa por um capricho. Ao contrário, parece responder às transformações do discurso da ciência que, em seu desenvolvimento, vai progressivamente colando saber à verdade, reduzindo o real àquilo que os instrumentos tecnológicos detectam e favorecendo sua apropriação pelo discurso capitalista, que transforma o "objeto de desejo" em "objeto de consumo". Se até a modernidade o objeto era tomado em sua relação ao sujeito — como sua parte obscura, causa de seu desejo —, agora ele é um "bem" produzido pela ciência, disponível no mercado; e isto faz com que passemos da ideia de "sujeito desejante" à de "sujeito consumidor".

Este é o pano de fundo cultural no qual, a partir do Seminário 17, Lacan parece buscar o real que fundamentaria a experiência analítica. Com a formalização dos discursos e a inclusão do objeto *a* como um de seus quatro termos, o objeto alcança sua máxima formalização. Isso, todavia, o inclui no limite do simbólico. O *objeto a* não é significante, mas participa dessa lógica, e com isso, a questão do real se relança. O que seria o mais real do humano que a experiência analítica visaria alcançar? Esta nos parece ser a pergunta que percorre o Seminário 20. Ao destacar o gozo como o mais real do falante, Lacan dá ao corpo um novo estatuto na teoria psicanalítica: não se trata mais da imagem, nem do corpo significante, nem mesmo da borda pulsional, mas do amálgama entre a língua materna — *lalangue* — e o corpo vivo, um corpo que encarna o significante e, assim, é gozado pelo *parlêtre*.[40] Já na conferência de Genebra sobre o sintoma, Lacan havia afirmado: "É sempre com a ajuda de palavras que o homem pensa. E é no encontro dessas palavras com o seu corpo que alguma coisa se esboça" (Lacan, 1975/ 1998, p 9). Porém, como sublinha nesta mesma conferência, la-língua não é exatamente um patrimônio:

> É absolutamente certo que é pelo modo como a lalíngua foi falada e, também, entendida por fulano ou beltrano, em sua particularidade, que alguma coisa, em seguida, reaparecerá nos sonhos, em todo tipo de tropeço, em todo tipo de formas de dizer. E, se me permitem empregar, pela primeira vez, esse termo, é nesse *motérialisme*[41] que reside a tomada

---

40 O termo "*parlêtre*", escolhido por Lacan para designar a nova condição do humano abordado pela psicanálise, foi traduzido como "ser falante" o que, sem dúvida, perde em riqueza, uma vez que o sentido de "*ser pela letra*" não se encontra na versão em português.

41 Lacan usa a palavra *motérialisme* condensando as palavras *matérialisme* (materialismo) e *mot* (palavra).

do inconsciente — quero dizer que o que faz com que cada um não tenha encontrado outros modos de se sustentar não é senão o que, há pouco, chamei de sintoma. (Lacan, 1975/ 1998, p. 10)

Essas formulações preparam o que Lacan virá a desenvolver no Seminário 23, quando analisa a obra de Joyce em relação a alguns dados de sua biografia, mostrando ali o sinthoma como acontecimento de corpo.

Em seu seminário de 1998/ 99, "A experiência do real no tratamento analítico", Miller se apropria desse "acontecimento de corpo" evidenciando seu valor epistemológico para a compreensão da última concepção de sintoma em seu ensino. Em "Joyce, o Sintoma", Lacan diz: "Deixemos o sintoma no que ele é: um evento[42] corporal, ligado a que: a gente o tem, a gente tem ares de, a gente areja a partir do a gente o tem. Isto pode até ser cantado, e Joyce não se priva de fazê-lo" (Lacan, 1975/ 2003, p. 565). No original em francês verifica-se o jogo homofônico entre ter e aparentar, que se expressa numa aparente canção sem sentido que remete à materialidade sonora do significante: "*l'on l'a, l'on l'a de l'air, l'on l'aire, de l'on l'a*".[43]

Como sublinha Miller, dessa afirmação de Lacan depreende-se que, para o falante, o corpo é algo que se *tem* e não algo que se *é*, como no caso do animal. O falante é um ser de significação, uma vez que na linguagem ele é falta-a-ser; porém, no que se refere ao corpo, ele o tem. Isso significa que o sujeito só se identifica com o corpo pela via do sintoma. O sintoma é o que dá corpo ao ser falante.

Ainda em "A experiência do real no tratamento analítico", Miller lembra que o corpo, por se prestar a alojar significantes, se afasta da natureza. Os acontecimentos de corpo seriam,

---

42 Nas outras publicações do Campo Freudiano, a expressão *événement de corps* está traduzida como "acontecimento de corpo", tradução que adotamos nos outros capítulos. Aqui, porém, reproduzimos a tradução tal como estabelecida na edição brasileira dos *Outros escritos*, de onde extraímos a citação.

43 Nota da editora: uma tradução mais fiel da expressão original de Lacan seria: "[ligado ao fato de que] se tem, se parece ter, tem-se o espaço de ter".

então, traços de discurso marcados no corpo, perturbando sua suposta função natural.

Esse entendimento do sintoma implica a mudança da concepção de sujeito. Até então considerado apenas na via significante, como puro efeito de linguagem, representado entre significantes e entendido apenas formalmente, a partir desse momento o sujeito será tomado também em sua face de corpo vivo, o corpo do gozo: como Lacan destacou no Seminário 20, o ser humano "goza de falar". A noção de falante, por sua vez, está vinculada à noção de *signo*; o signo do gozo do corpo é o sintoma.

Miller afirma que a hipótese de Lacan nesse seminário é de que o sujeito morto do significante e o indivíduo afetado pelo inconsciente se produzem no corpo. Assim, o significante não só tem efeito de significado, mas também afeta o corpo (Miller, 1998[1999]/ 2004, p. 376).

Entre os seminários "...ou pior" e "Le Sinthome", Lacan vai progressivamente mudando essa hipótese de identidade entre o indivíduo afetado de inconsciente e o sujeito da linguagem. Aos poucos, ao se aprofundar na relação entre o gozo e o significante, Lacan vai reduzindo o sintoma a seu osso, isto é, ao núcleo de articulação entre lalíngua e corpo. O esteio dessa mudança é a concepção do corpo como "substância gozante", que já mencionamos no capítulo anterior. O real do falante é um acontecimento de corpo.

As pesquisas sobre o tema do sinthoma entre os analistas do Campo Freudiano, porém, têm levado à constatação de que a expressão "acontecimento de corpo" possa referir-se a algo que, não passando pelo Outro ou pelo discurso, seja expressão do que é "falante no corpo". Marcus André Vieira expressa bem essa hipótese em seu artigo para o 7º Encontro americano de psicanálise de orientação lacaniana (ENAPOL):

(...) uma análise envolve toda uma série de experiências corporais (da Madeleine de Proust ao mal-estar causado por uma lembrança desagradável) vividas por um eu, em seu corpo, como reação ao material inconsciente. Mas ela envolve também eventos corporais que não são do ego e de seu corpo, mas de algo que o perturba por não ser bem a experiência de um Outro discurso afetando o corpo, e sim o falante do corpo que vibra e produz um acontecimento. É o falante de lalíngua que faz vibrar algo corporal que, no entanto, não é nenhum órgão do corpo, muito mais "entre os órgãos" para usar a expressão célebre de Freud para localizar seu inconsciente. (Vieira, 2015)

Vê-se aqui, uma utilização do termo "acontecimento de corpo" para a corporificação não organizada pela estrutura da fantasia.

O sinthoma como organizador das "peças avulsas"

Em seu seminário de 2004/ 2005, denominado "Peças Avulsas",[44] Miller apresenta e discute o Seminário 23 de Lacan, "Le sinthome", cuja questão principal gira em torno da apreensão do que realmente estrutura o falante. Para ilustrar essa estrutura, Lacan se servirá da topologia dos nós, apresentando pela primeira vez como separados os registros imaginário, simbólico e real e propondo que o sinthoma os enoda, como um quarto elo real.

De fato, é aí que jaz aquilo que incita ao erro de se pensar que tal nó seja uma norma na relação entre três funções que só existem uma para a outra em seu exercício no ser que, ao fazer nó, julga ser homem. A perversão não é definida porque o simbólico, o imaginário e o real estão rompidos, mas sim porque já são distintos, de modo que é preciso supor um quarto que, nessa ocasião, é o sinthoma (Lacan, 1975[1976]/ 2007, p. 20). É nesse sentido que o sintoma é estruturante. Lacan utiliza alguns elementos da biografia de Joyce, assim como a peculiaridade

---

44 Em francês "Pièces Détachées".

de sua escrita, para exemplificar a construção do sinthoma e sua distância da linguagem enquanto fator de comunicação, e a obra de Joyce permite a Lacan demonstrar que o significante é, antes de tudo, causa de gozo. Nas palavras de Miller:

> Consequentemente, o sintoma como tal, quer dizer, desnudado, reduzido, mais do que interpretado, não é verdade, ele é gozo. (...) Como se na realidade Joyce revelasse, nessa obra *Finnegans Wake*, em que sentido a linguagem não existe como estrutura, e demonstrasse como a linguagem é desfeita pelo impulso de lalíngua. (Miller, 2005, p. 21)

Miller não aborda o problema da estrutura — eixo da concepção lacaniana de subjetividade — sob a perspectiva da homogeneidade de seus elementos, mas pelo caráter heteróclito dos mesmos:

> A estrutura não é totalmente uniforme. Costumamos pensar que ela é homogênea, um todo que faz sistema, não excedida sequer de uma ponta. A estrutura é suportada pelo heteróclito. O tesouro do 'bricoleur' é feito ao sabor das ocasiões, é um resultado contingente do que ele pôde recuperar de resíduos diversos. Nesse sentido, é sempre um elemento semiparticularizado que tem, ao mesmo tempo, determinações muito precisas, mas cujo emprego precisa ser encontrado. (Miller, 2005, p. 13)

Miller lembra que, antes de ser um sistema, a estrutura é uma divisão, tomando como referência o despedaçamento original do organismo e a necessidade de que o sujeito venha a dar função a esse conjunto de peças avulsas que é o corpo. Sua unidade é questão de forma, e portanto, de pregnância imaginária. Assim, o estatuto primeiro do corpo é de "corpo despedaçado", ou melhor, do "corpo em pedaços". Na esquizofrenia se pode ver com clareza como o sujeito tem que encontrar função e organização para essas peças.

O maior exemplo de "peça avulsa" em psicanálise é o falo, órgão que se torna significante no discurso analítico. Como órgão do corpo ele parece amovível, porém na função significante é claramente destacável.

Sob essa perspectiva, a estrutura supõe elementos prévios. E em se tratando da estrutura subjetiva como estrutura de linguagem, tais elementos prévios são os que Lacan denominou "lalíngua". Ao marcar o corpo, lalíngua constitui o sinthoma como prévio ao próprio inconsciente, e nesse sentido o sinthoma não é uma "formação do inconsciente". O sintoma como mensagem, produto do inconsciente, é curável, mas o sinthoma referente à lalíngua, não, porque se encontra uma função para ele. Nos termos de Miller:

> O sinthoma, aquele que Lacan inventa após seu *Seminário: mais, ainda*, é uma peça avulsa, uma peça que se destaca para desfuncionar, uma peça que não tem outra função — aparentemente é assim que ela se destaca — a não ser a de entravar as funções do indivíduo e, longe de ser apenas um entrave, ela tem, em uma organização mais secreta, uma função eminente. Disso decorre a ideia de que na análise se trata de encontrar, de bricolar uma função para ela. (Miller, 2005, p. 16)

O sinthoma é a face positiva (o que há) do fato de não haver relação sexual possível para a espécie humana (face negativa). Por outro lado, Miller afirma que o sinthoma em seu autismo não se presta ao laço social, é necessário que "se vista o sinthoma com o sintoma e com sua verdade" (Miller, 2005, p. 22) para poder abordá-lo sob a perspectiva da comunicação e do laço social. O sinthoma não é da ordem de nenhuma revelação, já que não se trata de uma ordem estruturada, mas apenas de uma lógica. E o elemento central dessa lógica é a ideia de "furo", que difere da "falta".

Toda lógica da presidência do simbólico na estruturação

do sujeito se orienta pela concepção de falta. Na lógica significante, os elementos se relacionam por contiguidade e oposição (S1-S2). Assim, a falta de um deles localiza o sujeito na série dos significantes. Por outro lado, se a subjetividade é pensada não a partir de um sistema, mas do elemento, da "peça avulsa", o ponto de sustentação dessa lógica é o furo, e não a falta. O furo é a característica essencial do simbólico a partir da noção de sinthoma, e é o simbólico que faz furo no real. "Isso quer dizer que essa característica essencial não é a diferença, não é o sistema, não é a relação, não é a ordem, não é o traço; é o furo" (Miller, 2005, p. 23).

Sob essa perspectiva, o que sustenta, o que dá consistência aos três registros que compõem a subjetividade do falante (real, simbólico e imaginário) deixa de ser a ordem simbólica e passa a ser o corpo, o imaginário. Miller esclarece que esta consistência é dada pelo corpo, como objeto de adoração daquele que fala, conclusão que se baseia na seguinte afirmação de Lacan: "O falasser adora seu corpo porque crê que o tem. Na realidade, ele não o tem, mas seu corpo é sua única consistência, consistência mental, é claro, pois seu corpo sai fora a todo instante" (Lacan, 1975[1976]/ 2007, p. 64).

No amor, todavia, essa consistência se revela insuficiente. No amor, o empuxo à conjugação entre os corpos revela a limitação da consistência imaginária através da necessidade de dar sentido ao gozo do corpo do Outro, gozo que enlaça o corpo e o simbólico.

No Seminário 23, Lacan tem em Joyce o exemplo de como o gozo do corpo do Outro é insuficiente para enlaçar os três registros, sendo necessário para isso um quarto elo, o sinthoma. Lacan põe em destaque alguns pontos da biografia de Joyce, dos quais destacamos os três mais significativos para o que pretendemos demonstrar: (1) a desistência do pai de Joyce no que diz respeito à transmissão de saber sobre a realidade sexual, abdicando desse dever paterno em favor dos jesuítas, o que se pode ler como carência paterna; (2) o episódio em que Joyce se deixa surrar pelos companheiros de escola, resultando numa experiência de "deixar cair" seu corpo e revelando, assim, certa inconsistência do registro imaginário; e (3) a relação de Joyce com Nora, sua mulher, que é tomada como um equivalente sexual. Esses três episódios revelam que nem o pai, nem o corpo e nem a mulher lhe dão a garantia do enodamento entre os registros.

Lacan ressalta que a escrita de Joyce tem valor de sinthoma, pois escreve seu nome na história realizando seu desejo de inscrever-se no Outro como nome: Joyce desejava ser falado pelos universitários nos próximos séculos, e esta é sua resposta à carência paterna. Nas palavras de Lacan:

> Joyce tem um sintoma que parte do fato de que seu pai era carente, radicalmente carente — ele só fala disso. Centrei a coisa em torno do nome próprio, e pensei que —façam o quiserem desse pensamento — ao se pretender um nome, Joyce faz a compensação da carência paterna (...). Mas é claro que a arte de Joyce é alguma coisa de tão particular que o termo sinthoma é de fato o que lhe convém. (Lacan, 1975[1976]/ 2007, p. 91)

O sinthoma de Joyce — sua escrita em ecos e não com sentido — é um operador de consistência entre o simbólico, o imaginário e o real. Escrever desse modo é seu artifício para suprir a carência paterna, que não lhe permitiu utilizar-se da língua segundo o regime paterno. A linguagem não lhe apareceu como um sistema de orientação que articula o corpo, o Outro e o sexo; então, dos cacos da língua como resto, Joyce faz obra de arte e sinthoma.

Segundo Miller, esse núcleo de real é o gozo, e é em torno dele que o pensamento gira, os pensamentos "são bordados em torno do caroço do real" (Miller, 2005/ 2006, p. 25). Importa lembrar, porém, que o surgimento do sinthoma é um efeito do trabalho analítico, trata-se de uma construção diretamente ligada ao processo de análise; é no trabalho de análise que, ao se deixar cair o bordado, pode-se fazer aparecer o caroço do real (Miller, 2005/ 2006). No seminário "Le Sinthome", Lacan aproveita a homofonia entre os termos *penser* (pensar) e *panser* (pensar no sentido de tratar) para fazer um jogo de palavras, afirmando que tratar é pensar o corpo que goza, e, como o corpo goza, o pensamento rateia: "É ai que voltamos a encontrar o seguinte: que não se 'pen-sa' [pen-se] senão o corpo" (Lacan, 1975[1976]/ 2007, p. 81). O ratear do pensamento é correlativo ao gozo do corpo, e o gozo do corpo faz ratear a sexualidade. Desse modo, o pensar é sempre relativo ao corpo e à sexuação; todo pensamento, ou melhor, toda falha do pensamento está ligada ao sexo — é o que Lacan chama de "debilidade do mental".

Segundo Miller, através de Joyce Lacan demonstra de maneira evidente o quanto *lalíngua* afeta a cada um como "uma câmara de eco", e também como a contingência em que cada um é afetado por ela se constitui num traumatismo. Em suas palavras:

> O que quer dizer um traumatismo? Que a desarmonia é original, que o som da lalíngua nunca é harmônico, harmonizado a ninguém, que na desarmonia não se pode aplicar curativo (*être panser*), ela não pode ser reparada, curada. A lalíngua faz, do ser que a habita e que a falará, um doente, um portador de um handicap, e tudo o que lhe é permitido é fazer disso uma obra. (Miller, 2006, p. 12)

Em "Peças avulsas" Miller (2005/ 2006) rastreia o percurso da pesquisa de Lacan em seu último ensino para compreender as relações entre o corpo e a linguagem, lembrando que já no último capítulo do *Seminário, livro 20* Lacan afirmava que o real é o mistério do corpo falante, o mistério do inconsciente. Miller trabalha essa afirmação desdobrando a frase do seguinte modo: o corpo falante é o inconsciente, o corpo falante como inconsciente é o real e essas relações estão no mistério. O que Lacan tentou fazer com o nó borromeano foi penetrar nesse mistério, que a metáfora borromeana visaria dissolver. Para tanto, o recurso utilizado por Lacan é considerar que os registros imaginário, simbólico e real são independentes, não interligados como ele antes havia suposto. Sob a perspectiva estruturalista, o imaginário era o que dava material ao simbólico, que, por sua vez, era a lei segundo a qual esse material se organizava, e o real era o que escapava a essa organização.

Quando propõe um "real sem lei",[45] Lacan inventa um real próprio à psicanálise, separado do real da ciência e o real da religião que supõem, respectivamente, a penetração do simbólico no real e a elevação do imaginário ao simbólico. Esse real inventado por Lacan ex-sistiria ao simbólico e ao imaginário (Miller, 2005-2006, pp. 18-19).

Reduzido à letra que marca o corpo, fora do campo do sentido, pura insígnia, o sinthoma não se presta à interpretação. Para abordá-lo, é necessária a redução do sentido a fim de se alcançar o núcleo de gozo, osso do sinthoma. Sob essa perspectiva, o sintoma não é uma resposta simbólica ao vazio do sujeito relativo ao Outro, mas uma resposta do real.

Como lembra Coelho dos Santos, quando é considerado como formação do inconsciente, portanto pela via da relação entre o imaginário e o simbólico, o sintoma exige decifração, ou seja, constitui um "problema". Em contrapartida, como uma produção entre simbólico e real o sintoma já não é um problema, e sim uma "solução", um tratamento do real. Essa articulação localiza o gozo, e é nessa perspectiva que o sintoma articula os registros, o que equivale a dizer que o sintoma limita o gozo da pulsão de morte, ainda que o faça, por vezes, sem passar pela interdição do Nome-do-Pai (Coelho dos Santos, 2006, p. 96). De todo modo, trata-se da amarração dos registros através do corpo.

No Capítulo 6 tentaremos demonstrar que, nessa via, a diferença sexual é um poderoso organizador sintomático, já que as identificações secundárias (edipianas) vêm apoiar-se no gozo do corpo sexuado, marcado pelo significante homem ou

---

45 Sobre este tema, conferir *O real é sem lei* (Miller, 2001/ 2002).

pelo significante mulher. Nosso próximo passo será analisar as mudanças da concepção de inconsciente quando passamos da noção de sintoma para a de sinthoma. Como lembra Miller, a maneira de um analista definir o inconsciente afeta a concepção de sintoma que disso decorre (Miller,1986[1987]/ 1998, p. 249). Nosso intuito é compreender qual concepção de inconsciente é compatível com a noção do sinthoma que tem seu fundamento no corpo, antes do acesso à linguagem.

O corpo falante

Na conferência de fechamento do PIPOL, 5 em 3 de julho de 2011, Miller afirmou que "o corpo não fala, mas serve para falar" (Miller, 2013, p. 15). De lá para cá, o desafio ao qual nos incita é saber do que se fala com o corpo no limite do sintoma e da fantasia.

Na conferência de lançamento do tema do X Congresso da AMP, intitulada "O inconsciente e o corpo falante", Miller (2014/ 2016)[46] apresenta um duplo desafio: por um lado, seguir avançando naquilo que ele próprio chamou de "ultimo ensino de Lacan", do qual temos apenas algumas indicações teóricas e cujas consequências, especialmente clínicas, resta-nos deduzir, desafio que Miller e os demais analistas de orientação lacaniana tentam enfrentar teorizando sobre a possibilidade do encontro de um real específico e singular que se busca discernir nos finais de análise e demonstrar nos relatos de passe, justificando etica-mente essa clínica; por outro, o desafio é o de se poder explici-tar, em termos teóricos, uma pratica clínica que já fazemos, em função das mudanças do sujeito e da cultura e, assim, das novas demandas que são dirigidas ao analista mesmo que ainda não saibamos falar delas com clareza (Miller, 2014/ 2016, p. 26).

---

46 Esta conferência de Miller, pronunciada em abril de 2014 no encerramento do IX Congresso da Associação Mundial de Psicanálise (AMP), foi divulgada em 2015 no site do X Congresso da AMP, "O corpo falante. Sobre o inconsciente no século XXI" — http://www.congressoamp2016.com/pagina.php?id=8. O texto impresso faz parte do livro *Scilicet O Corpo Falante. Sobre o inconsciente no século XXI*, a ser lançado no evento em 2016, porém como uma edição prévia já entregue aos membros da AMP. Citaremos as páginas da edição impressa.

O corpo e a cópula

Nessa mesma conferência, Miller destaca a relação dos corpos e gozos com a virtualidade, lembrando que nos últimos quinze anos, pelo menos, a clínica está repleta de manifestações do mal-estar oriundo da "inexistência da relação sexual" que sintomaticamente vem sendo "tratada" pelas compulsões, inclusive pela compulsão ao sexo virtual. Esta última, porém, deixa de fora o encontro entre dois corpos, sempre um tanto fracassado.

Para Lacan, como lembra Miller, "a copulação está fora do campo na realidade humana" (Lacan *apud* Miller, 2014/ 2016, p. 21). Remetemos esta afirmação à impossibilidade do sexo humano de se esgotar no instintivo: a subversão do instinto biológico produzida pela linguagem lança o gozo do corpo numa dimensão complexa, onde a copulação está sempre submetida a uma fantasia. Como afirma Lacan:

> De tudo que se desenrolou dos efeitos do cristianismo, principalmente na arte — é nisto que encontro o barroquismo com o qual aceito ser vestido — tudo é exibição de corpo evocando o gozo — creiam no testemunho de alguém que retorna de uma orgia de igrejas na Itália. Quase chegando à cópula. Se ela não se apresenta, não é para inglês ver.[47] Ela está tão por fora[48] como na realidade humana, a qual entretanto ela sustenta com as fantasias de que é constituída. (Lacan, 1972[1973]/ 1985, p. 154)

Miller afirma que na pornografia a visão dos corpos não controla (como na estética das imagens barrocas), mas perpetua uma infração. E de que infração se trata? Miller esclarece afirmando que a pornografia não visa um gozo regulador, homeostático, mas "um gozo destinado a se fartar

---

47 Nota da editora: "para inglês ver" — no original "c'est pas pour de prunes", o que em francês quer dizer "não é por acaso".
48 Nota da editora: uma tradução mais fiel do original seria "fora de cogitação".

sob o modo do mais-de-gozar" (Miller, 2014/ 2016, p. 22). Nas palavras do autor:

> Pois apenas essa ausência [da relação sexual] é suscetível de dar conta dessa empolgação [com a pornografia virtual], cujas consequências nos costumes das novas gerações, quanto ao estilo das relações sexuais, já estamos acompanhando: desencantamento, brutalização, banalização. A fúria copulatória alcança na pornografia um *zero* de sentido". (Miller, 2014/ 2016, p. 22)

Este ponto nos interessa devido ao que temos recolhido no consultório acerca dos modos atuais de se lidar com a "inexistência da relação sexual". Além do paroxismo da virtualidade, que frequentemente regula o afastamento dos corpos, destacamos a frequência da passagem ao ato no enfrentamento corporal entre jovens em desencontros amorosos. Algumas experiências de parcerias amorosas atuais que nos chegam ao consultório mostram como o impossível de recobrir pelo simbólico é vivido como capricho do Outro, daí a necessidade de arrancar dele, pela violência das palavras e dos gestos, um vazio onde o sujeito possa se alojar como objeto amado. Paradoxalmente, o tratamento deste vazio, que deveria ser cultivado com todo o requinte de velamento, conforme destacado por Miller no artigo sobre os signos do amor, é feito através do imaginário do gesto violento típico das relações de rivalidade (Zucchi, 2011). Enquanto isso, postam-se *selfies* em profusão...

De todo modo, essas questões centram o corpo na perspectiva do imaginário. No caso da pornografia, visando um gozo que dispensa o outro como parceiro e descarta o Outro presente na fantasia, através da busca da fantasia *ready-made*; e no caso das passagens amorosas ao ato, parecem tratar-se ora de rivalidades imaginárias, onde a sustentação narcísica do eu visa passar ao largo da castração que a própria linguagem impõe, ora de uma dificuldade em furar esse Outro, visando dele se separar como objeto.

Ao propor a expressão "corpo falante", porém, Lacan parece pensar um corpo distinto do que tratara em seus ensinos anteriores, durante a maior parte de seu ensino pensado como um corpo que os significantes do Outro revestiam, lhe conferindo, além de uma unidade imaginária, uma posição sexuada que, inscrita numa fantasia, dirigia sua relação com os objetos. No ensino de Lacan, o corpo sempre teve uma afinidade com o imaginário, fosse na imagem especular, matriz do eu, fosse na articulação entre o ideal do eu e o eu ideal; ou ainda na conformação da realidade, de tudo que é do plano do significado e das significações, e mesmo na lógica borromeana, onde o corpo entra primariamente como imaginário na economia do gozo. Na formulação "corpo falante", porém, há algo diverso, algo de mistério, como afirma Lacan no Seminário 20: "O real, eu diria, é o mistério do corpo falante, é o mistério do inconsciente" (Lacan, 1972[1973]/ 1985, p. 178).

Miller desdobra esta questão demonstrando que para Descartes o mistério estava na junção entre corpo e alma: não havia uma substância que unisse a *res extensa* à *res cogitans*, ou melhor, tal junção era da ordem do mistério. Também retoma Husserl, quando introduz a palavra "carne" para distinguir "meu corpo" de outros corpos físicos. E, finalmente, lembra que Lacan se serve deste termo, "carne", para distinguir o corpo vivo (carne) do corpo cadaverizado pelo simbólico (corpo) — este último como o corpo esvaziado de gozo, que se mostra apto para servir de superfície de inscrição, o lugar do Outro do significante. Nas palavras de Lacan:

> Não é o que se dá com toda carne. Somente as que são marcadas pelo signo que as negativiza se elevam, por se separarem do corpo, nuvens densas, águas superiores, de seu gozo, carregadas de raios para redistribuir corpo e carne. (Lacan, 1970/ 2003, p. 407)

Disso, Miller conclui que a união da fala com o corpo é

misteriosa (Miller, 2014/ 2016, p. 24). Já que disso recolhemos efeitos na clínica, poderíamos dizer que misterioso é como as palavras marcam os corpos singularmente, antes mesmo que o jogo das significações entre em cena para o sujeito humano.

Ainda nessa conferencia, Miller indica que assim como a linguagem é uma elucubração de saber sobre lalíngua, o inconsciente como linguagem é uma elucubração de saber sobre o corpo falante.

Capítulo 4
O inconsciente é corporal?

Uma fantasia milleriana

No Congresso da AMP realizado em Comandatuba, em agosto de 2004, Miller fez uma interessante análise das relações entre o discurso analítico e o discurso da sociedade hipermoderna (Miller, 2004), visando delinear em que via a psicanálise de orientação lacaniana deveria se inscrever nos dias de hoje, e dando especial destaque ao que pode o discurso psicanalítico frente ao discurso contemporâneo, principalmente em sua face amalgamada de ciência e capitalismo. Com isso, também estabeleceu novas chaves de leitura para a questão do sintoma e seu tratamento pela psicanálise, o que o levou a questionar, por exemplo, se deveríamos considerar o inconsciente como um "inconsciente corporal" — este é o ponto que gostaríamos de abordar neste capítulo.

Nessa conferência, Miller parte do que chamou "uma fantasia", isto é, sua concepção de que a desorientação, o desbussolamento do sujeito contemporâneo, teve sua origem na substituição do processo de produção agrícola pelo processo industrial, quando o homem substituiu as referências naturais nas quais se apoiava pela busca de referências no real: o desenvolvimento da ciência moderna inaugurou a era do saber no real, e, nesse sentido, como demonstrou Lacan em "Ciência e Verdade" (Lacan, 1965/1998), a psicanálise é tributária da razão científica.

Miller lembra que o aparente desbussolamento do sujeito contemporâneo é, na verdade, uma troca de bússola, com suas respectivas consequências. O sujeito da antiguidade, e até mesmo o sujeito moderno, isto é, da primeira metade do século XX, encontravam seu limite (origem e destino) num Outro, ora mais, ora menos organizado, e estruturado em diferentes discursos, que tinham um valor de mestria — as subjetividades eram sujeitadas aos ideais de suas culturas.

Para Miller, como já apontamos anteriormente, o sujeito hipermoderno é também um sujeito da civilização que o engendra, só que agora suas referências estão nos objetos por ela produzidos. Sob a forma de aparente desorientação, estamos assistindo a fenômenos como depressões, pânicos, anorexias-bulimias, hiperatividades e outros que parecem ser, na realidade, efeitos de uma orientação pelo objeto.

Essa constatação se apoia naquilo que Lacan destacou em seu *Seminário, livro 17: O avesso da psicanálise* (Lacan, 1969[1970]/ 1992), ao afirmar a subida do objeto *a* ao zênite social, ou ao *sociel*,[49] como nomeia Miller nessa conferência. Sua hipótese é a de que no lugar de agente, quando não orientado analiticamente, o *objeto a* leva o sujeito a ultrapassar suas inibições. Desenvolvendo um pouco esse pensamento, diríamos que os sujeitos antigo e moderno se apresentavam através de significantes que revelavam sua identificação com o discurso do Outro, demonstrando assim a existência de uma dívida simbólica por sua referência a uma alteridade localizável. Era possível verificar no sujeito o reconhecimento de sua filiação (ou não, como no caso da psicose...).

Em contrapartida, as subjetividades atuais tendem a se apresentar como se fossem autoengendradas; sua referência ao objeto de gozo torna o sujeito autoerótico. Todavia, como lembrou Antonio Di Ciaccia nas Jornadas da ELP[50] e da SLP[51] em

---

49 Neologismo criado por Miller, valendo-se de certa homofonia entre a última sílaba da palavra *social,* social, e *ciel,* céu.
50 ELP- Escuela Lacaniana de Psicoanálisis (Espanha).
51 SLP- Scuola Lacaniana di Psicoanalisi (Itália).

Bilbao, o sujeito hipermoderno é ainda um sujeito do discurso capitalista, isto é, um sujeito submetido ao imperativo de gozo como ditame cultural — evidentemente, em sua face mais mortífera: o sujeito hipermoderno é a um só tempo transformado em "consumidor/ consumido" (Di Ciaccia, 2005). Em *Além do princípio do Prazer* (Freud, 1930/ 1974), com sua metáfora dos protistas, Freud já havia nos mostrado que a satisfação autoerótica pode ser fatal para o vivo.

Prosseguindo na análise dos quatro termos e lugares que definem um discurso, Miller nos mostra como o discurso da civilização hoje aparenta ter a mesma estrutura do discurso analítico, isto é, o objeto *a*, no lugar de agente, faz o sujeito ($) agir desinibidamente e, comandado pelo mais-de-gozar, produzir significantes unários (S1) aparentemente autônomos, uma vez que atualmente nos encontramos no império do "auto": autoajuda, autoatendimento, autoavaliação etc. Por conseguinte, o saber (S2) está no lugar da verdade; mas o caráter ficcional da verdade nunca foi tão evidenciado. A ideia de que o saber não passa de semblante é hoje muito poderosa, e implica no fato de o sujeito hipermoderno crer que não há verdade em lugar algum.

Orientados por Lacan, concebíamos o discurso inconsciente como estruturalmente equivalente ao discurso do mestre e, portanto, também ao discurso da civilização. Por ser seu oposto, a psicanálise podia interpretá-los. A civilização hipermoderna, porém, parece ter caminhado no sentido indicado pela psicanálise, isto é, promovendo o objeto de gozo a agente de discurso.

Perderia nesse caso a psicanálise sua potência interpretativa? Miller parece indicar, justamente, que só no discurso analítico, ou seja, só no contexto de uma análise esta operação de produção de um discurso orientado pelo objeto pode se ordenar, possibilitando ao sujeito orientar-se de modo a poder escapar ao imperativo superegoico de gozo em vigor nas sociedades capitalistas atuais, com sua lógica de consumo.

A seguir, Miller demonstra que, no que se refere a esse

efeito de desordenamento produzido pela orientação advinda do mais-de-gozar, existem hoje três tendências de retomada do Discurso do Mestre por parte dos analistas: os fundamentalistas, os passadistas e os cientificistas.

Os primeiros tentam reintroduzir nos sujeitos os significantes da tradição, supondo que, diferentemente do trabalho subversivo da origem da psicanálise, caberia hoje reintroduzir artificialmente as relações entre o inconsciente e os significantes familiares (paternos): sonham com a reedição do passado.

Os segundos atuam como se o inconsciente fosse algo eterno e imutável; creem, portanto, que a psicanálise não necessita de mudanças, vivem um eterno presente, desconhecem a essência da razão freudiana postulada em *O mal-estar na civilização* (Freud, 1930/ 1974), que afirma a estreita relação entre pulsão, inconsciente (portanto, sujeito) e as exigências civilizatórias.

Os terceiros seriam aqueles que creem poder encontrar os fundamentos da psicanálise nos progressos da ciência: vemos hoje o júbilo com o qual algumas correntes de psicanalistas se vangloriam da possibilidade de as neurociências virem a mostrar que as concepções freudianas têm respaldo nas neuroimagens.[52] Miller os denomina, não sem ironia, "progressistas".

A orientação lacaniana não se filia a nenhuma dessas correntes; Miller as considera todas como realizando "práticas de sugestão", seu objetivo sendo sempre que "isso funcione, em todos os casos". A prática lacaniana, em contrapartida, está fundamentada no "isso falha", e não se trata de um mero jogo de palavras, nem tampouco de desconsiderar os efeitos da prática lacaniana, na qual o ponto de ancoragem é o real como impossível; para além de qualquer contingência, a falha é a referência, uma lógica na qual a contingência prova, ou pelo menos atesta, o impossível. No fundo, o fato de haver contingência implica em não se poder nem mesmo dizer que a falha seja a lei do real, segundo a fórmula enigmática de Lacan "o real é sem lei". Se não

---

52 A esse respeito, conferir, por exemplo, a entrevista de Mark Solms ao jornal *Folha de São Paulo* de 20 de junho de 2004 (Solms, 2004).

houvesse a contingência para desmentir o impossível, teríamos uma lei no real, mas não temos nem isso (Miller, 2005, p. 12).

A ascensão do mais-de-gozar ao lugar dominante na cultura implica também a ascese do corpo no centro das relações dos sujeitos contemporâneos. Só que, aqui, o corpo é o corpo próprio, o que visa a totalidade, o Um. Nesse sentido, o corpo é assexuado, radicaliza a impossibilidade da relação sexual que antes aparecia como recalcada detrás dos sintomas que pretendiam fazê-la existir.

A psicanálise surgiu como uma tentativa de responder ao mal-estar do sujeito na cultura. Seu trabalho era o de desvelar o gozo existente sob os sintomas, bem como sob os avanços culturais. O efeito disso foi a liberação de gozo. Contudo, parece que a própria psicanálise terminou contribuindo para a elevação do objeto ao lugar de mando no discurso hipermoderno.

Cabe à prática lacaniana trabalhar esses efeitos. Sem dúvida, eles têm sua face benéfica, e de um modo nunca dantes experimentado; benefícios acompanhados, porém, de outros efeitos bastante desastrosos. Na civilização ocidental moderna, passamos muito rapidamente da possibilidade à compulsividade orientada pelo mercado; o avanço no uso da tecnologia para utilização dos recursos naturais se faz acompanhar de efeitos destrutivos de igual ou pior monta. Nos laços sociais, os resultados que a tecnologia da informação propiciou são indiscutíveis. A internet é um instrumento de aproximação entre as pessoas, mas pode, a um só tempo, servir também para a manutenção da dificuldade de contato e o isolamento de outros que, através dela, mantém-se sintomaticamente "protegidos", evitando, em especial, o contato corporal e os laços que ele invoca (Tizio, 2006).

O corpo, nosso objeto de atenção especial neste livro, é uma das sedes principais desses efeitos ambíguos da cultura hipermoderna. Aos avanços da medicina clínica e estética se somam as alterações corporais que escondem manifestações psicóticas, ou, no mínimo, uma satisfação autoerótica, que desconhece o corpo como efeito e instrumento de relação. Toda a evolução da genética moderna, por exemplo, trará efeitos ainda incalculáveis às subjetividades. Um deles, porém, já se faz perceber, e vai no sentido contrário ao do real como impossível: a ideia de que, no que concerne ao humano, em breve se poderá produzir o corpo perfeito (em termos de saúde e estética), ideia que, em si mesma, nega o real como falha.

Miller rediscute a questão do sintoma nesse contexto, lembrando que a psicanálise emerge no âmbito do discurso da ciência moderna, que, por seu lado, atribui ao real um saber passível de conhecimento. A psicanálise agrega um *plus* a essa construção, pois Freud verifica que esse saber é interpretável, isto é, o real tem sentido e este sentido subjaz ao sintoma.

Todavia, vive-se hoje uma crise de confiança quanto ao saber no real; o real aparece como manipulável pelo humano, gerando assim uma suspeita sobre sua falibilidade. Do mesmo modo, o sintoma, que durante boa parte do século XX foi abordado através da palavra, uma vez que se tratava de interpretá--lo, agora é compartimentado, tratado ora como real biológico (disso decorrendo o uso cada vez maior de medicamentos), ora como sentido. Neste último caso, as tendências são as terapias de apoio ou as terapias cognitivo-comportamentais. Nas duas práticas, o sentido é abordado em sua vertente imaginária, especular, não se verificam as referências simbólicas do sujeito de modo a destacar a lei que comanda esse sentido ao qual o sujeito está submetido, nem tampouco se toma como referência o real enquanto falha, furo, impossível. A sexualidade, eixo em torno do qual se organiza a subjetividade segundo a concepção psicanalítica, também fica excluída dessas referências. Nesse sentido, pode-se dizer que tais correntes recusam o sintoma, melhor dizendo, trabalham no sentido de sua extinção, ao passo que, para a psicanálise, o sintoma ou é a sede da verdade subjetiva ou o núcleo real de sua ficção mais íntima.

Miller lembra ainda que Lacan tentou renovar o sentido do sintoma com a introdução do termo *sinthome*. A questão aqui não é recusar nem tampouco aceitar que haja saber no real, pois a concepção de Lacan é de que a desproporção entre os sexos implica no fato de o real não ser totalizável. Apoiado especialmente nas relações entre sexualidade e cultura, demonstradas por Freud em textos como *O mal-estar na civilização* ou "Moral sexual 'civilizada' e doença nervosa moderna", Lacan nos mostra que a sexualidade faz furo no saber do real. Dito de outra forma: a sexualidade humana não se inscreve toda em nenhum regime de saber, o que a torna essencialmente subversiva, seja à ordem dita natural, seja às ordens culturais (filosóficas, científicas ou religiosas). Nos termos de Miller, isso promove uma nova aliança entre psicanálise e ciência baseada na *não-relação*. Então, "há saber no real" e "não há relação sexual"; a inexistência de proporção entre os sexos impede o desenvolvimento onipotente da ciência.

Na leitura que Miller vem fazendo da proposição lacaniana do *sinthome*, o complexo "sintoma-fantasia" não revela nenhum distúrbio, nem é interpretável no sentido hermenêutico. É, sim, signo da não-relação sexual, mas é também signo da deslocalização do gozo. Como tal, "o gozo nunca é o bom gozo" (Miller, 2005, p. 17), sem dúvida uma característica da clínica psicanalítica atual, uma clínica do gozo deslocalizado, em que o corpo, frequentemente, não se presta a veicular o desejo como na histeria clássica, sendo o suporte de ditos com valor superegoico para os quais o sujeito não encontra nenhum sentido, além da pura compulsão à repetição. O corpo pode ainda ser a sede da tentativa de escrita de um nome próprio, uma suplência que se faz não pela via significante, mas pela via do corpo. É nesse ponto de sua conferência que, fazendo referência à sociedade hipermoderna, Miller se pergunta se "o inconsciente é corporal".

De um modo apenas pontual, não extensivo, ao final da conferência Miller aponta a existência de duas concepções de inconsciente, lembrando que o inconsciente freudiano é essencialmente "trabalho" — trabalho psíquico demandado pelo corpo. Já o "ser falante" proposto por Lacan como substituto do inconsciente freudiano é mais ao estilo "parasita": funciona não por trabalho, mas por "infecção", "fervilhamento", afirmação que se apoia na concepção de que lalíngua afeta o corpo da mesma forma que uma infecção. Em seguida, Miller parece propor uma terceira concepção, a do inconsciente como "efeito do amor do analista":

> O inconsciente primário não existe como saber. E para que se torne um saber, para fazê-lo existir como saber, é preciso o amor. Por essa razão, ao final de seu *Seminário: Les noms-du-p*ère, Lacan pôde dizer: uma psicanálise demanda amar seu inconsciente. É o único meio de estabelecer uma relação entre S1 e S2, porque no estado primário tem-se uns disjuntos, dispersos. Então, uma psicanálise demanda amar seu inconsciente para fazer existir não a relação sexual, mas a relação simbólica. (Miller, 2005, p. 18)

Todavia, Miller adverte que não se trata de amar mais o efeito da verdade no inconsciente do que o belo e o bom, lembrando que estes últimos são, em geral, utilizados como véus da castração: o apego à verdade inconsciente pode ter o mesmo valor de véu da castração. Já o amor ao qual parece referir-se seria o que faz existir o inconsciente: trata-se de amar não a verdade, mas a "função de verdade" como aquilo que pode pôr em jogo uma significação, um sentido subjetivo. De certo modo, seria esse o amor do analista que faz existir o inconsciente.

Essa formulação de Miller nos parece interessante, pois responde à possibilidade de se intervir psicanaliticamente junto aos sintomas contemporâneos que parecem alijados do inconsciente. A fim de encaminhar uma reflexão sobre sua tese, faremos um percurso em Freud e Lacan balizando suas concepções de inconsciente, nosso interesse sendo menos o de responder à pergunta levantada por Miller nessa conferência e mais o de marcar as linhas de desenvolvimento teórico que justificaram a postulação da questão.

O inconsciente em Freud

Hoje em dia, quando se fala em inconsciente no discurso leigo, este é quase tomado como sinônimo de psicanálise, o que de fato não seria de todo um equívoco: trabalhar com o inconsciente é o que distinguiu a psicanálise das outras formas de tratamento psicológico. Ainda que outras psicoterapias, derivadas ou não da psicanálise, possam aceitar a suposição do inconsciente, a proposta de se orientar clinicamente por ele é específica da psicanálise. Inicialmente, o esclarecimento das ideias inconscientes foi de fato o objeto da Psicanálise. Isso ainda seria verdadeiro nos dias de hoje? Dito de outro modo, as relações do sintoma com o inconsciente continuam sendo da mesma natureza das que Freud descobriu?

Até aqui, vimos buscando encaminhar elementos para essa reflexão, sobretudo no que diz respeito ao modo de inclusão do corpo no sintoma e à maneira de o corpo se articular ao inconsciente.

Segundo James Strachey, a postulação inicial da existência de "ideias inconscientes" por Freud, que em seguida a substituiu pela noção de um "sistema inconsciente", foi uma necessidade formal para os fatos da clínica. Sem supor a vigência ativa de ideias inconscientes, Freud não teria como justificar o que se revelava no trabalho com suas pacientes histéricas: os sintomas corporais, como paralisias, cegueiras, afonias e outros, que não respeitavam a anatomia e a fisiopatologia, cediam mediante a explanação de um sentido sexual a eles subjacente. Stratchey lembra que a noção de existência de processos mentais inconscientes já circulava nos meios em que Freud se formara. No que diz respeito à psicologia, por exemplo, mestres como Meynert se orientavam pelas ideias de Herbart, que propunha processos mentais inconscientes no centro de suas teorias sobre o mental (Strachey, 1974, p. 186).

Ainda seguindo as indicações de Stratchey, a constatação definitiva do valor clínico (e teórico) da postulação do inconsciente passa pela dubitação de Freud entre manter a causa-

lidade dos sintomas estritamente na via dos fenômenos biológicos (neurofisiológicos) ou passar a explicar os sintomas pela
via dos processos mentais (simbólicos). A tentativa de construir
um sistema físico de explicações, já mencionada no Capítulo
2, é conhecida como "Projeto para uma psicologia científica", e
embora Freud tenha abandonado muito cedo esse projeto, podemos observar resquícios dele ao longo de toda a sua obra.
Cabe notar, porém, que o fato de Freud ter abandonado as explicações neurofisiológicas não significou que tivesse desvinculado os processos mentais do corpo. É essencial lembrar que a
psicanálise freudiana não é uma metafísica; o conceito central
da teoria e da clínica psicanalítica, isto é, a pulsão, tal como formulada em 1915 — um conceito na fronteira entre o somático
e o psíquico, revelando a exigência de trabalho mental oriunda
do soma —, ancora no corpo os processos psíquicos.

Retomando a origem do estabelecimento do inconsciente na obra de Freud, seu editor lembra ainda que, já na
explanação do caso Emmy von N., que antecede em 1 ano ao
"Projeto", Freud faz uso em uma nota do termo "inconsciente".
Embora toda a teoria exposta nos *Estudos sobre Histeria* ainda
não se refira claramente aos processos mentais inconscientes,
a necessidade lógica de incluir esse tipo de processo já se faz
presente. Todavia, será apenas em 1900, no sétimo capítulo de
Interpretação dos Sonhos, que as explicações do funcionamento
do aparelho psíquico incluirão definitivamente os processos inconscientes.

No artigo metapsicológico "O inconsciente", Freud
(1915/ 1974a) afirma que a necessidade de postular a existência
de processos mentais inconscientes é *necessária*, portanto, lógica, e também *legítima* — uma postulação de direito no campo
científico: necessária, já que não se poderia explicar a ocorrência de todos os fatos psíquicos através da consciência; e legítima,
pois se por inferência se supõe a existência da consciência, sem
garantia prévia quanto a essa inferência, pode-se também supor
a existência de processos de caráter diverso dos da consciência
que permitam explicar o que escapa à consciência.

Ao situar topograficamente o inconsciente, Freud destaca:

> Nossa topografia psíquica, no momento, nada tem que ver com a anatomia; refere-se não a localidades anatômicas, mas a regiões do mecanismo mental, onde quer que estejam situadas no corpo. (Freud, 1915/ 1974a, p. 201)

Isso confirma que sua construção, não sendo uma neurofisiologia, tampouco é metafísica. Seu interesse é estabelecer se existe uma relação entre a localização de uma ideia e seu estado; dito de outro modo, se a consciência e o inconsciente têm topologias diferentes ou são apenas "energeticamente" diversos. No Capítulo 7 desse artigo, Freud conclui que nem uma coisa nem outra. A diferença entre uma apresentação consciente e uma inconsciente é que, na primeira, a representação da coisa está associada à representação da palavra, enquanto as ideias inconscientes são tão somente representações da coisa.

Também nesse artigo vemos seu esforço de descrever as relações entre a consciência e o inconsciente como intersistêmicas, percorrendo a origem das ideias ("catexia de traços de memória") e dos afetos ("efeito de descarga"), bem como a ação do recalque sobre as primeiras e seus efeitos sobre os segundos. Tenta, assim, estabelecer as diferenças e as relações entre os dois sistemas. É importante lembrar que Freud se utiliza de uma concepção de estrutura, mas com uma dinâmica energética. Nesse sentido, necessita de uma concepção não só topográfica, mas dinâmica e mesmo econômica dos processos envolvidos no recalque, postulando que, além das retiradas de catexia, ocorrem as que são anticatexia, ou seja, processos complementares que visam explicar a modificação do estado consciente de uma ideia em estado inconsciente, bem como a manutenção e as alterações dessas duas condições. Em suas palavras:

A anticatexia é o único mecanismo da repressão primeva; no caso da repressão propriamente dita ('pressão posterior') verifica-se, além disso, a retirada da catexia do Pcs. É bem possível que seja precisamente a catexia retirada da ideia utilizada para a anticatexia. Vemos como gradativamente fomos levados a adotar um terceiro ponto de vista em nosso relato dos fenômenos psíquicos. Além dos pontos de vista dinâmico e topográfico, adotamos o econômico. Este se esforça por levar até as últimas consequências as vicissitudes de quantidades de excitação e chegar pelo menos a uma estimativa relativa de sua magnitude.

Não será descabido dar uma denominação especial a essa maneira global de considerar nosso tema, pois ela é a consumação da pesquisa psicanalítica. Proponho que, quando tivermos conseguido descrever um processo psíquico em seus aspectos dinâmico, topográfico e econômico, passemos a nos referir a isso como uma apresentação metapsicológica. Devemos afirmar, de imediato, que no presente estado de nosso conhecimento há apenas alguns pontos nos quais essa tarefa terá êxito. (Freud, 1915/ 1974a, p. 208)

Compreendemos a descrição que faz Freud das "catexias" e "anticatexias" a partir das indicações do próprio autor ao final de seu artigo, quando conclui que as representações conscientes são representações de coisas mais representações de palavra, ao passo que as inconscientes são apenas representações de coisas sem que a elas se vincule a palavra. Considerando que as anticatexias ocorrem essencialmente a partir do sistema consciente/ pré-consciente, parece correto afirmar que enquanto o recalque é essencialmente a desconexão entre a palavra e a coisa, a anticatexia é uma desconexão prévia. As ligações (catexias) paralelas entre alguns representantes pulsionais e seus correspondentes ideativos fazem com que outros elementos pulsionais permaneçam desconectados de palavras. Então, parece que esse procedimento de recobrir com palavras certas regiões da pulsão e não outras é o que Freud descreve como catexia/

anticatexia. Assim, o sintoma é um complexo ideativo que não só representa indiretamente um elemento pulsional específico, sendo também mantido graças às forças defensivas, isto é, pelo deslocamento e evitação, a fim de que outros elementos pulsionais não alcancem representação (anticatexia).

Nas neuroses fóbica (histeria de angústia) e obsessiva, o processo de deslocar o representante ideativo da pulsão — seja para um objeto fóbico, seja para uma ou várias ideias obsedantes — não parece ter a mesma eficácia de uma conversão motora, que funciona, por vezes, como uma descarga. O deslocamento do plano das palavras para o plano do corpo parece cumprir mais eficazmente a função do sintoma, isto é, dar vazão, ainda que de modo indireto, a uma satisfação pulsional que atende as exigências punitivas da censura.

Ainda nesse artigo, Freud descreve as características essenciais do que denomina "sistema inconsciente". O inconsciente se caracteriza por impulsos carregados de desejo, que não são nunca contraditórios, já que o inconsciente não conhece a negação, nem o tempo, nem a dúvida ou a certeza. Todos esses são processos pré-conscientes ou conscientes. Os desejos inconscientes são regidos pelo "princípio do prazer", isto é, visam essencialmente a descarga e a satisfação. A articulação entre as ideias inconscientes se dá segundo o processo primário, quer dizer, por condensação ou deslocamento, sem qualquer barreira entre elas. Outro aspecto ressaltado por Freud é que os processos inconscientes só se evidenciam nas brechas deixadas pelo sistema pré-consciente/ consciência. Uma formação do inconsciente pode ser especialmente verificada nos sonhos e nos sintomas, assim como nos atos falhos e chistes.

Ao tratar das relações entre o sistema inconsciente e o pré-consciente, Freud fala de algumas formações intermediárias derivadas do inconsciente, moções pulsionais, altamente organizadas, estruturadas e passíveis de sentido, afirmando que existem muitas dessas formações, embora destaque especialmente o fantasma e o sintoma; e indica que tais formações são elementos de comunicação entre os dois sistemas. Em termos lacanianos, poderíamos dizer que essas formações vinculam o plano pulsional ao plano do Outro, ou que, como "formações mistas", possibilitam o trabalho analítico por pressuporem uma referência da subjetividade no campo do Outro .

A leitura desse artigo de 1914 deixa entrever a formulação ainda em aberto da estrutura do aparelho psíquico. Em *O ego e o id*, com a introdução do novo quadro estrutural da mente (id, ego e superego), Freud desenvolve sua teoria do inconsciente de maneira ainda mais apurada; a ambiguidade do termo inconsciente, que vinha tentando esclarecer desde a *Interpretação dos sonhos* (1900), é retomada e definitivamente esclarecida. Como ele demonstra, os processos correspondentes a qualquer uma das três instâncias poderão ser inconscientes, e nesse sentido, inconsciente pode ser uma característica "descritiva" de um processo psíquico, uma característica "dinâmica", ou até mesmo "topográfica" de um processo mental. Descrever uma ideia como inconsciente só define o fato de estar fora da consciência, não informa sua localização ou a dinâmica na qual está envolvida. A dinâmica própria ao inconsciente diz respeito essencialmente à sua vinculação com o recalque, isto é, com o fato de essa ideia ou processo mental estar desassociado de palavras que o designem, seja desde sempre, como no caso do recalcado originário, seja a partir de uma desvinculação posterior, correspondente ao recalque secundário.

Propor ao inconsciente uma posição topográfica significa inseri-lo num quadro estrutural da mente. Nesse sentido, como esclarece Strachey, a nova estrutura mental tornará correlatos o antigo "sistema inconsciente" e a parte do aparelho psíquico agora denominada "id", ao lado do "ego" e do "superego" (Strachey, 1976, p. 18). Nesse trabalho de 1923, Freud aprofunda a gênese, a estrutura e as relações entre as diferentes instâncias. Como se trata de um texto cujo eixo é a clínica das neuroses, o peso do que é inconsciente aparecerá de modo mais vivo no jogo entre as instâncias. O *id*, como reservatório das pulsões, é sempre inconsciente; estas só acedem à consciência através de sua associação com os significantes. O ego, por sua

vez, é um precipitado de identificações, muitas delas inconscientes. Sua função é articular as percepções com os traços de
memória, buscando vias para a inibição/ satisfação das moções
pulsionais, em conformidade com o teste de realidade e dentro
dos parâmetros estabelecidos pelas identificações superegoicas.

> Vemos agora o ego em sua força e em suas fraquezas. Está
> encarregado de importantes funções. Em virtude de sua re-
> lação com o sistema perceptivo, ele dá aos processos mentais
> uma ordem temporal e submete-os ao 'teste da realidade'. In-
> terpondo os processos de pensamento, assegura um adiamen-
> to das descargas motoras e controla o acesso à motilidade. (...)
> O ego evolui da percepção para o controle dos instintos, da
> obediência a eles para a inibição deles. Nesta realização, gran-
> de parte é tomada pelo ideal do ego, que, em verdade, cons-
> titui parcialmente uma formação reativa contra os processos
> instintuais do id. (...) De outro ponto de vista, contudo, vemos
> este mesmo ego como uma pobre criatura que deve serviços
> a três senhores e, consequentemente, é ameaçado por três pe-
> rigos: o mundo externo, a libido do id e a severidade do su-
> perego. (...) Para com as duas classes de instintos, a atitude do
> ego não é imparcial. Mediante seu trabalho de identificação e
> sublimação, ele ajuda os instintos de morte do id a obterem
> controle sobre a libido, mas, assim procedendo, corre o risco
> de tornar-se objeto dos instintos de morte e de ele próprio
> perecer. (Freud, 1923/ 1976, p. 72)

Partindo da clínica, Freud enfatiza a "reação terapêutica
negativa", visando extrair dela algo além do ganho secundário
com a doença. O "sentimento inconsciente de culpa" será, segundo Freud, revelador de um modo de relação especial entre
o ego e o superego, uma relação "moral". Tomando a neurose
obsessiva e a melancolia como os casos nos quais essa relação
assume peculiar severidade, Freud demonstra como, além dos
limites já impostos ao ego pelas identificações com os objetos

primários que formam o superego (identificação resultante do complexo de Édipo), esses limites podem ser acrescidos de uma carga de "pura pulsão de morte", oriunda do que ele chamou de "desfusão" entre as pulsões de vida e de morte (Freud,1923/ 1976, pp. 71-72). Achamos importante ressaltar esse aspecto, pois, aqui, Freud parece enfatizar como inconsciente algo além do recalcado. As identificações inconscientes têm poder recalcador, e mais: se, por um lado, orientam o ego, por outro, podem destruí-lo.

No artigo de 1926, "Inibição, sintoma e angústia", em que desenvolve com detalhes a clínica subjacente à sua nova teoria estrutural, Freud examina a problemática da formação dos sintomas nas diferentes psiconeuroses esclarecendo sua relação com a angústia e com a inibição. O eixo desse trabalho é a angústia, e é nesse viés que aparecerão suas referências ao inconsciente.

Freud desenvolve sua reflexão partindo das relações entre inibição e sintoma, e afirma que a inibição se refere a uma alteração de função não necessariamente patológica, como as alterações de função sintomáticas. Nesse sentido, uma inibição pode ou não ser um sintoma. A inibição, todavia, está frequentemente associada à angústia. Freud conclui dizendo que a inibição de que ele trata é essencialmente uma inibição de função do ego, visando evitar o desencadeamento da angústia. Em suas palavras:

> No tocante às inibições, podemos então dizer, em conclusão, que são restrições das funções do ego que foram ou impostas como medida de precaução ou acarretadas como resultado de um empobrecimento de energia; e podemos ver sem dificuldade em que sentido uma inibição difere de um sintoma, porquanto um sintoma não pode mais ser descrito como um processo que ocorre dentro do ego ou que atua sobre ele. (Freud, 1925/ 1976b, p. 111)

Todo o desenvolvimento do texto se fará na direção de

apontar o temor da castração como o medo último que determina o desencadeamento da angústia. A angústia, antes tomada como transformação direta da libido excedente sem satisfação — portanto, proveniente do id —, é agora considerada como uma produção do ego com a função de "sinal de desprazer", frente ao qual os mecanismos de evitação ou defesa se desencadearão. O recalque, subjacente à formação dos sintomas neuróticos, é então pensado como "defesa". O sintoma é um sinal e um substituto de uma satisfação pulsional inconsciente, que nele encontra uma satisfação indireta.

A angústia como afeto deixa de ser pensada em uma perspectiva econômica, para ser considerada como "símbolo mnêmico" de experiências traumáticas — esta é a angústia que interessa à clínica psicanalítica. O afeto propriamente dito, segundo Freud, pertence ao campo da fisiologia. A repetição do afeto de angústia, agora como sinal, é o ponto destacado na relação com as inibições e os sintomas. Freud conclui que a angústia é que produz o recalque, e não o inverso, como pensava antes.

Analisando a formação dos sintomas nas fobias, histerias de conversão e neuroses obsessivas, Freud privilegia as relações entre o ego e o sintoma; examina as relações entre o ego e o material recalcado e avalia de que maneira esse material remete ao complexo edípico e ao temor da castração — nos casos do "Pequeno Hans" e do "Homem dos Lobos", fica evidenciado o temor da castração paterna subjacente à fobia animal (temor de ser mordido por um cavalo e temor de ser mordido por um lobo, respectivamente). Na histeria de conversão e nas neuroses obsessivas, o fator "temor" está afastado da consciência.

Na histeria de conversão, o deslocamento do sintoma para o corpo parece oferecer uma condição ideal ao afastamento da consciência, tanto do desejo inconsciente quanto do temor de punição a ele ligado. É nas neuroses obsessivas, porém, que Freud encontra fundamentação mais sólida para sua concepção, segundo a qual o motor do recalque é a angústia de castração. Nessas neuroses, a formação do sintoma se dá além do recalque pela regressão libidinal à fase anal-sádica, e impulsos amorosos se transformam em tendências agressivas. Frente a essas tendências e impulsos, o ego se defende, premido pelo superego, com mecanismos como formação reativa, anulação ou isolamento. Entretanto, toda essa construção visa evitar a satisfação de impulsos edipianos. Assim, a análise dessa elaborada construção sintomática revela em sua base um só perigo a ser evitado: a castração.

Em "Inibição, sintoma e angústia", Freud remonta a angústia ao desamparo da primeira infância — a experiência de desamparo diante de uma necessidade à qual o bebê não pôde fazer frente desencadearia automaticamente a angústia com seu corolário de afecções corporais (alteração de respiração, mudança de temperatura etc.), formando assim o modelo a ser utilizado como sinal diante de novas situações dessa natureza. Disso decorre o fato de Freud pôr em série o desamparo do bebê, o temor da castração paterna, o temor da perda do amor do objeto e o temor do superego (que se sobressai, em especial, como temor da morte). A passagem da angústia automática diante de uma situação de desamparo para o temor de perder o objeto amado (aquele que pode minimizar os efeitos do desamparo) corresponde, segundo Freud, a um passo importante no sentido da autopreservação, pois implica a "transição do novo aparecimento automático e involuntário da ansiedade para a reprodução intencional da ansiedade como um sinal de perigo" (Freud, 1925/ 1976b, p. 162).

No "Adendo B" desse mesmo artigo, Freud avança em sua definição da angústia, descrevendo-a como, simultaneamente, uma expectativa e uma repetição (em menor proporção) da situação traumática: é nisso que ela se caracteriza como um sinal. (Freud, 1925/ 1976b, p. 191). Aqui, vemos Freud estender a concepção da ameaça de castração para além dos limites da fase fálica; está assim estabelecida a base da concepção de que a mítica edipiana serviria para dar conta de uma castração mais essencial para o sujeito humano. Melanie Klein tentará assimilar esse desamparo à fase fálica, reivindicando a precocidade do complexo edípico. Parece, porém, que é com Lacan que a relação entre mito e estrutura virá a possibilitar que se esclareçam as relações entre a castração edípica (mítica) e a falta-a-ser (estrutural) constitutiva do sujeito.

Um aspecto discutido no final do referido artigo diz respeito aos fatores componentes do sintoma, que seria uma forma de evitar o perigo da castração. Sua força dependeria do que Freud chamou de fatores "quantitativos" (Freud, 1925/ 1976b, p. 178). Haveria, então, três ordens de causas das neuroses: biológica, filogenética e psicológica. O fator biológico corresponderia à prematuridade do bebê humano, que engendraria a necessidade de ser amado e cuidado a partir das primeiras experiências de perigo; o fator filogenético ao impacto sofrido pelo ego nos contatos iniciais com as exigências da sexualidade; e, finalmente, o fator psicológico seria relativo ao trabalho do ego de administrar tanto as exigências pulsionais como as do mundo externo.

Já no "Adendo A", Freud retoma o termo inconsciente no contexto da análise das resistências, e fala em uma "resistência do inconsciente", colocando-a ao lado das resistências do ego na manutenção do sintoma. Nesse ponto, Freud afirma que, se todas as resistências são inconscientes, uma delas é especial, não ligada ao ego, mas proveniente da compulsão à repetição, e é ela que incita ao trabalho de elaboração (Freud, 1925/ 1976b, p. 184-185).

Evidencia-se, nesse artigo, um certo desuso do conceito de inconsciente como sistema; a formação dos sintomas como estrutura de articulação entre instâncias do aparelho mental é quase toda inconsciente. Importa-nos ressaltar que a sofisticação do aparato mental freudiano dispensa a ideia de um sistema inconsciente a fim de valorizar a ocorrência de processos inconscientes em diferentes instâncias. Esse artigo contém, então, uma associação entre inconsciente e id: a sede dos impulsos recalcados (ou não) é o id, e portanto, o inconsciente. Aqui, ao tratar das operações de recalque por parte do ego, Freud se isenta de reiterar seu estatuto inconsciente; nesse sentido, parece preservar o termo para os processos do id.

Na Conferência XXXI Freud retoma o uso histórico do termo inconsciente. Segundo ele, a psicanálise se desenvolveu tendo como ponto de partida a observação dos sintomas; em seguida, vieram as hipóteses do inconsciente e das pulsões, para, só então, deduzir-se a importância da sexualidade na organização do psiquismo humano. Ao longo do texto, Freud vai esclarecendo os diferentes usos do termo, conforme já descrevemos acima (descritivo, dinâmico e topográfico ou sistêmico). Numa passagem bastante esclarecedora, ele nos expõe sua opção:

> Sob o novo e poderoso impacto da existência de um extenso e importante campo da vida mental, normalmente afastado do conhecimento do ego, de modo que os processos que nele ocorrem têm de ser considerados como inconscientes, em sentido verdadeiramente dinâmico, vimos a entender o termo 'inconsciente' também num sentido topográfico ou sistemático; passamos a falar em 'sistema' do pré-consciente e em 'sistema' do inconsciente, em conflito entre o ego e o sistema Inc., e temos empregado cada vez mais frequentemente essa palavra com a finalidade de assinalar, antes, uma região mental, do que para designar uma qualidade daquilo que é mental. (...)
>
> Assim sendo, não usaremos mais o termo 'inconsciente' no sentido sistemático e daremos àquilo que até agora temos assim descrito um nome melhor, um nome que não seja mais passível de equívocos. Aceitando uma palavra empregada por Nietzsche e acolhendo uma sugestão de George Groddeck [1923], de ora em diante chamá-lo-emos de 'id'. (Freud, 1933/ 1976, p. 92)

Parece um ponto interessante para iniciarmos a pesquisa desse conceito na obra de Lacan.

Lendo Lacan com Miller

Retomaremos aqui alguns pontos da análise de Miller a

respeito da operação de Lacan sobre Freud. Em seu seminário "Os signos do gozo", Miller lembra que o retorno de Lacan a Freud foi uma operação de logificação da produção freudiana.

A obra de Freud se inscreveu na via de seu desejo de produzir uma ciência natural. No entanto, ao longo de seu trabalho, verificou-se a inadequação desse paradigma científico para o tratamento do objeto de seu descobrimento, inadequação que se manifestava em algumas incongruências no corpo da teoria, tal como a provocada pela própria noção de pulsão de morte, de tão difícil demonstração por parte de Freud, e aceitação por parte de seus discípulos. Tais incongruências só encontrariam resolução com a introdução de uma outra ordem de causalidade, diferente da positivista naturalista: uma ordem lógica, sem a qual toda a subjetivação ficaria restrita a explicações apoiadas em noções como a de "desenvolvimento" (libidinal) e "fixação", conforme destacamos na acima.

Miller ressalta que a lógica desenvolvimentista considerou a ideia da organização genital como um "estágio", cujo ápice seria o complexo de castração, quando a questão fundamental era tomar a castração como uma ordem, um "princípio organizador" enfatizado *a posteriori (*Miller, 1986[1987]/ 1998, p. 207). Lacan, todavia, considerou que a maior parte dos alunos de Freud havia tomado um caminho equivocado. Sua retomada da obra freudiana se deu como uma convocação à releitura dos textos do inventor da psicanálise, não para colher dali os ditos de Freud, mas, antes, o seu dizer. O eixo de orientação de Lacan foi a limitação dessa concepção desenvolvimentista e adaptativa da psicanálise, que levou Freud a postular sua teoria estrutural — a segunda tópica — regida pela concepção de um "além do princípio do prazer". A construção lacaniana, portanto, parte desse "além do princípio do prazer" e de sua releitura em termos não energéticos, mas linguísticos, como se pode verificar no *Seminário, livro 2: O eu na teoria e na técnica da psicanálise* (Lacan, 1954[1955]/ 1985).

Em "Os signos do gozo" Miller retoma a questão que havia formulado a Lacan em "Televisão" (Lacan, 1973/ 2003) —

sobre se o inconsciente havia sido descoberto ou inventado por Freud —, afirmando que a resposta de Lacan tornou a questão mais complexa. Sigamos essa resposta:

> Interpolo aqui uma observação. Não baseio esta ideia de discurso na ex-sistência do inconsciente. É o inconsciente que situo a partir dela — por ele só ex-sistir a um discurso. (…) O inconsciente ex-siste tanto mais que, por só se atestar claramente no discurso da histérica, só há, em qualquer outro lugar, um enxerto dele: sim, por mais espantoso que possa parecer, inclusive no discurso do analista, onde o que se faz com ele é cultura.
>
> Um parêntese aqui: será que o inconsciente implica que se o escute? A meu ver, sim. Mas certamente não implica que, sem o discurso a partir do qual ex-siste, ele seja avaliado como um saber que não pensa, não calcula, não julga, o que não o impede de trabalhar (no sonho, por exemplo). Digamos que ele é o trabalhador ideal, aquele de quem Marx fez a nata da economia capitalista, na esperança de vê-lo dar continuidade ao discurso do mestre: o que de fato aconteceu, se bem que de uma forma inesperada. Há surpresas nestas questões de discurso, é justamente este o feito do inconsciente.
>
> O discurso que digo analítico é o laço social determinado pela prática de uma análise. Ele merece ser elevado à altura dos mais fundamentais dentre os laços que continuam em atividade para nós. (Lacan, 1973/2003, p. 517)

Como afirma Miller, trata-se então de promover a separação entre o descobrimento do inconsciente e a criação do discurso analítico. Assim, mais do que descobridor do inconsciente, Freud seria o inventor do discurso analítico — invenção que, na realidade, consiste em logicizar e operar o inconsciente. A lógica parte do significante, parte daquilo que se diz. O inconsciente pode ser constatado em outras manifestações, pode aparecer sob outras formas, como nas diferentes expressões artísticas, por exemplo; mas o que caracteriza sua tomada pela psicanálise é a prática clínica que dele se serve, ou que se orienta por ele enquanto instrumento lógico.

Logicizar o inconsciente significa submeter esse aparato significante a um imperativo de coerência, sem o qual o trabalho analítico se reduziria a uma mera produção de sentido. A postulação do real como impossível é uma postulação lógica, diretamente ligada ao fato de que os ditos só encontram seu limite na série iniciada por um dizer. Mediante a regra da associação livre, o que inicialmente aparece como possibilidade de dizer tudo vai se restringindo à medida que os ditos vão se sucedendo.

> Quanto mais se continua, mais apremiante se faz o impossível — o impossível de dizer depois do que já foi dito. Quando Lacan formula que o impossível é o real, está dizendo que o real é uma categoria lógica, porque o impossível o é. (Lacan, 1973/2003, p. 212)

Entender o real como lógico implica em vinculá-lo ao significante. Todavia, a lógica analítica, a da interpretação, não é a lógica das proposições que, repartidas entre *verdadeiras* e *falsas*, dependem de uma metalinguagem que as valide (a lógica dos ditos). A lógica da interpretação é a lógica do dizer; um dizer define um momento de ex-sistência, cujo sentido lhe vem por acréscimo e como semblante — aqui não há metalinguagem, porque o dizer é ex-sistente ao dito.

Caminhemos mais, passo a passo. Em seu primeiro seminário publicado, Lacan (1953[1954]/ 1986) analisa os escritos técnicos de Freud problematizando a afirmação freudiana de que as resistências ao trabalho analítico provêm do *ego*; e demonstra a relação estreita entre o inconsciente e a palavra, tomando como referência o que considerou um desvio na técnica, oriundo da má interpretação, por parte dos discípulos de Freud, da proposição freudiana que dá ao *ego* um destaque operativo.

Naquele momento da produção psicanalítica, no início da década de 1950, a psicologia do ego estava em franco desenvolvimento.

Lacan, ao contrário, remonta a resistência exclusivamente ao campo da análise, e a situa como um fenômeno de discurso, como algo que se apresenta entre o sujeito e o outro. Sua origem é "a impotência do sujeito para chegar até o final no âmbito da realização de sua verdade" (Lacan, 1953[1954]/ 1986, p. 63), verdade que se revela nos tropeços, distorções, deformações das palavras. Ressituando nesse momento o campo psicanalítico como um campo de operações discursivas, e ainda que estivesse recentrando a psicanálise no campo da palavra, nesse mesmo seminário Lacan define o acesso ao inconsciente como "revelado": o inconsciente se revela, não se exprime. É, portanto, na dimensão da palavra que deve situar-se a resistência, ou seja, como momento no qual a palavra reveladora se suspende; a manifestação do inconsciente está nas falhas, nos equívocos de sentido das palavras por onde a verdade do sujeito se revela. A resistência é a suspensão desse movimento em direção à verdade.

Essa concepção do inconsciente o situa como algo estruturado em si mesmo, o que marca um diferencial em relação a Freud, para quem somente o *ego* era capaz de organização. Em Freud, o *id* era pensado como um aglomerado desordenado de pulsões (Lacan, 1953[1954]/ 1986, p. 82). Cabe lembrar, conforme destacamos acima, que Lacan parte da concepção estrutural do aparelho psíquico postulada na segunda tópica.

No escrito dessa mesma época, "Função e Campo da fala e da linguagem em psicanálise", Lacan define as formações do inconsciente — embora ainda não as nomeie dessa forma — como sendo "estruturadas como uma linguagem". Fala do sonho, dos chistes e dos sintomas, bem como da associação com números, para realçar o poder ordenador das leis da linguagem no inconsciente (Lacan, 1953/ 1988, pp. 269-271). A partir da formalização da lógica do significante no Seminário 3, "As psicoses", essa definição se consagra como a que percorrerá grande parte do ensino de Lacan. Em suas palavras:

O inconsciente é, no fundo dele, estruturado, tramado, encadeado, tecido de linguagem. E não somente o significante desempenha ali um papel tão grande quanto o significado, mas ele desempenha ali o papel fundamental. O que, com efeito, caracteriza a linguagem é o sistema do significante enquanto tal. (Lacan, 1955[1956]/ 1985, p. 139)

Apoiado na linguística saussureana[53] e no matema que propõe, segundo o qual o conceito depende da relação entre significante e significado (S/s), Lacan produz uma leitura especial da separação entre esses termos, ressaltando a independência de ambos e a prevalência do significante, com seu poder de engendrar significados diversos. O significante é a matéria do inconsciente.

Nesse período de seu ensino, o inconsciente é pensado como mensagem, e sua lógica está constituída na articulação entre os significantes: "O significante é o que representa o sujeito [do inconsciente] para outro significante" (Lacan, 1960/ 1998a, p. 833). A operação analítica referida ao inconsciente é uma operação de sentido, relativa ao desejo do sujeito, e não a qualquer ontologia. Decifrar a mensagem inconsciente subjacente ao sintoma é encontrar as vias significantes pelas quais o desejo do sujeito se diz. Nesse momento, o inconsciente é algo a ser escutado.

Em 1957, no artigo "A instância da letra no inconsciente ou a razão desde Freud", Lacan (1957/ 1998a) já produz uma retificação importante em sua leitura do inconsciente, na medida em que postula a letra, e não o significante, como sua matéria fundadora. A letra é o significante fora de sua função de significação. Enquanto sob a primeira perspectiva o que se representava no transcurso da cadeia discursiva era o significado do sujeito, ou seja, algo do campo semântico — uma verdade —, sob a perspectiva da letra no inconsciente a ênfase está na estrutura, como o que determina não só a significação do sujeito,

---

53 Conforme descrição dos alunos que publicaram seu *Curso de Linguística Geral* (Saussure, 1977).

mas também seu gozo. Quando o inconsciente é tomado como significante em sua face de palavra, seus efeitos são sentidos cifrados; quando a ênfase recai sobre a letra, trata-se de pensar as formações do inconsciente, especialmente o sintoma, como escrita, como cifras de gozo. Segundo Miller, a interpretação, nessa perspectiva, não trataria de decifrar o significado do inconsciente, mas de destacar sua cifra de gozo (Miller, 1986[1987]/1998, p. 278).

Até o final dos anos 1960, esta seria a concepção de inconsciente dominante em Lacan. No *Seminário, livro 11: Os quatro conceitos fundamentais em psicanálise*, Lacan (1964/1985) procede a uma ampla distinção entre sua concepção e a de Freud, assinalando a ênfase freudiana no sentido inconsciente e ressaltando que, em sua leitura, o inconsciente é o que aparece nas falhas do discurso. Ao postular a alienação e a separação como operações constitutivas do sujeito e do objeto, Lacan apresenta a estrutura do desejo inconsciente como a falta-a-ser do sujeito, falta que se desdobra na via significante, orientada, porém, pelo objeto que se depreende de uma zona erógena, constituindo assim uma borda entre o sujeito e o Outro: o inconsciente é assimilado à zona erógena, tem função de borda; e funciona alternando abertura e fechamento (Lacan, 1964/ 1979).

Cabe lembrar que as diferentes perspectivas em que o gozo foi tomado no ensino de Lacan implicam, também, em retificações da noção de inconsciente. Desse modo, as perspectivas anteriores correspondiam respectivamente ao primeiro e ao segundo paradigmas, nos quais o gozo é, a princípio, exclusivamente imaginário, a ser recoberto pelo simbólico e, em seguida, ele próprio simbólico. No Seminário 7 surge o terceiro paradigma, segundo o qual o gozo é impossível, só alcançável por via da transgressão. Já no Seminário 11, quando Lacan afirma que a estrutura significante é homóloga ao funcionamento pulsional, o gozo passa a articular simbólico e real: este seria o quarto paradigma.

No Seminário 17, Lacan ordena os quatro discursos e

introduz uma nova perspectiva, uma vez que o discurso não é propriamente a linguagem. Miller lembra que, embora o registro dos discursos ainda seja o da comunicação, sua formalização separou novamente o campo dos significantes daquele do gozo; este, agora, passa a ser pensado na vertente real (e não mais imaginária, como no primeiro paradigma). Essa operação permitiu separar o lugar da verdade daquele do gozo (*a*). Sob essa perspectiva, o inconsciente segue sendo estruturado como linguagem, destacando-se, porém, o gozo — que tanto a linguagem quanto a cifra por ela imposta comportam. No discurso, se distinguem o efeito de significado e a produção de gozo; onde antes encontrávamos o significado (a verdade) do sujeito, encontramos agora também seu gozo (real). Lacan o nomeia *jouis-sens,* "gozo-sentido".

Até este ponto descrevemos as mudanças de perspectiva relativas ao inconsciente no ensino de Lacan, e acompanhamos as proposições de Miller no que concerne aos diferentes paradigmas do gozo ali encontrados.[54] Pode-se distinguir, em especial, a mudança radical de perspectiva produzida na década de 1970, quando a letra e o gozo passaram a ser a referência central de Lacan, em substituição à palavra e à verdade.

No seminário de 1991/ 1992, "A natureza dos semblantes", Miller nos mostra essa mudança observando a relação entre inconsciente e pensamento, afirmando que até os anos 1970 se podia considerar o inconsciente como "pensamentos"; depois disso, o inconsciente passa a ser percebido como trabalho: "(...) o inconsciente trabalha, não pensa, não calcula, não julga" (Miller, 1991[1992]/ 2002, p. 214).

Miller ressalta ainda uma característica do inconsciente que permaneceu até os anos 1970, a saber, a de ser "transindividual", o que em 1953/ 1954 significava "intersubjetivo". Ainda nessa década, Lacan abandona essa noção em favor da que promove o inconsciente como mensagem advinda do Outro da linguagem. Sob essa perspectiva, o inconsciente é linguagem, e

---

54 *Os seis paradigmas do gozo*, aos quais já nos referimos no Capítulo 2, "Corpo e Linguagem".

isso o distancia da pulsão freudiana (*trieb*). O pulsional passa a ser para Lacan o que deve ser traduzido pelo significante. Nas palavras de Miller:

> Lacan elege como ponto de partida em Freud a perspectiva do inconsciente contra a das pulsões, se me permitem, e pretende demonstrar que o registro pulsional está dominado pelo do inconsciente. Creio poder sustentar agora que todo o seu ensino no começo está animado pela tentativa de mostrar que a verdade domina o gozo, como o simbólico domina o imaginário. (Miller, 1991[1992]/ 2002, p. 218)

Nessa mesma época, Lacan propõe uma outra definição, na qual o inconsciente é a mensagem que o sujeito recebe invertida a partir do Outro. Segundo Miller, isso implica no fato de o sujeito rechaçar essa mensagem:

> Por isso Lacan pôde definir o inconsciente como a história do sujeito e, além disso, como o discurso do Outro. E chama de história justamente a sucessão de sentidos que foram uma verdade para o sujeito. Mas um sentido só é uma verdade quando se estabelece na relação com o Outro, conforme o que Lacan apresentou como o verdadeiro fundamento do descobrimento freudiano do inconsciente. Este fundamento afirma que o inconsciente é o discurso do Outro quando o sujeito recusa a mensagem. Nesse sentido, a análise consistiria em pôr novamente à sua disposição a parte da mensagem do Outro que, subtraída, produz as contradições, as faltas, a descontinuidade do discurso que sustenta em primeira pessoa. (Miller, 1991[1992]/ 2002, p. 219)

Desnecessário lembrar que essa definição coloca o gozo e o corpo estritamente na ordem imaginária. Isso equivale a dizer que, nessa época, o gozo que interessa à psicanálise é aquele que pode ser inscrito na ordem simbólica. Miller ainda nos lembra que a perspectiva do desejo, valorizada por Lacan, serve ao propósito de "(...) pulverizar o gozo e tomar a libido freudiana numa dialética" (Miller, 1991[1992]/ 2002, p. 221).

A mudança de perspectiva que se opera década de 1960 está ligada à substituição do foco da psicanálise: em vez de privilegiar a *verdade*, a ênfase passa a recair sobre o *gozo*. A doutrina da verdade subjacente à teoria do desejo inconsciente emergiu da primeira fenomenologia da experiência analítica, que consistia em "esperar do sujeito que se propõe à experiência que ponha em palavras o que lhe ocorre, lhe ocorreu e lhe ocorrerá, maneira em que ele pode contar seu futuro, seu porvir" (Miller, 1991[1992]/ 2002, p. 215).

A verdade nasceria da palavra, não de sua confrontação com a realidade. Seria algo extraído da realidade do discurso, e seu caráter ficcional não a tornaria menos válida, já que seu referente seria a lógica do discurso, não a realidade — o que se expressa pela formulação clássica já mencionada: o significante é o que representa o sujeito para outro significante, a verdade do sujeito estando vinculada àquilo que no discurso aparece como significado. Ao utilizar os significantes para recontar as situações vividas, o sujeito poderia reestruturar os acontecimentos, e, assim, reestruturar-se. Como esclarece Miller: "Por isso Lacan insiste, nesse momento, em que o inconsciente freudiano é 'história', o que significa exatamente que não é 'desenvolvimento' ou que é um desenvolvimento completamente historicizado, escandido pelas reorganizações de sentido" (Miller, 1991[1992]/ 2002, p. 217).

Em "Radiofonia", porém, já encontramos uma concepção do significante como produzindo um efeito de mortificação, e não de verdade. Miller lembra que a concepção do símbolo como o que mata a coisa esteve presente em Lacan desde o período do "Discurso de Roma", embora numa acepção inteiramente distinta da que utilizou após a década de 1970. Ali, a morte estava inserida no campo da verdade; a morte produzida pela significantização do gozo constituía o desejo e o infinitizava, porquanto o alijava de qualquer satisfação no plano do gozo.

Nos anos 1970, ao contrário, a construção dialética que localizava retroativamente a morte no limite do sentido deu lugar à mortificação significante como aquilo que separa corpo e carne, o significante negativizando o gozo da carne. Dessa operação se produzem os restos desse gozo. Como esclarece Miller:

> Nesse momento [Lacan] lê a sepultura de maneira completamente distinta: não como o que mostra na morte a mediação última do sentido, mas como recordatório para o sujeito do que foram os instrumentos de seu gozo. E evoca a enumeração do gozo que seguiria, assim, sob a forma de subconjunto em torno do sujeito. Então, o inconsciente em Lacan deixará de pensar, justamente porque irá trabalhar enumerando o gozo. (Miller, 1991[1992]/2002, pp. 224-225)

Miller acrescenta que assim se esclarece a importância conferida ao falo no ensino de Lacan no final dos anos 1960, uma vez que este serviu para presentificar essa negativização da carne. Se antes a carne deveria ser subjetivada pelo sujeito, nessa segunda perspectiva, mais do que somente a subjetivação, também seria exigido ao sujeito um sacrifício da carne, pois o falo seria a "libra de carne" que o sujeito pagaria à vida.

Em "R.S.I." (Lacan, 1974[1975])[55] e "Radiofonia" (Lacan, 1970/2003)[56] Lacan apresenta o inconsciente como contábil: a referência é o número, um significante; separado, porém, dos efeitos de sentido. "Por suposto, o inconsciente como contabilidade consiste em significantes, mas então só abordamos o significante pelo viés do Um que o sustenta. Não o abordamos por S1-S2, senão pelo significante desprovido de sentido, pelo

---

55 "(...) O inconsciente tem algo de contável nele? Não digo algo que possamos contar, pergunto se há um contábil no sentido do personagem que vocês conhecem, que garatuja cifras. Há contábil no inconsciente? É completamente evidente que sim. Cada inconsciente não é algo contável, é um contábil, um contábil que sabe fazer adições" (Lacan, 1974[1975]).
56 "Fazer o gozo passar para o inconsciente, isto é, para a contabilidade, é, de fato, um deslocamento danado" (Lacan, 1970/2003, p. 418).

número" (Miller, 1986[1987]/ 1998, p. 326). Sob essa perspectiva, o objeto *a* é o que resta de não cifrado do gozo.

Se, no primeiro ensino, o simbólico era a articulação dos significantes, em que S1 como insígnia interessava pelos sentidos a ele atribuídos retroativamente por S2, sob a perspectiva do sinthoma o simbólico é o S1 isolado, ou em enxame de S1s — o simbólico é S1, como letra que cifra o gozo. Assim sendo, se, no primeiro ensino o inconsciente tem sentido — um sentido sexual —, e esse sentido se escuta no transcurso da cadeia falada, sob a perspectiva do gozo o inconsciente não se presta à comunicação, mas ao próprio gozo. Aqui, o inconsciente se escreve a partir da letra. A letra é uma cifra, uma escrita mínima. Escrever, aqui, indica uma demarcação pela via do significante que, fora do sentido, permite circunscrever o real específico daquele falante (Miller, 1986[1987]/ 1998, p. 327). Nesse ponto, parece que ultrapassamos a dimensão ética, proposta no primeiro ensino, para adotar uma perspectiva que, não podendo ser definida como ôntica, pelo menos aponta para um singular absoluto de cada falante.

Segundo Miller, o problema da cifra aparece no percurso de Lacan quando a lógica do significante, com seus efeitos de sentido, não dá conta de um efeito de gozo da própria letra. Surge, assim, a questão: por que o inconsciente demanda ser decifrado? Freud responderia que a relação entre o que está recalcado e o que retorna no sintoma implica uma cifra. Lacan sustenta a mesma tese, acrescentando, porém, que o fato de a relação sexual não ser cifrável para o falante faz com que algo disso sempre retorne do real. A ausência de uma escrita sobre a relação sexual destina o falante à sintomatização.

Aqui, no entanto, a referência é o sintoma na psicose, porquanto, nela, "o significante tem efeitos de gozo a partir da letra" (Miller, 1986[1987]/ 1998, p. 279). A inexistência da relação sexual e a consequente necessidade do sintoma se sustentam na desarticulação prévia entre os registros simbólico, imaginário e real, o que torna qualquer enodamento uma suplência.

Então, considerar o que o inconsciente cifra ou escreve

supõe a tese de que o gozo está na cifra, na escrita. Desse modo, a interpretação será um processo de leitura. No Seminário 11, Lacan formula que o inconsciente é antes de tudo o que se lê, e, portanto, o que se escreve. Tal formulação difere muito de uma outra, segundo a qual o inconsciente fala, concepção subjacente à de sintoma como mensagem. Essa concepção é compatível com a de Freud, especialmente em seus textos sobre a pulsão e sobre o inconsciente, nos quais este é essencialmente uma estrutura gramatical — gramática que se revela na linguagem pela escrita e não pela palavra (Miller, 1986[1987]/ 1998, p. 281).

Em 1975, no Seminário 23, "O sinthoma", Lacan demonstra que é em torno do furo, relativo à ausência de inscrição da relação entre os sexos para os falantes, que ocorrerão os pensamentos — que rateiam, justamente, porque para os seres habitados pela linguagem essa relação não está escrita, ordenada. O sinthoma, então, virá dar uma resposta a essa ausência real, conforme descrevemos no capítulo anterior. A partir do Seminário 20, orientado pelos restos de linguagem fora do sentido que marcam o corpo e a história do falante, Lacan passa a se perguntar se o inconsciente seria da ordem do imaginário ou do real.

Acompanhemos a seguir o tratamento dado por Miller a essa questão, em sua análise do sinthoma como "peça avulsa".

Inconsciente "peça avulsa"

Segundo Miller, ao final do Seminário 20 Lacan tenta responder à seguinte pergunta: de que modo se passa de uma estrutura como um compósito de elementos avulsos — elementos tornados avulsos pela relação com o significante — para uma estrutura sistematizada? Até certo ponto, os elementos sempre conservam algo de "peças avulsas" — é sob essa perspectiva que Lacan questiona sua concepção de "inconsciente estruturado como uma linguagem". Sem abrir mão dela, supõe o elemento prévio à sua organização, "lalíngua" — conjunto de elementos prévios dos quais a linguagem vem a ser apenas uma "elucubração de saber".

O inconsciente enquanto algo que se decifra é estrutura-do como uma linguagem, mas com a concepção de que a linguagem é uma organização secundária; dependente do sinthoma enquanto prévio, o inconsciente não pode ser pensado como um dado, quiçá como uma "construção", no sentido freudiano.

Partindo dessa distinção, Miller ressalta que enquanto a linguagem se presta à comunicação, lalíngua se presta ao gozo. Assim, pensar o inconsciente como linguagem é pensá-lo no plano da comunicação do sujeito com o Outro, uma comunicação cifrada que demanda decifração. Em contrapartida, visto sob a perspectiva do sinthoma não se trata de interpretação, mas de cifragem, de localização ou de redução de gozo.

No Seminário 23, valendo-se da obra de Joyce — sobretudo de seu livro *Finnegans Wake*, obra claramente avessa à compreensão linear do sentido —, Lacan parece ir além da decifração. Interessante notar que ele não faz uma interpretação da obra de Joyce, que apenas lhe serve de instrumento para demonstrar uma construção sintomática que utiliza a linguagem sem intenção comunicativa: Lacan destaca o gozo que anima Joyce a escrever. Na pista de Joyce, Lacan descobre como, além da comunicação, além do que pode ser decifrado, há o próprio gozo com a língua, que, no caso de Joyce, serve à construção de seu nome próprio (construção de seu eu). Lacan constata em Joyce que, embora os registros estejam articulados borromeanamente — capazes, portanto, de dar sustentação ao sujeito —, é necessário um quarto elo, o sinthoma, para corrigir os erros do nó.

Como dissemos no capítulo anterior, sob essa perspectiva o que dá consistência ao falante é o corpo, o imaginário. Por isso Lacan se questionou se o inconsciente seria imaginário ou real, pergunta refletida na conferência de Miller com a qual abrimos o presente capítulo. Em última instância, a pergunta é a seguinte: se, em psicanálise, tratamos do sinthoma, anterior à organização da linguagem, e se o que dá consistência ao falante é o imaginário, de que natureza é o inconsciente? Seria ele corporal?

Cremos que a resposta de Miller vem sob a forma de pergunta:

> Uma vez que construímos o inconsciente como um sistema, não se trataria simplesmente de uma consistência imaginária, elucubrada, que deveria ser referida essencialmente a seu furo, mais do que nos fascinarmos com o que se responde de um significante a um outro? (Miller, 2005, p. 23)

Ao distinguir o sinthoma, a operação analítica faz aparecer esse pedaço de real que torna "fútil" toda a história do sujeito, como observa Miller, seguindo Lacan. É nesse sentido que Joyce era desabonado do inconsciente, da mesma forma que todo sinthoma reduzido a seu osso.

Segundo Miller, a teoria de Freud também comportava um real, porém um real energético, uma força constante, sempre a mesma, subjacente ao sintoma e traduzível em termos de saber. Para Freud, o real seria articulável em linguagem, sua estruturação se faria pela via da suposição de saber e do Nome-do-Pai. Com o sinthoma, Lacan descobre um real que dispensa o Nome-do-Pai, com a condição de que seja possível servir-se dele. Nos termos de Miller:

> A psicanálise, pelo menos a que Lacan praticava, prova que se pode dispensá-lo, na medida em que ele chega a uma redução ao que não tem sentido, ao que não se liga a nada. Entretanto, servimo-nos do Nome-do-Pai na psicanálise, ou seja, passa-se pela decifração, passa-se pelos efeitos de verdade, mas eles estão ordenados de acordo com um real que não tem ordem. (Miller, 2005, p. 26)

As falhas do pensamento ligadas ao sexo são esse ponto de "debilidade mental", ponto no qual o pensamento rateia, e que Lacan, em seu último ensino, liga ao inconsciente. Esse ponto de rateio do pensamento ligado ao corpo é o que faz objeção ao inconsciente como sentido do sujeito. Nas palavras de Miller:

> Na perspectiva do sinthoma, o corpo é o que faz objeção ao sujeito. O sujeito do significante, o S barrado representado por um significante para um outro significante, é ele que se reduz a ser apenas um mito na perspectiva do sinthoma. (Miller, 2005a, p. 11)

Com essa afirmação, compreendemos que o limite do inconsciente é o sinthoma — o que rateia e se repete do amálgama lalíngua/ corpo. Nesse sentido, o inconsciente é e não é corpo; é corpo no seu limite, mas é linguageiro no seu funcionamento.

Inconsciente "parlêtre"

O conceito de *letra* que Lacan apresenta já em 1957, em "A instância da letra ou a razão desde Freud" (Lacan, 1957/ 1998a), serviu para que se pensasse a materialidade do significante; no avanço de seu ensino, vem a ser justamente a marca do litoral entre a carne e a língua materna, que faz corpo. Laurent sintetiza bem o caráter da *letra* ao final do ensino de Lacan: "A letra rompe os usos estandardizados do significante na língua comum. Ela mostra como a língua privada [lalíngua] se enlaça em torno das bordas e dos furos deste corpo. Dele, ela se torna instrumento de gozo" (Laurent, 2010, p. 19).

É por essa razão que o enigmático se desloca do campo do saber como inconsciente para o campo do gozo de lalíngua, levando Lacan a se autorizar, na conferência "Joyce, o Sintoma" a propor que o "*falasser*", ou "*parlêtre*", é o novo modo de se nomear o inconsciente (Lacan, 1975/ 2003, p. 561).

Miller vai mais longe: afirma que analisar o *falasser* não é o mesmo que analisar o inconsciente no sentido de Freud, nem mesmo o inconsciente estruturado como linguagem. E conclui:

"Façamos a aposta que analisar o *falasser* é o que já fazemos, resta-nos saber dizê-lo" (Miller, 2014[2016]).

Como observa Miller, seguindo os passos de Lacan no Seminário 20, sendo a linguagem uma "elucubração de saber sobre lalíngua" (Lacan, 1972[1973]/ 1985, p. 190), e esta, por sua vez, o que marca o corpo falante, disso decorre que o inconsciente passa a ser uma elucubração sobre o corpo falante, sobre o *falasser* (Miller, 2014[2016]).

Mas se toda elucubração se revelou semblante no final do século XX, Lacan vem apontar algo que está fora do semblante dos discursos: por um lado, um real que marca o laço social (a inexistência da relação sexual); por outro, a iteração da letra de gozo, que é a marca da deriva do inconsciente feito "tolo" desse real, e que Miller vem chamando "o gozo do corpo falante" (Miller, 2014[2016]).

A introdução do conceito de sinthoma, com sua grafia antiga e a introdução de uma letra "h" — letra que inicia a palavra "homem" ou "humano" — nos fala dessa passagem do sintoma como mensagem — saber velado do inconsciente — para o sinthoma como acontecimento de corpo, onde um gozo insiste, fora da sua captura pela fantasia.

Trata-se de um gozo fora do sentido. Mas um gozo que faz corpo.

Capítulo 5
Diagnóstico Diferencial: fenômenos de corpo e classificação

Os novos sintomas e sua classificação

Neurose ou psicose? Há quase uma década, reabriu-se a discussão acerca da classificação e do diagnóstico psicanalítico, no Campo Freudiano. De certo modo, essa nunca foi uma questão fechada na psicanálise, nem nessa, nem nas outras associações e escolas psicanalíticas, possivelmente pela relação estreita que a nosografia psicanalítica mantém, desde sua origem, com a classificação psiquiátrica clássica, o que tem exigido constantes esforços de distinção por parte dos psicanalistas.

No Conciliábulo de Angers, em 1996, as questões essenciais que parecem ter motivado o trabalho sistemático de revisão dos princípios e instrumentos de diagnóstico incidiam sobre dois aspectos: por um lado, uma política de ampliação da ação psicanalítica na cultura; por outro, uma casuística cuja fenomenologia parecia escapar, confundir-se, tornar-se incipiente, no que concerne aos elementos paradigmáticos de uma clínica estrutural.

A tentativa de Jacques-Alain Miller, bem como dos que seguem sua orientação, foi e continua sendo a de extrair consequências teóricas das indicações de Lacan em seus últimos seminários, visando uma abordagem clínica adequada aos casos de difícil classificação, assim como a ampliação do espectro social onde o psicanalista pode oferecer sua escuta e intervenção.

Não nos parece fortuito o fato de o Campo Freudiano ter se debruçado sobre o terço final da obra lacaniana, justamente ao final da década de 1990, e que a porta de entrada dessa pesquisa tenha sido a clínica das psicoses. Consideramos que esse caminho deve ser balizado pela delicadeza, uma vez que pode facilmente nos conduzir a vias equivocadas. Adianto um possível equívoco: concluir precipitadamente que a inexistência do Outro, a inconsistência sob a qual se apresentam os semblantes do Outro contemporâneo, com o consequente empuxo ao gozo, seria, por si, psicotizante. A constatação do estado atual da civilização não permite a dedução direta de que as respostas subjetivas dela decorrentes sejam mais psicóticas do que em outros períodos históricos.

A estrutura subjetiva se estabelece num ponto intrincado e específico da localização do sujeito no seio da família como representante da cultura: o sujeito se localiza entre o desejo da mãe e a interdição paterna que, simultaneamente, nomeia sua posição fálica, portanto, num ponto muito preciso de sua história particular. Todavia, diante dos fatores culturais que descrevemos no Capítulo 1, o papel da metáfora paterna na constituição subjetiva parece bastante enfraquecido nos sintomas contemporâneos. Constata-se um aumento do que, no Campo freudiano, foi nomeado como "psicoses ordinárias", estruturas cuja fragilidade simbólica e forte adesão ao mais-de-gozar fazem pensar em psicoses não desencadeadas, além de neuroses submersas no imperativo contemporâneo de gozo, obscurecendo a face de desejo inconsciente do sintoma.

Hoje, a dificuldade de classificação se refere não só à existência de psicoses sem desencadeamento, diferentes das grandes psicoses (esquizofrenia, paranoia e melancolia), mas também ao modo como as neuroses se estruturam. É comum encontrarmos na clínica neuroses cujo sintoma se encontra encoberto pela predominância de astenias, depressões, inibições ou compulsões, ou seja, modos de gozo estimulados pelo Outro da cultura contemporânea que encobrem a singularidade da resposta do sujeito ao mal-estar que o acossa.

Em seu artigo "Uma nova questão preliminar: o exemplo da toxicomania", Viganò afirma que os novos sintomas se caracterizam pela "dificuldade de se encontrar o lugar do sujeito que resta totalmente dissimulado atrás da definição social, por um lado, e, por outro, uma organização do gozo que se desenvolve inteiramente no campo do Outro, orientada pela instância obscena do Supereu (Viganò, jun. 2001, p. 57).[57]

Uma das características mais acentuadas desses quadros é a implicação do corpo nos sintomas. As bulimias e anorexias, as toxicomanias e algumas depressões, bem como o pânico, são trazidos à cena analítica em função de um corpo que essencialmente localiza o mais-de-gozar (o mal-estar).

Num estudo realizado em 1997 sobre cinco casos que apresentavam afecções no corpo e que poderiam ser consideradas conversões, Jean-Pierre Deffieux mostrou que a tentativa de classificá-los como histerias era incorreta, uma vez que a função cumprida pela parte afetada do corpo os aproximava muito mais da paranoia. O corpo, nesses casos, tomava o valor de Outro para esses sujeitos. Em suas palavras:

> Toda sua relação com o mundo e com sua organização estava subordinada a essa ligação que havia se tornado simultaneamente seu tormento e seu apoio essencial. Constatou-se, ao mesmo tempo, que essa parte do corpo se lhes tornava estrangeira, eles consideravam que ela não lhes pertencia, como funcionando de modo autônomo, e se queixavam de não ter nenhuma posse sobre ela. (Deffieux, 1998, p. 30)

O ponto fundamental, porém, foi a constatação de que a ligação de alguns desses sujeitos com seus pais não poderia ser confundida com a ligação amorosa entre a histérica e seu pai. Nos casos pesquisados, essa ligação era predominantemente

---

57 Tradução da autora.

imaginária e real: o pai ou era tomado como outro especular, ou como encarnação absoluta da lei, ambas as formas sendo típicas da psicose (Deffieux, 1998, p. 30).

Podemos também tomar como exemplo os casos de dores físicas, especialmente nas costas, tão frequentes nas depressões. Esses fenômenos de dor apresentam uma dificuldade especial para o diagnóstico; como lembra Geneviève Morel, uma alucinação visual ou auditiva é mais facilmente verificável do que uma dor em qualquer parte do corpo. Se, por um lado, as ações diretas sobre o corpo perpetradas pelos esquizofrênicos (toda sorte de ablação, cortes etc.) parecem evidenciar a tentativa de localização de um órgão com valor equivalente ao do falo, nos casos de neurose as dores parecem mais ligadas à paranoia, isto é, parecem constituir uma forma de delírio — a dor implica mais do que apenas uma localização libidinal, quase sempre organiza uma ficção acerca do gozo do Outro (Morel, 1999, pp. 238-240). Mas como associar a paranoia à neurose?

Destaco esses estudos porque refletem as dificuldades em que se encontravam os analistas de orientação lacaniana na época de sua produção (década de 1990), no que concerne à classificação de determinados quadros que envolviam afecções corporais e escapavam à classificação estrutural. Conforme desenvolveremos mais adiante, as Conversações de Angers, Arcachon e Antibes visavam buscar respostas para essas questões.

Mas por que a teoria psicanalítica das psicoses é a via régia para a compreensão da clínica contemporânea, especialmente a clínica dos novos sintomas? Em outras palavras, em que os fundamentos nos quais se assenta a teoria das neuroses a tornam insuficiente para dar conta dos chamados "novos sintomas"?

Tentemos responder a esta questão partindo do movimento teórico para o clínico. Lembremos, inicialmente, que no final de sua obra Lacan passou da teoria do sintoma para a teoria do sinthoma, já como efeito de uma outra retificação teórica, a "pluralização dos Nomes-do-Pai". A concepção de que não haveria Outro do Outro, isto é, que a referência do sujeito ao Outro da linguagem estaria ancorada na contingência, levou Lacan a conceber o sinthoma como o modo singular de tratamento do real, uma vez que o tratamento simbólico se encontrava em vias de dissolução pelos próprios movimentos sociais.

Ainda nesse contexto, Lacan sublinha a passagem da concepção da extração do objeto como operação de constituição do desejo para a concepção do objeto como mais-de-gozar, ressaltando assim o seu valor na economia de gozo (e não na do desejo). No plano do desejo, o objeto serve à "realização", a satisfação é lançada ao infinito pela operação de separação entre desejo e demanda promovida pelo significante. Já no plano do gozo, o objeto visa à "satisfação" e, de certo modo, também à eliminação da divisão demanda/ desejo, o que exclui, portanto, o inconsciente. Além disso, a teorização de Lacan sobre o sinthoma realçou a função que ele exercia na localização do gozo e na articulação entre os registros imaginário, simbólico e real. Sob essa perspectiva é possível compreender os "novos sintomas" como tentativas de construção sinthomática.

Cabe ressaltar que o trabalho resultante dos encontros de Angers, Arcachon e Antibes, que examinaremos adiante, aponta para uma orientação de Jacques-Alain Miller no sentido de que a sintomatologia contemporânea é ordinariamente psicótica: nos dias de hoje, frequentemente encontramos "a psicose compensada, a psicose suplementada, a psicose não desencadeada, a psicose medicada, a psicose em terapia, a psicose em análise, a psicose em evolução, a psicose sintomatizada" (Miller, 1999, p. 228). As neuroses, porém, não estão eliminadas. Apresentam-se, como já mencionamos, encobertas pelo aparente predomínio do gozo em detrimento do sintoma. De modo ainda breve e esquemático, diríamos que são neuroses nas quais o recalque está presente, mas seus efeitos só são perceptíveis após certo trabalho de análise.

Esses sujeitos estão referidos ao Nome-do-Pai, mas a referência se mostra fraca ou pouco operativa frente ao empuxo ao gozo promovido pela cultura. Nesses casos, como sugere Coelho dos Santos (2006c, pp.10-12), parece haver uma dificuldade em servir-se do Nome-do-Pai para fazer face à castração, e o gozo oferecido pela cultura vem então como um sintoma *prêt-à-porter*.

Essa compreensão dos novos sintomas vem na esteira do que J-A. Miller formulou em seu seminário "O Outro que não existe e seus comitês de Ética" como o Outro contemporâneo, isto é, o objeto mais-de-gozar adquirindo prevalência sobre os Ideais, o que se expressa na fórmula I < a (Miller & Laurent, 1996[1997]/ 2005, pp. 81-82).

Em seu artigo "O sintoma enquanto contemporâneo" Romildo do Rêgo Barros (2005) explicita o peso da transitoriedade destes tempos em que vivemos e que nomeamos como "contemporaneidade", quando as referências e os ideais culturais não armam mais o sujeito para enfrentar o futuro. O estabelecimento de um ideal comporta a ideia de futuro; o ideal é algo não realizado que orienta a relação do sujeito com o tempo. Rêgo Barros lembra que a psicanálise surge na modernidade como uma teoria de manejo do tempo; o tempo inventado por Freud — o futuro anterior — permitiu aos sujeitos recuperarem, na interpretação (e portanto, não na experiência da realidade, mas na experiência analítica), sua história subjetiva fixada no trauma. Rêgo Barros descreve:

> Fixando o trauma como o passado real e também, num certo sentido, como a fundação do sujeito, Freud inventa um trabalho clínico de retroação — que consiste, em poucas palavras, em articular o gozo do sintoma com a ficção histórica do fantasma —, a partir da qual um futuro é pensável. Do presente opaco do sintoma, portanto, passa-se a uma temporalidade propriamente histórica, com passado e futuro, o que permite ao sujeito se representar no fluxo do tempo. O futuro anterior é o tempo verbal que permite que uma reconsideração do passado possa servir à construção do futuro. (Rêgo Barros, 2005, p. 22)

Baseado numa periodização da história moderna e contemporânea proposta por François Hartog, Barros nos indica que a atualidade é marcada por um "presente onipresente". Hartog, em rápidas pinceladas, afirma que até a Revolução Francesa a noção de tempo dominante era a do passado; na modernidade, instala-se a visada do futuro; nas últimas duas décadas, porém, teria ocorrido uma substituição do papel da história por um certo "presentismo" (Hartog *apud* Rêgo Barros, 2005, pp. 27-28).

Nessa perspectiva, os sintomas contemporâneos não comportam a história subjetiva. Disso decorre a necessidade de um trabalho suplementar por parte do analista, um trabalho prévio, no sentido de possibilitar a emergência de um sujeito que, se servindo do tempo analítico, venha a historicizar seu sintoma, o que lhe permitirá construir uma perspectiva de futuro sob sua orientação.

Os novos sintomas não podem ser reduzidos ao esquema clássico do retorno metafórico do recalcado que divide o sujeito, definindo-se mais por um defeito na constituição narcísica e por práticas de gozo que excluem o inconsciente. Além disso, são práticas que se organizam fora do sexo. Como afirma Recalcati, "(...) parecem excluir a existência mesma do inconsciente, no sentido de que esse gozo não se insere no intercâmbio com o Outro sexo, senão que se configura como um gozo assexuado, produto da técnica e da química, fácil de conseguir no mercado social e vinculado a uma prática pulsional determinada" (Recalcati, 2003, p. 11).[58]

Trata-se de um gozo desvinculado do fantasma inconsciente e do Outro sexo, e, portanto, de um gozo autista. Tais casos evidenciam como o sintoma construído fora do registro edípico — do qual se extrai a significação fálica do sujeito através da metáfora paterna — é uma solução para o defeito narcísico fundamental do sujeito. O sintoma como solução institui o sujeito — que não existe — em seu ser, fundamentalmente, em seu ego.

É importante observar que quando falamos em "novos

---

58 A tradução desta citação, bem como de todas as outras desse livro, são da autora.

sintomas" não estamos propondo uma nova estrutura, nem mesmo uma nova categoria nosológica. Ainda que possamos deduzir a predominância de certas práticas de gozo distintas em cada um deles, isto não os torna idênticos, nem cria classes específicas em função desses gozos. Nosso eixo de orientação é a relação do sujeito com o inconsciente (simbólico) e com seu próprio gozo (real). Nesse sentido, nossa referência é ainda a distinção estrutural entre neuroses, psicoses e perversões. Todavia, a perspectiva da ênfase no sinthoma nos permite abordar esses casos nos quais o gozo é predominante no quadro, desvinculado, porém, da relação com o inconsciente. Trata-se da clínica do real.

Como vimos no Capítulo 3, no seminário "O sinthoma" Lacan mostra que o paradigma da clínica do real é a psicose, por se tratar da estrutura na qual a amarração entre os registros só é feita em suplência à foraclusão do Nome-do-Pai. Sob a perspectiva do sinthoma, o complexo edipiano é uma das formas de suplência possíveis para o falante. Os registros são originariamente independentes, de sorte que qualquer enodamento entre eles não é um dado original (como se pensou na primeira clínica de Lacan, com a prevalência do simbólico na articulação entre os registros), mas suplementar.

Tomando a toxicomania como exemplo desses sintomas atuais, Carlo Viganò apresenta uma interessante leitura dos novos sintomas como "soluções" e não como "sintomas" (Viganò, jun. 2001, p. 62), analisando-a em diferentes momentos da obra de Lacan e apresentando seis referências dos *Escritos*, em que se destacam duas perspectivas diversas de abordagem do problema. Num período que vai até 1960, Lacan vê o uso da droga como tentativa de retorno a uma suposta harmonia primária, tentativa de unir o *ego* e o *ser*, uma divisão que vem na esteira da concepção freudiana de narcisismo primário e suas consequências para a subjetivação. Nessa concepção, a solução do toxicômano é ainda uma resposta do sujeito à experiência do inconsciente. A droga seria, assim, uma tentativa de anular a divisão do sujeito, que, entre alienação e separação, permaneceria alienado ao significante paterno, sem a extração do objeto (Viganò, jun. 2001, pp. 59-60).

Após 1960, com a separação entre o gozo fálico e o gozo do Outro, parece haver um apagamento da relação entre a diferença sexual e a castração. Para Viganò, a solução do toxicômano parece ser então a de substituir a diferença entre os sexos pela indiferença do consumidor. Tais soluções passam ao largo da solução fálica. Nas palavras do autor:

> (...) esta redução 'capitalista' dos gozos advém ao preço de uma ruptura com a função fálica e portanto, ao mesmo tempo, da possibilidade de resistir ao Outro sexo, como gozo que ex-siste no lugar de S($\mathbb{A}$). Sem uma identificação que permita ao sujeito confrontar-se com o real do outro sexo, toda recuperação do originário resta sujeitada ao fluxo e refluxo das identificações do tipo "*new age*". (Viganò, jun. 2001, p. 61)

Aquilo que Viganò chama de uma "solução" na toxicomania (e que serve igualmente à anorexia, à bulimia e outros sintomas atuais) é a utilização de práticas que, de acordo com o autor,

> (...) liberam o sujeito dos constrangimentos impostos pela função fálica (...) não nos aparecem como uma estrutura do sujeito, mas, sobretudo, como um modo de estar na estrutura sem escolher — nem a favor nem contra — o que é da representação significante do sujeito.
>
> Ele encontra, ao contrário, numa letra, num significante isolado e portador de gozo, a marca de identidade enquanto alternativa à articulação entre o desejo e a pulsão como demanda do Outro. A toxicomania é uma letra que, num dado momento da história do sujeito, vem inscrever-se no seu corpo, sem por isso chegar a dividi-lo. Esta letra marca o objeto que não pode aceder à montagem pulsional completa, e que, como consequência, não o separa do Outro e nem se torna causa de desejo. (Viganò, jun. 2001, p. 64)

Viganò sublinha que essas identificações ao sabor da cultura exigem que o analista faça o fenômeno passar para a estrutura. A droga não é um objeto que constitui o tecido do sujeito, e, portanto, não está referida à castração, mas sim ao mais-de-gozar imposto pela contemporaneidade.

O ponto que nos interessa destacar é que, no caso dos novos sintomas, sem um trabalho analítico prévio dificilmente podemos concluir se se trata de uma suplência à falta da metáfora paterna que amarraria os registros, ou, ao contrário, de um modo de dirigir a demanda ao Outro, sendo, portanto, uma neurose.

Sobre a clínica dos novos sintomas

Até mesmo numa análise superficial das publicações psicanalíticas, de qualquer orientação, podemos observar uma inquietação a propósito de como analisar as relações entre os falantes e seus corpos na atualidade.[59] Em ambos pode-se observar a busca urgente por chaves de leitura que situem, adequada e eficazmente, a posição do analista frente a esses sintomas corporais tão sintônicos com as exigências culturais, uma vez que o próprio sujeito parece não entrar em questão.

Não podemos considerar sem retoques a afirmação segundo a qual o sintoma do qual o paciente se queixa, em uma análise, é sua fonte de sofrimento. Um dos principais achados de Freud foi a dupla função do sintoma, especialmente o sintoma neurótico: se, em sua vertente consciente, o sintoma é causa de sofrimento, no plano do inconsciente ele é fonte de satisfação. Como formação de compromisso, o sintoma produz distorções nas moções pulsionais inaceitáveis, tornando-as aceitáveis para a consciência, operação que permite a satisfação de tais impul-

---

59 Apenas a título de exemplo, cito aqui três trabalhos de autores de fora do Campo freudiano, cujas produções refletem essa preocupação: "Autoerotismo: um vazio ativo na clínica contemporânea" de Eliana Schueler Reis (2003); "Sandor Ferenczi et la clinique des cas dits 'difíceis'", de Thierry Bokanowski (2011); e "Narcisse face au regard de l'autre. Le regard de l'autre, um miroir pour Narcisse" de Colette Chiland (2014).

sos, ainda que de modo indireto. Assim, a queixa do sujeito se vincula somente a um dos aspectos de seu sintoma; ele quer alívio para o sofrimento que este acarreta, sem, no entanto, abrir mão do gozo a ele vinculado.

Seguindo Freud, especialmente após a leitura que Lacan realiza de sua obra, observamos que a estrutura do sintoma é detectável por algumas operações fundamentais: o recalque na neurose, a renegação na perversão e a foraclusão na psicose, todas elas operações referidas ao Nome-do-Pai, formalização lacaniana do índice de identificação do sujeito com um significante paterno e da interdição da face incestuosa do desejo.

Afinal, a que se deveria a ampla variação fenomênica que a clínica nos mostra? Sem dúvida, a história pessoal de cada sujeito oferece os elementos específicos da formação do sintoma; mas a cultura também oferece modelos de identificação. Assim, nos parece importante verificar em que medida os elementos que entram em jogo no estabelecimento da estrutura podem passar ao largo do cenário de laços primitivos do sujeito. Até o momento, tendemos a privilegiar o cenário familiar como o estádio onde é jogada a partida que define a estrutura subjetiva: toda a teoria edipiana da constituição do sujeito se apoia nos laços familiares.

Ainda que Lacan tenha ressaltado o valor de mito do complexo edipiano a fim de fazer sobressair o que esse mito recobre, isto é, o complexo de castração; e mesmo considerando que o importante no que se refere à castração é a estrutura simbólica triangular, mais ou menos independente dos conteúdos culturais com os quais ela se reveste (Rinaldi, 1996, p. 26), verificamos clinicamente que esses conteúdos estão invariavelmente referidos à relação do indivíduo com seus pais e irmãos (ou seus substitutos).

Todavia, cabe-nos ressaltar a maior porosidade da família ocidental contemporânea às tendências vigentes na cultura. Não resta dúvida de que o âmbito familiar é hoje mais extensamente invadido pelo público do que no início da modernidade, o que exige das figuras de autoridade um trabalho muito maior na proteção e transmissão de seus ideais privados. Os ditos "indivíduos" localizam-se num universo muito mais amplo do que o da família nuclear, e mesmo a extensa, mas, apesar disso, a subjetividade parece não poder prescindir da família e da diferença corporal.

Em nossa experiência clínica, de todo modo, constatamos que a maneira como o sujeito pôde (ou não) subjetivar a interdição paterna ao gozo materno é o que lhe permite encontrar um lugar próprio no desejo do Outro. Se as famílias estão mais fragilizadas frente aos imperativos sociais de gozo, e mais impotentes na imposição de barreiras a esses imperativos, o que se verifica é uma maior dificuldade para se transmitir às crianças uma "relação confiável com o gozo" (Laurent, 2007, p. 45).

Parece razoável supor que esse quadro responda por uma maior incidência, tanto das psicoses não desencadeadas — definidas no Campo Freudiano como "psicoses ordinárias" —, quanto dos quadros neuróticos cuja estrutura é obnubilada pela insistência de um modo de gozo que produz mal-estar, mas sem produzir enigma. Se considerarmos os excessos de investimento no corpo próprio fora do registro da imagem fálica, modo especial pelo qual o neurótico se serve de seu corpo, e se os tomarmos na vertente das psicoses ordinárias, veremos que a cultura favorece a constituição de suplências a organizações subjetivas fragilmente ancoradas no simbólico, suplências especialmente feitas pela via da construção do ego através do corpo.

Em um conjunto de conferências sobre o ensino de Lacan, proferidas em 2003 na UFRJ e na EBP, Serge Cottet destacou a passagem do sintoma, compreendido como simbólico e efeito da significação fálica, para a concepção de sinthoma como real. Aqui a primazia não é tanto para o corte entre significante e significado, mas sim para a relação entre o significante e o gozo (real). A clínica do real aponta para um ponto além da decifração do inconsciente, referindo-se à relação entre significante e gozo como prévia a toda organização discursiva.

Cottet, que na referida ocasião enfatizou a importância do texto lacaniano "A direção do tratamento e os princípios de seu poder", afirmou que "o último ensino inspira uma direção do tratamento mais articulada com aquilo que, na sintomatologia moderna, é ilustrado por todas as manifestações de mais-de-gozar" (Cottet, 2003/ 2005, p. 21). Tal sintomatologia seria marcada pelo excesso, e não pela falta, como se concebia até a década de 1970.

Até então, a clínica psicanalítica era essencialmente a clínica do recalque. Na última clínica de Lacan, porém, a ênfase está no indecifrável do gozo e seus efeitos na economia subjetiva. Segundo Cottet, essa passagem implica em ir além da decifração do sintoma, na direção da cifração do gozo, concepção que se apoia naquilo que Freud apresentou sob a rubrica "reação terapêutica negativa", dos " restos sintomáticos" e da "compulsão à repetição", na qual já se revelava um núcleo real do sintoma não passível de ser tratado pelo sentido.

Apoiado, por sua vez, numa indicação de Cottet, Massimo Recalcati (2003) afirma que essa clínica é, essencialmente, uma "clínica do vazio", utilizando tal designação para marcar a diferença entre a clínica dos novos sintomas e a "clínica da falta" — que se define pelo recalque do desejo e o retorno do recalcado nas formações do inconsciente, e na qual o objeto que falta ao sujeito é simultaneamente o que vincula sua falta à falta do Outro. Nesta clínica, a falta é essencialmente *falta-a-ser*; trata-se de um vazio, mas de um vazio que, por ser referido ao Outro, pode ser preenchido pela via significante. Em contrapartida, na "clínica do vazio" o fundamento do sintoma é que o vazio do sujeito aparece como inominável. Nas palavras de Recalcati:

> Não é a satisfação clandestina do desejo inconsciente, como mensagem cifrada e lugar inconsciente de gozo, mas sim a experiência de um vazio que aparece dissociado da falta, de um vazio que já não é manifestação da falta-a-ser, mas expressão de uma dispersão do sujeito, de uma inconsistência radical do mesmo, de uma percepção constante de inexistência que suscita uma angústia sem nome. (Recalcati, 2003, p. 13)

Note-se que essa proposição não é discordante da formulada por Cottet, segundo a qual os novos sintomas se caracterizam por "excessos", porquanto o excesso de gozo expressa justamente o vazio de significante.

Como modo singular de amarração entre os registros simbólico, imaginário e real, a teoria do sinthoma nos permite abordar esses casos, quer sob a ótica da prevalência do gozo e sua ordenação, quer sob a ótica da singularidade com que cada falante localiza (ou não, como na psicose) esse gozo no corpo. No seminário "O sinthoma", Lacan nos mostra que a psicose é o paradigma da clínica do real, uma estrutura em que a amarração entre os registros só é feita como suplência à foraclusão do Nome-do-Pai.

Vista sob a perspectiva do sinthoma, a metáfora paterna é uma das formas de suplência possíveis para o falante. Diante da concepção do real sem lei (que equivale à independência dos registros), a foraclusão é generalizada, e, portanto, todo sintoma é suplência (Lacan, 1975[1976]/ 2007). Isso não significa dizer que o Nome-do-Pai perdeu sua função, ao contrário. Nos dois primeiros ensinos de Lacan, a ênfase estava no fato de o simbólico ser anterior ao sujeito, e com isso o Nome-do-Pai seria a garantia de que o sintoma era civilizatório, especialmente em função do recalcamento do gozo absoluto. Já no último ensino, a não prevalência de nenhum dos registros sobre os demais deixa entrever que regulação da pulsão e do gozo fica muito mais permeável às influências da cultura. Quando o real é sem lei, o ordenamento do gozo será sempre em suplência.

A hipótese de psicose ordinária, ou psicoses não desencadeadas, parece bastante útil no diagnóstico desses sintomas, visto que muito frequentemente, embora não tenhamos o desencadeamento — índice clássico da psicose —, o funcionamento do sujeito é psicótico. Como afirma Recalcati:

> (...) estas novas organizações de gozo, como são em particular a anorexia-bulimia e a toxicomania, se concretizam, precisamente, como modalidades subjetivas de fechamento e

de compensação da psicose, modalidades através das quais o sujeito se distancia da possibilidade de desencadeamento; ou, como afirma Lacan, e que seria a mesma coisa, se mantém do lado de fora do buraco da psicose, na borda da psicose, mas sem cair nela. (Recalcati, 2003, p. 186)

No entanto, como destaca Viganò (jun. 2001), a definição de psicose ordinária precisa ser desenvolvida, a fim de que se possa distinguir os efeitos da foraclusão do Nome-do-Pai — seja nas psicoses ordinárias, seja nas psicoses extraordinárias, pois, nestas últimas podemos rastrear o trabalho do sujeito na tentativa de suturar os efeitos da falta simbólica, ao passo que nas primeiras esse trabalho parece não se verificar. Nesses casos, a dificuldade no diagnóstico estaria ligada à "dificuldade de encontrar o lugar do sujeito", como mencionamos anteriormente (Viganò, jun. 2001, p. 57).

A ideia de "solução" parece prestar-se a elucidar a organização dos novos sintomas, visto que, como já dissemos, tais "sintomas" não são tentativas de formulação de uma resposta simbólica à falta subjetiva, a partir da referência ao Outro simbólico. Não são, tampouco, formações de compromisso, como os nomearia Freud, conciliando forças pulsionais recalcadas e a respectiva defesa contra elas. Trata-se, ao contrário, de soluções, que efetuam um curto-circuito relativo à castração e à dívida simbólica.

Fundamentos da clínica das psicoses

A foraclusão do Nome-do-Pai e o desencadeamento

Passemos agora à análise de alguns fundamentos da teoria da clínica da psicose.

Em seu escrito "De uma questão preliminar a todo tratamento possível da psicose", Lacan descreve os elementos necessários à verificação clínica das psicoses; e vai mais longe, incitando o clínico a procurar "no início da psicose essa conjuntura dramática" (Lacan, 1958/ 1998, p. 584) que responde pelo desencadeamento, confirmando o elemento de estrutura que é a não-inscrição do Nome-do-Pai. Para que uma psicose se desencadeie, ele afirma, é necessário que o Nome-do-Pai, jamais advindo, jamais encontrado pelo sujeito no lugar do Outro, apresente-se em oposição simbólica ao sujeito. A foraclusão do Nome-do-Pai abre um vazio no campo do significado relativo ao sujeito, pelo qual se inicia "a cascata de remanejamentos do significante de onde provém o desastre crescente do imaginário", até que significante e significado se estabilizem na metáfora delirante (Lacan, 1958/ 1998, p. 584).

Como já mencionamos no primeiro capítulo, o Nome-do-Pai é o significante que recobre o enigma do desejo da mãe, localizando, assim, a posição do sujeito como efeito metafórico produzido por esse significante. Lacan propõe o seguinte matema para essa operação:

$$\frac{\text{Nome-do-Pai}}{\text{Desejo da Mãe}} \cdot \frac{\text{Desejo da Mãe}}{\text{Significado para o sujeito}} \longrightarrow \text{Nome-do-Pai} \left[\frac{A}{\text{Falo}} \right]$$

É no lugar da incógnita que advirá a significação fálica, como efeito simultâneo da interdição paterna e da nomeação que essa interdição opera quanto ao gozo materno, que é interditado ao sujeito (Lacan, 1958/ 1998, p. 563).

No primeiro e segundo ensinos de Lacan encontramos o Nome-do-Pai como esse operador que permite separar as neuroses das psicoses, bem como das perversões que reconhecem a lei do pai, mas a anulam através da renegação. A definição das estruturas e seu modo próprio de operação dependem, assim, de presença do Nome-do-Pai, ou do vigor da metáfora paterna, processo que se verifica em três tempos na montagem edipiana. No primeiro, a criança está identificada ao desejo da mãe e, em retroação, poderemos dizer que ela ali é o falo materno. Com a entrada do pai em jogo, o desejo da mãe se desvia do filho, abrindo-lhe a perspectiva da castração. Ao privar a mãe de seu objeto de gozo — o filho —, o pai faz vacilar a certeza da criança quanto à sua posição de falo materno. A partir desse momento inaugura-se a dialética do "ter", na qual o pai se instala como aquele que tem o falo, oposto à criança. Aqui, o conflito é entre "ser" o falo da mãe e "ter" o falo para dar a ela. Cabe lembrar que esse reconhecimento é correlato do reconhecimento da diferença entre os sexos. No último tempo do Édipo, a criança reconhece (ou não reconhece, ou ainda, reconhece e nega) que o pai é quem tem o falo e pode doá-lo.

A partir daí, a criança deverá negociar a questão fálica em seus próprios termos, isto é, conforme seu próprio sexo. O menino renunciará a ser o falo da mãe para identificar-se ao pai, confiando, assim, na transmissão da potência fálica, desde que renuncie à mãe como objeto sob ameaça de castração. A menina, por sua vez, que havia renunciado a identificar-se com a mãe por reconhecê-la como castrada, se volta para o pai, esperando receber o falo dele na forma de um filho. Sabemos, porém, que a renúncia ao pai como objeto do amor por parte da menina é muito mais difícil, uma vez que ela não está sujeita à ameaça de castração, pois já entra no Édipo como castrada. De todo modo, o momento final dessa operação, seja de modo precoce nos meninos, seja de modo tardio nas meninas, é o reconhecimento da lei do pai.

Reconhecer a lei do pai é equivalente a reconhecer-se no plano do ser como incompleto, dependente do desejo do Outro e submetido à lógica fálica, segundo a qual pelo menos um gozo é negado ao sujeito e localizado no pai (o gozo da mãe). De acordo com essa perspectiva, a psicose implica na não entrada na dialética do ter, condição para o reconhecimento da diferença entre os sexos. Do mesmo modo, a perversão seria o reconhecimento dessa diferença e sua posterior anulação.

O elemento que distingue a neurose da psicose é justamente a presença ou não da metáfora paterna. Enquanto na neurose a operação do recalque exclui da consciência a origem do sujeito no Outro, sua castração, na foraclusão do Nome-do--Pai esse significante que ordena todos os significantes e normatiza o gozo não se inscreve simbolicamente. Na psicose, o sujeito busca esse significante que o representa (em exceção à cadeia) junto aos outros significantes — a metáfora paterna —, mas encontra ali um vazio que Lacan grafou como P_0 — Pai zero (Lacan, 1958/ 1998, p. 578).

O desencadeamento, no entanto, depende não só de uma causa estrutural — a foraclusão do significante paterno —, mas também de uma causa contingente: que em um momento específico de sua história o sujeito encontre essa carência simbólica. Tal contingência também pode ser descrita, nos termos do Seminário 3, como o momento em que o sujeito é chamado a "tomar a palavra" a "falar na primeira pessoa". Em termos estruturais, Lacan formaliza esse elemento clínico responsável pelo desencadeamento da psicose como sendo o encontro com Um-Pai — um significante que incide de modo separador na relação imaginária *a-a'* na qual o sujeito está capturado, confrontando-o com a ausência do suporte simbólico no que diz respeito às relações entre o imaginário e o real. Lacan acrescenta:

> É preciso ainda que esse Um-pai venha no lugar em que o sujeito não pôde chamá-lo antes. Basta que esse Um-pai se situe na posição terceira em alguma relação que tenha por base o par imaginário *a-a'*, isto é, eu-objeto ou ideal-realidade, concernindo ao sujeito no campo da agressão erotizado que ele induz. (Lacan, 1958/ 1998, p. 584)

Eis aqui a conjuntura dramática do desencadeamento.

Em seguida, Lacan exorta o analista a buscar na clínica do psicótico as "situações" — no sentido de "tramas dos acontecimentos" — nas quais a irrupção desse significante se deu. Os exemplos de Lacan mostram como Um-pai é um significante que aparece no real, fora dos encadeamentos simbólicos. Seu ponto de ancoragem é a experiência com alguém dos laços relacionais do sujeito, quando esse alguém aparece não mais recoberto pelas significações usuais, mas numa posição que convoca o sujeito a apresentar-se através de suas insígnias pessoais, que, por não estarem devidamente ancoradas no Nome-do-Pai, aparecem em sua desarticulação imaginária.

De modo sucinto, o desencadeamento se dá quando se requer do sujeito uma enunciação. O delírio aparece, então, como uma operação em que o recurso desmedido ao significante tenta suturar o sorvedouro que a fratura no imaginário provocou.

No pós-escrito desse mesmo texto, Lacan ressalta ainda que para se encontrar os índices clínicos da foraclusão do Nome-do-Pai é necessário compreender bem os elementos em jogo. O Nome-do-Pai é o significante que vem recobrir o que antes aparecia para o sujeito como *desejo da mãe*, indicando um objeto para além do sujeito (o falo), com o qual este poderá se identificar. Porém, "é preciso reconhecer que o Nome-do-Pai reduplica, no lugar do Outro, o próprio significante do ternário simbólico, na medida em que ele constitui a lei do significante" (Lacan, 1958/ 1998, pp. 584-585).

Compreendemos com isso que o Nome-do-Pai situa a posição do sujeito como dividido entre dois significantes. No plano da mítica edipiana de origem do sujeito, isso se representa na localização da criança entre pai e mãe, ou entre o gozo da mãe e a interdição do pai que nomeia o real do sexo. Em outras palavras, trata-se da separação entre a língua da mãe e a linguagem do pai, ponto clinicamente fundamental, pois é no rastro dos significantes oriundos dessa trama que se poderá verificar a foraclusão do Nome-do-Pai, e, assim, concluir pelo diagnóstico de psicose.

Como então avaliar essas relações parentais e definir seu papel na gênese de uma psicose? Lacan enfatiza que os índices de ocorrência da foraclusão do Nome-do-Pai não se encontram nem no plano da mãe, como saciadora ou frustradora, nem no plano das potências imaginárias do pai real, enfatizando que não convém ocupar-se da maneira como a mãe se arranja com a pessoa do pai real, mas com a importância que ela dá à palavra dele, com a autoridade que ela lhe atribui enquanto lugar da lei.

Do lado do pai, é sua relação com a lei que deve ser buscada, de modo algum através de índices imaginários de poder, mas essencialmente por sua condição significante, isto é, por constituir lugar de referência na ordem das significações do sujeito.

> Mais ainda, a relação do pai com essa lei deve ser considerada em si mesma, pois nela encontraremos a razão do paradoxo através do qual os efeitos devastadores da figura paterna são observados, com particular frequência, nos casos em que o pai realmente tem a função de legislador ou dela se prevalece, quer ele seja efetivamente daqueles que fazem as leis, quer se coloque como pilar da fé, como modelo de integridade ou de devoção, como virtuose, como servidor de uma obra de salvação, de algum objeto ou de falta de objeto que haja, de nação ou natalidade, de salvaguarda ou salubridade, de legado ou de legalidade, do puro, do pior ou do império, todos eles ideais que só lhe fazem oferecer demasiadas oportunidades de estar em posição de demérito, de insuficiência ou até de fraude e, em resumo, de excluir o Nome-do-Pai de sua posição de significante. (Lacan, 1958/ 1998, p. 586)

Tratamentos da foraclusão do Nome-do-Pai

Seguiremos as indicações compiladas por Recalcati (2003, pp. 208-213) quanto aos modos de tratamento da falta da metáfora paterna.

O ser de gozo e o ser de linguagem não são realidades que se possam adequar sem o trabalho do sujeito. Do ponto de vista estruturalista, o modo fundamental de tratamento do gozo é através da linguagem e suas regras. Todavia, Lacan já havia especificado a impossibilidade de recobrir tudo que é da ordem do gozo através da ação negativizadora da linguagem.

Os modos de tratamento desse real que escapa à ação do significante serão distintos, conforme passem ou não pela castração simbólica e pelo recurso ao Nome-do-Pai. A neurose se utiliza desses dispositivos tratando o gozo pelo sintoma, que, como formação de compromisso, simultaneamente proíbe o gozo e o mantém em vigor na satisfação substitutiva inconsciente. A castração simbólica estrutura a zona erógena como lócus da perda do objeto (olhar, voz, objetos oral e anal), fazendo girar a pulsão em torno do vazio ali criado, conforme descreveu Lacan no Seminário 11 (Lacan, 1964/ 1985, pp. 165-176). Mediante esse processo, o gozo se localiza no corpo.

Existem, porém, outras formas de tratamento do gozo que não passam pelo Édipo. Tem-se na psicose o melhor exemplo do trabalho do sujeito para encontrar modos de tratamento do gozo sem passar pelo standard edipiano; nela, contrariamente à neurose, vê-se a pulsão em sua deslocalização. O que frequentemente aparece como uma erotização difusa é, na verdade, a falta de erotização básica do corpo que a metáfora paterna produziria, caso tivesse sido inscrita. Assim, nos casos de psicose antes do desencadeamento (o que vale também para as psicoses não desencadeadas), tem-se a estabilidade mantida, seja por uma "compensação imaginária" à falta da metáfora paterna, seja por uma "suplência", isto é, por um tratamento significante do gozo, mas fora do circuito edipiano. Ambas visam evitar o desencadeamento.

Na compensação imaginária, o sujeito se ancora numa identificação maciça com o outro especular, o que mantém nodados o imaginário e o real sem o recurso a um parâmetro subjetivo simbólico. Em relação à suplência, porém, teríamos de proceder a uma distinção entre a suplência generalizada para o falante e a suplência específica das psicoses.

Após o Seminário 20, Lacan postula a inexistência de relação entre os sexos e define o amor como a tentativa do falante — em suplência — de fazer (e de ser) Um com o Outro. Assim, todo sintoma é suplente. Nesse sentido, a solução amorosa do neurótico é também uma suplência à inexistência da relação sexual, o que se confirma no seminário "O sinthoma" quando Lacan formula a independência original dos registros, indicando assim que qualquer ordenação entre eles vem em suplência à falta de uma ordenação prévia (Lacan, 1975[1976]/ 2007, p.

71). Na psicose, por sua vez, a suplência se refere ao uso de um significante que ordene o conjunto dos significantes, mas fora da referência ao Nome-do-Pai.

Após o desencadeamento, a alternativa de contenção da invasão de gozo (do Outro) é em geral a construção de uma "metáfora delirante", cujo paradigma psicanalítico é o caso Schreber. Trata-se também de um trabalho imaginário, porém de espectro mais amplo que a mera compensação imaginária. Ao contrário da compensação imaginária, que tem um caráter exclusivamente de "tampão" da falta simbólica e evita o desordenamento imaginário, a metáfora delirante implica num trabalho equivalente ao trabalho simbólico, numa tentativa de localizar e limitar o gozo permitindo a reconstrução de um sentido de mundo que inclua as razões do desencadeamento.

O aspecto clínico de maior importância na abordagem dos "novos sintomas" é se chegar a diferenciar e definir se eles são soluções que podem se tornar sintomas ou se são suplências, cabendo ao analista, neste último caso, o trabalho de secretariar o alienado, auxiliando-o na manutenção da localização de gozo alcançada.

Ainda quanto à suplência, cabe ressaltar que sua natureza é simbólica, quando consideramos que é através dela que o sujeito se faz um "nome próprio". Foi o que Lacan demonstrou, valendo-se de Joyce, no seminário "O sinthoma": trata-se de uma operação — de uma obra — com o significante através da qual o sujeito se distingue dos demais. Essa operação cria uma identidade, no sentido da construção de um ego que Lacan evidenciou no processo de escrita de Joyce (Lacan, 1975[1976]/ 2007, pp. 139-151). No sentido exposto por Lacan, toda obra tem valor de escrita; isso nos permite dizer que alguns desses "novos sintomas", quando psicóticos, são operações de escrita do ego no corpo.

A pesquisa sobre os inclassificáveis: Arcachon

Essas dificuldades de classificação na clínica psicanalítica, sobre as quais vimos discorrendo, levaram à realização de um conjunto de conversações entre os participantes do Campo Freudiano de fala francesa, no período entre 1996 e 1999. Na abertura da Convenção de Antibes, Philippe de Georges nomeou como "Tríptico" o conjunto de produções que se iniciaram em 1996 com o Conciliábulo de Angers, prosseguiram em 1997 com a Conversação de Arcachon e culminaram em 1999 com a referida convenção. Participaram também alguns poucos convidados espanhóis, italianos, argentinos e brasileiros, e o fio condutor desse trabalho foi o que Miller denominou, *a posteriori, Clinique Floue* — com o termo "clínica fluida", Miller quis se referir à clínica contemporânea, na qual os referenciais teóricos clássicos parecem insuficientes para abarcar os casos que, por sua vez, parecem não apresentar consistência sintomática que os distribua claramente entre as estruturas previstas (Miller, 1999, p. 229).

Inicialmente, em Angers, foram discutidos alguns casos surpreendentes, que se distinguiam do que Miller chamou a "norma clássica das psicoses" (Miller, 1999, p. 230), cujas referências teóricas apareciam em "Uma questão preliminar (...)". O resultado desse conciliábulo, cujo tema era "Efeitos de surpresa na clínica da psicose", foi a tentativa de conceituar, com maior rigor, o que parecia então ser "raridade", a exceção nesses casos. Disso decorreu a proposta de se realizar no ano seguinte a Conversação de Arcachon, onde foram discutidas questões relativas às dificuldades de classificação desses casos que pareciam escapar à nosografia estrutural. O tema desse encontro foi "Os casos raros, inclassificáveis, da clínica psicanalítica". Um outro efeito pôde então se depositar: o que se vinha chamando até aquele momento de "casos raros" ou "casos de difícil classificação", acabou-se por verificar que eram "casos frequentes". Disso resultou que Miller propôs chamá-los "Psicoses Ordinárias", o que se tornou o tema da Convenção de Antibes, na qual se buscou "convergir para um acordo sobre o uso das palavras, acordo sobre a descrição, acordo sobre a classificação" (Miller, 1999, p. 228).

Não posso afirmar que tais propósitos foram imediatamente atingidos, ou que tenham se espalhado uniformemente por todo Campo Freudiano. Ao contrário, as questões da clínica contemporânea parecem tão complexas que ainda exigem um intenso trabalho de conceituação. Todavia, alguns indicadores podem ser extraídos desse conjunto de trabalhos. Sem dúvida a clínica da psicose, frente à qual Lacan incitava os analistas a não recuarem, passou a ser investigada sob diversos ângulos. Do mesmo modo, foi profundamente revisto o aparato teórico-conceitual de Lacan que a explicava, sobretudo no intuito de estabelecer as relações e distinções entre a clínica da foraclusão do Nome-do-Pai e a clínica borromeana, ou clínica do sinthoma.

Na Conversação de Arcachon, o eixo central foi o estabelecimento da distinção entre o que então se convencionou chamar uma clínica "descontinuísta" e uma clínica "continuísta". A primeira é relativa à teoria da distinção estrutural do sintoma, feita a partir da presença ou não da metáfora paterna; na clínica descontinuísta, a psicose se distingue da neurose pela foraclusão do Nome-do-Pai. A clínica continuísta, por sua vez, seria dedutível da tese lacaniana que propõe o sintoma como amarração borromeana, tese que se inicia no Seminário 20, "Mais, ainda", e prossegue em seus últimos seminários.

Supondo que uma classificação exija pontos de demarcação evidenciáveis, Miller mostra a dificuldade em se fazer uma classificação precisa na clínica continuísta. Propõe, então, um outro elemento, diferente da metáfora paterna, amarração própria da neurose: a presença ou não do *point de capiton*. O *point de capiton*, ou "ponto de basta", generaliza o Nome-do-Pai; assim, o sintoma e o Nome-do-Pai ficam em equivalência (Miller, 1998, pp. 105-106).

Insistindo no fato de que as duas clínicas não são opostas, Miller afina sua conceituação mostrando que o Nome-do-Pai — considerado na primeira clínica (descontinuísta) como possibilidade de metaforização da significação fálica do sujeito — pode ser pensado também em termos de "localização de gozo". Miller propõe pensar o sintoma como um aparelho que articula a significação libidinal (gozo) e a significação fálica

(Miller, 1998, p. 118). Nesse sentido, a metáfora paterna seria um dos aparelhos possíveis. Nas palavras do próprio autor:

> Tivemos que fazer um esforço conceitual para passar do Lacan clássico do significante para o Lacan do objeto pequeno a e do gozo. Precisamos fazer um esforço suplementar para passar adiante do binário clássico [neurose, psicose] e é isso que é permitido pelo instrumento que eu estou destacando: o aparelho do sintoma. (Miller, 1998, p. 119)

No fechamento da Conversação de Arcachon, Miller propõe mais alguns elementos que articulam as duas formas de classificação quando fala em uma "clínica da substituição" — baseada numa metáfora na qual o sintoma é concebido como substituição ao vazio original do sujeito. Os fenômenos são classificados tanto como metáforas do Nome-do-Pai quanto como metáforas delirantes do encontro com Um-pai. A "clínica da conexão", por sua vez, complementar à da substituição, é a clínica da metonímia do sintoma. Na neurose, o desejo é metonímico, é a própria metonímia da falta-a-ser. Já nas psicoses, muito de sua fenomenologia pode ser designada como efeito metonímico da foraclusão.

Ainda na Conversação de Arcachon encontramos vários indicadores para uma clínica diferencial. Lembramos que na Convenção de Antibes esses elementos se organizariam em três eixos, mas algumas referências apontadas em Arcachon nos pareceram tão precisas que decidimos privilegiá-las.

O que permitiu aos autores considerar como raros os casos analisados foram questões como a ausência de distúrbios de linguagem, ou delírios, e a ausência de desencadeamento — aspectos que, conforme apontou Lacan em "Uma questão preliminar (...)", definiriam o encontro do sujeito com a falta do Nome-do-Pai. Por outro lado, o plano dos fenômenos indicava modos fluidos de ligação com o Outro, nos quais cabiam desligamentos esparsos ou sucessivos entre o sujeito e o Outro. A esses desligamentos da injunção paterna, desligamentos do discurso compartilhado, Miller chamou "neo-desencadeamentos" (Miller, 1998, p. 110). É importante ressaltar que grande parte dos casos estudados apresentava também distúrbios ao nível do corpo.

Os fenômenos elementares descritos apareciam de maneiras muito semelhantes aos sintomas neuróticos. Muitas vezes, foi somente por seus desdobramentos que se pôde determinar, *a posteriori*, que se tratava de um fenômeno psicótico. Por exemplo, quando descreve um paciente com um "sentimento de estar num nevoeiro" (Dewambrechies-La Sagna & Deffieux, 1998, pp. 19-22) que, depois de certo período, desaparece da análise, bem como de suas relações mais próximas, Hervé Castanet confirma a hipótese de que o "nevoeiro" seria um estado metonímico da falta do significante fálico, e não se trata aqui do efeito de recalque que, por vezes, provoca sentimento semelhante em pacientes neuróticos. No caso das neuroses, como afirma Castanet, se trataria de um "branco que vem recobrir esta mensagem ignorada do sujeito, mas já inscrita" (Dewambrechies-La Sagna & Deffieux, 1998, pp. 112-113). No caso descrito, o modo de saída da análise foi decisivo para o diagnóstico do sujeito.

Outra discussão relevante ocorrida no contexto dessa conversação é referente à relação entre o circuito pulsional e o Outro. Parece evidenciado que, no caso da psicose, o circuito pulsional não passa pelo Outro, há uma desconexão entre pulsão e inconsciente. Como afirmou Collete Soler, "o que se passou no corpo não passa ao saber". (Dewambrechies-La Sagna & Deffieux, 1998, p. 122) La Sagna aponta essa mesma desconexão de outra maneira: "Quando o sujeito se vê, sem se fazer ver, isto é, sem Outro, isto indica que não é uma neurose" (Dewambrechies-La Sagna & Deffieux, 1998, p. 120).

Éric Laurent ressaltou um aspecto essencial desse debate, referente à posição do analista no estabelecimento da clínica diferencial, quando os sinais são mínimos e não se observa o franco florescimento dos sintomas típicos da psicose. Nesses casos, afirma ele, é preciso que o analista se faça o destinatário desses sinais mínimos, os recolha e articule. Lembrando que a clínica dos desligamentos sucessivos do Outro é inteiramente articulada à produção pulsional, Laurent especifica a posição do analista como a de "secretário do alienado":

> Toda teoria da transferência está em jogo na segunda clínica: é preciso fazer-se de capitonê e de destinatário desses sinais mínimos. É preciso entrar na matriz do discurso pelo sinal e não pelo sentido, o que supõe decidir que existe aí uma entrada possível. Deve-se manifestar tenacidade por esta clínica, com vontade de se fazer destinatário, o que renova a função do secretário, em dado momento proposta por Lacan, mas que, ao longo de seu ensino, conheceu numerosas variações. (Dewambrechies-La Sagna & Deffieux, 1998, p. 127)

Finalmente, um ponto destacado por Miller diz respeito às relações entre sintoma e laço social: "O laço social é o sintoma" (Miller, 1998, p. 130). Assim, todo sintoma é uma forma de amarração dos registros simbólico, imaginário e real. Incitado por uma questão de Collete Soler, sobre como diferenciar se um laço social se assemelha ou não a uma amarração do tipo Nome-do-Pai, Miller responde que todo laço social é um sintoma. Ao questionamento de Soler quanto ao risco de se avaliar os laços libidinais do falante pelos laços sociais, Miller parece enfatizar que o laço social é uma forma de discurso, e cabe ao analista interrogá-la.

A Convenção de Antibes: algumas conclusões

Sobre o desencadeamento

A Convenção de Antibes concedeu uma certa armadura conceitual aos sintomas de difícil classificação, situando-os no campo da psicose em torno de três grandes eixos: os neodesencadeamentos, as neoconversões e as neotransferências. Esses eixos, no entanto, não são simétricos. Como explicita Miller, se a concepção de neodesencadeamento serve para estabelecer distinções internas no campo das psicoses, a proposição de neo-conversões, por sua vez, permite distinguir a neurose da psicose (Miller, 1999, p. 289).

Acreditamos que dos trabalhos dessa convenção é possível extrair três grandes conjuntos de fenômenos, através dos quais se poderá distinguir as neuroses das psicoses: os distúrbios de linguagem, os distúrbios corporais e os distúrbios no laço social. Todavia, embora tenha como finalidade apenas organizar algumas linhas de investigação referentes à articulação entre os fenômenos e a estrutura, essa distinção é um tanto forçada. A rigor, na concepção de Lacan, todos são "distúrbios de linguagem", uma vez que, mesmo no caso dos fenômenos de corpo, trata-se de sentido, mas de sentido-gozado, *sens-joui* (Miller, 1999, pág. 256). Do mesmo modo, os laços sociais descrevem um modo de relação com o Outro, seja por repetição de algum sentido enigmático (na neurose), seja como tentativa de fixação de um sentido que estanque o gozo do Outro (na psicose).

Em Antibes foi retomado o problema da continuidade e da descontinuidade da classificação no que concerne ao "desencadeamento". Miller enfatiza a necessidade de haver um "contraste marcante entre o antes e o depois" do desencadeamento, o que, efetivamente, não é muito frequente. Ele propõe, então, uma distinção que nos parece implicar uma gradação, quando fala em sintomas do tipo "carvalho" ou do tipo "junco", ou seja, sintomas mais sólidos e sintomas mais "escorregadios, à deriva" — os primeiros se prestam ao franco desencadeamento, e os segundos, não. É importante lembrar que se tratam de "estruturas psicóticas", nas quais se supõe a ausência da metáfora paterna. Dessa metáfora botânica de Miller, então, podemos deduzir que, quanto mais organizada a amarração imaginária, quanto mais o imaginário se encontra investido dos poderes do simbólico, mais brusco é o desencadeamento. O encontro com a falta do significante do Nome-do-Pai e seu retorno no real parecem provocar efeitos mais estrepitosos, tanto no que diz respeito à desorganização imaginária quanto ao remanejamento dos significantes, a fim de tentar conter a invasão de gozo que disso resulta.

Por outro lado, parece-nos difícil compreender o que caracteriza, o que especifica um sintoma do tipo "junco", a não ser que estabeleçamos gradações na amarração imaginária do sintoma. De certo modo, a metáfora botânica aponta para uma solidez, em oposição à fluidez. Quando a transpomos para uma lógica estrutural, ou mesmo borromeana, parece difícil sustentá-la sem introduzir algum nível de gradiente, mas, para Miller, a estrutura dos sintomas nas psicoses ordinárias é predominantemente do tipo "junco"!

De todo modo, Miller adianta uma outra possibilidade de se pensar a questão: supor que sempre há desencadeamento na psicose, só que, na maioria dos casos, ele ocorreria muito precocemente, razão pela qual não se poderia demarcá-lo claramente, restando apenas como fenômeno os seus efeitos imaginários. A nosso ver, com essa posição Miller retorna a uma concepção descontinuísta; e ainda nesse sentido, parece-nos obscuro o que poderia vir a ser uma clínica continuísta entre neurose e psicose, caso a referência continue sendo dicotômica, isto é: Nome-do-Pai, sim ou não. Uma das possíveis soluções para a questão seria tomar em paralelo a dupla vertente do sintoma — a da linguagem e a da pulsão —, caso em que poderíamos pensar que só haveria clínica descontinuísta no plano da linguagem, ou da estrutura de linguagem, ao passo que no plano pulsional, no plano do gozo, as modalizações entre a invasão de gozo (do Outro) e as diferentes formas de localização desse gozo no corpo poderiam ser mais graduais.

Conversões e neoconversões

Atualmente, quando nos centramos nas apresentações corporais dos sintomas, vemos que se faz necessária uma distinção entre os sintomas conversivos e as neoconversões, isto é, entre o tratamento histérico e o tratamento psicótico do corpo. A proposição desse grupo de trabalho do Campo Freudiano foi, sem dúvida, incluir esses fenômenos corporais — que não são efeitos de recalcamento, seja como efeito da desorganização imaginária resultante de um desligamento do Outro, seja como tentativa de restituição do laço com o Outro através do corpo. Na Convenção de Antibes, três grupos[60] apresentaram trabalhos e reflexões teóricas acerca de fenômenos corporais, e a seguir nos alongaremos nos pontos desse debate que nos pareceram relevantes.

Iniciemos pela distinção entre conversão e neoconversão.[61] O que nos parece possível extrair dessa discussão foi a necessidade de se definir como neoconversão todos os fenômenos em que o corpo se presta a "localizar o gozo", mas "passando ao largo do Nome-do-Pai": a significação fálica, elemento organizador do corpo na neurose, está ausente nas psicoses, nas quais o corpo é utilizado com o intuito de suprir sua ausência. A sequência dos casos clínicos apresentados em Antibes demonstra que, se a neurose histérica necessita de um corpo para constituição do sintoma, as neoconversões, em contrapartida, seriam tentativas de constituir um corpo a partir do sintoma. Nesse sentido, o eixo central dessa discussão é a "localização do gozo".

Uma outra questão merece destaque: por que utilizar o termo "neoconversão", expressão em que o conceito central da neurose — conversão — está incluído, para descrever duas tomadas do corpo radicalmente distintas? De fato, essa utilização parece estar assentada numa ideia de continuidade entre as duas estruturas, a neurose e a psicose. Inicialmente, o mecanismo da conversão foi postulado considerando-se que a palavra tem ação sobre o psiquismo e sobre o corpo; o fato de a histeria desconsiderar a anatomia fisiológica e apontar para uma anatomia ficcional revelaria o poder do significante. Quando uma substituição ao nível dos significantes permite representar algo

---

60 Seção Clínica de Bordeaux, Antena Clínica de Chauny-Prémontré e Rouen, e Antena Clínica de Nantes + Seção Clínica de Rennes.
61 O prefixo *neo*, aqui, parece ter intenção de ressaltar não a novidade da conversão, mas a atualidade da utilização do corpo como sintoma. Miller, ao propor esse termo, pretende indicar a predominância desse modo de utilização do corpo na contemporaneidade.

do corpo e, em seguida, por efeito do recalque, o corpo é novamente tomado para expressar o conflito (ao invés dos significantes), tem-se uma conversão.

Em Freud, encontramos a indicação de que o corpo é extremamente plástico frente à ação do inconsciente, plasticidade que jamais se verifica nos processos conscientes (Freud, 1893[1895]/ 1974, pp. 256-268). Se considerarmos o inconsciente como o discurso do Outro que molda o corpo e o recobre de sentido, podemos entender os acontecimentos no corpo na neurose como mensagens enigmáticas. Na psicose, porém, o Outro não aparece como discurso, mas como gozo. Neste caso, a conversão reflete não o enigma, mas a palavra real do Outro.

Como indicou o grupo de Bordeaux, a conversão histérica se distingue da conversão comum pelo fato de ser um "modo complexo de resposta do sujeito a um resto intraduzível [enigmático] do sexual, em conexão com uma representação e um afeto. (...) Ela é, com efeito, a colocação em ato de uma satisfação pulsional clandestina, que se opera a despeito dos ideais do eu" (Dewambrechies-La Sagna & Deffieux, 1998, p. 107).[62] Já a conversão normal é a plasticidade do corpo frente ao significante. Cabem aqui, por exemplo, todos os fenômenos hipnóticos, sugestivos.

Na neoconversão, por sua vez, conforme explica Bernard Lecœur, há "um certo uso do corpo que implica e comporta uma dimensão de não-limite, não-demarcação. É uma espécie de conversão que não concerne mais ao corpo, tomado a partir de uma separação ou de uma fragmentação, mas, sobretudo, um corpo tomado como um todo" (Dewambrechies-La Sagna & Deffieux, 1998, p. 280).[63] Entendemos, assim, que nas neoconversões o corpo não é tomado na vertente fálica, ou seja, como extração ($-\varphi$) referida à falta no Outro, mas se presta, justamente, a uma tentativa de escavar no Outro uma falta na qual algo do gozo se delimita. Desse modo, um nome se inscreve por suplência, permitindo ao sujeito operar com um discurso, ainda

---

62 Tradução da autora.
63 Idem.

que pouco partilhável (devido à ausência da metáfora paterna). Nesse sentido, o corpo — do Outro — é tomado como um todo; e o sujeito, por não portar uma metáfora que o distinga, tenta fazer essa distinção ao nível do corpo real.

O relatório das Antenas Clínicas de Prémontré e de Rouen assinala que Lacan poucas vezes se debruçou sobre o fenômeno da conversão, devido à sua concepção de continuidade entre somático e psíquico: haveria um *continuum* entre o desejo e sua manifestação somática. Partindo dessa premissa, seus autores propõem uma distinção entre as conversões e as neoconversões baseada na relação entre o sintoma e o Outro. A conversão seria uma articulação entre o desejo, ou melhor, entre a causa do desejo — objeto *a* — e a inscrição corporal de uma falta, a castração (- φ). Todavia, essa identidade entre a causa e o furo na imagem do corpo não se acoplam perfeitamente, revelando uma impossibilidade, dimensão própria do sintoma, que aponta a divisão no Outro. Assim, a conversão estaria em relação a um Outro barrado, dividido. Por outro lado, a neoconversão se vincula a um Outro não barrado, cuja ausência de divisão indica um sem- limite. Os autores parecem indicar que se o sintoma não visa reparar nada da castração do Outro, ele perde seu valor de ligação do sujeito ao Outro, perde seu valor de texto. Não há saber suposto a ser lido no corpo, mas "uso" (Dewambrechies- -La Sagna & Deffieux, 1999, pp. 116-117).

Num esforço de organizar a teorização sobre o corpo que foi se depositando dos debates de Antibes, Éric Laurent afirma que a relação do sujeito com o corpo na psicose é o "modo normal de relação com o corpo". Assim, pretende enfatizar o fato de que a organização corporal numa imagem unificada é efeito de um trabalho simbólico (na neurose) ou imaginário (na suplência psicótica), uma vez que o despedaçamento é a condição natural do corpo para o falante. O que se revela na relação do psicótico com o corpo é a ameaça de regressão tópica à hiância mortífera do estádio do espelho, sem a mediação simbólica, e por isso Laurent a define como condição normal (Dewambrechies-La Sagna & Deffieux, 1998, p. 294). Nesse sentido, Laurent afirma que muitos dos cuidados ditos como da ordem de certa "higiene da vida" (todos os que a biotecnociência nos oferece, hoje, em abundância...) são modos de confirmação dessa unidade imagética. Dos fenômenos que irrompem no corpo, por sua vez, alguns são da ordem do pensamento — ou do pensamento-desejo, como no caso da neurose —, outros não — os que se apresentam como irrupções do corpo fragmentado, são tentativas de fazer uma unidade não a partir do significante, mas do próprio corpo. Essa tomada do corpo, ou de parte do corpo como unidade através da qual o sujeito tenta se conectar com o Outro é o que Laurent designa como "localização do gozo" (Dewambrechies-La Sagna & Deffieux, 1998, p. 295).

Gostaríamos de concluir esse tópico nos referindo a uma observação de Philippe La Sagna: tomar a localização do gozo a partir do último ensino de Lacan — especialmente do Seminário 20, quando ele situa o corpo como localizando o Outro —, é constatar que a retirada da oposição entre corpo e significante permite dizer que o falante tem um corpo porque tem uma ficção sobre o Outro (Dewambrechies-La Sagna & Deffieux, 1998, pp. 313-314).

Algumas distinções a partir do corpo

Pautados em todos os elementos abordados neste capítulo, achamos possível operar uma classificação que se oriente pelos acontecimentos de corpo.

O corpo é traumático para o sujeito da linguagem. Mesmo que tomemos a vertente do falante, as relações entre o real do corpo e o significante serão sempre forçadas, num certo sentido: a linguagem é traumática em sua incidência sobre o corpo, e o modo de tratamento que o sujeito dispensa ao trauma define a estrutura. Em "Joyce, o Sintoma", Lacan afirma que o homem "tem" um corpo e que este é prévio ao *ser*. E adianta que "o sentido do ser é presidir o ter" (Lacan, 1975/ 2003, p. 561). Donde se deduz que o homem fala para se arranjar com o gozo do corpo, o que lhe exige, primeiramente, alguma consistência.

Porém, mesmo sendo eminentemente particulares, os arranjos entre o ser de linguagem e o ser de gozo estão sempre submetidos a uma posição estrutural.

Ainda que seja a letra, ou o significante fora de sua função de significação o que produz o gozo, essa divisão entre o que é do gozo e o que o significante poderá traduzir dele é uma questão fundamental para a histeria. Como lembra Miller, o corpo histérico recusa a ditadura do significante-mestre (Miller, 1999a, p. 65). O que Freud via como complacência somática, como submetimento do órgão ao serviço da sexualidade recalcada, Lacan chamará de "recusa" do corpo — tanto a recusa em tomar seu corpo como enigma quanto a recusa do corpo do Outro (especialmente do outro sexo), de onde lhe advém confirmada sua castração. Se a histérica se utiliza do mecanismo da recusa, ao nível do corpo, por reconhecer nele a castração, como distinguir os efeitos no corpo provocados pela foraclusão psicótica?

No seminário proferido em Minas e baseado no que conduzia simultaneamente em Paris, "A experiência do real no tratamento analítico", Miller enfatiza o sintoma analítico como algo eminentemente relacionado ao corpo, conforme mencionamos no Capítulo 3. Sob essa perspectiva, é o corpo que de certa maneira coloca as questões veiculadas pelo sintoma, e é nesse sentido que Miller desenvolve a afirmação de Lacan segundo a qual o sintoma é um "acontecimento de corpo". Enquanto acontecimento de corpo, também é possível distinguir os sintomas em neuróticos e psicóticos. Na histeria, o gozo pulsional subjacente à afecção corporal está sob recalque; é o corpo simbólico que é afetado. Na psicose, ao contrário, o gozo pulsional está foracluído do simbólico, e retorna como acontecimento de corpo no real; disso resulta sua inacessibilidade à interpretação. Na psicose, o acontecimento de corpo se produz "no ponto de eclipse do saber do corpo" (Miller, 1999, p. 70).

Essa leitura é condizente com a perspectiva da metáfora paterna: onde o Nome-do-Pai vigora, o recalque do corpo real se produz. O corpo do sujeito é o corpo dito pelo Outro, o que indica que na neurose há saber no corpo. Quando ocorre a foraclusão do Nome-do-Pai, no ponto de ausência de um saber do Outro que nomeie e simbolize o corpo do sujeito, o Outro pode responder como corpo, a partir do real. Parece, então, que uma clínica diferencial apoiada nos acontecimentos de corpo não dispensa os operadores estruturais.

Vimos que, como metáfora do sujeito, a metáfora paterna tem seu estatuto retificado na teoria quando Lacan pluraliza os Nomes-do-Pai e afirma que o Nome-do-Pai é um modo possível de enodar os registros imaginário, simbólico e real, uma vez que toda amarração é em suplência. Ressalte-se ainda que os três registros podem ser enodados de outras formas, que não pela via da metáfora paterna; hoje, encontramos com frequência intervenções sobre o corpo que têm a função de amarrar os referidos registros. Cabe lembrar que no seminário "O sinthoma" Lacan atribui ao corpo o valor de "consistência" fundamental do falante. Em suas palavras:

> Não há fato, senão do fato que o falante diz. Não há outros fatos que aqueles que o falante reconhece como tais ao dizê-los. Não há fato que não seja artifício. E é um fato que ele mente, quer dizer, que ele instaura falsos fatos e os reconhece, porque há a mentalidade, quer dizer, o amor-próprio.
>
> O amor-próprio é o princípio da imaginação. O falante adora seu corpo, pois crê que o tem. Em realidade ele não o tem, mas seu corpo é sua única consistência — consistência mental, bem entendido, pois seu corpo cai fora a todo instante. (Lacan, 1975[1976]/ 2005, p. 66)

A seguir, enfatizaremos o modo fundamental de tratamento dessa consistência corporal nas neuroses e psicoses, tendo no horizonte o uso do corpo nos novos sintomas.

O modo histérico de utilização do corpo no sintoma

Partindo das discussões nas conversações acima relatadas, é possível se extrair alguns índices clínicos para o diagnóstico estrutural dos novos sintomas, e o primeiro índice a se destacar é a relação entre o sintoma e a significação fálica. A significação fálica é o índice do sintoma neurótico, índice de que o sujeito *tem* um corpo, e, portanto, participa da partilha dos sexos identificado com uma posição específica. Nesse sentido, mantêm-se, para a psicose, as indicações de Lacan em "Uma questão preliminar (...)" mostrando que a foraclusão do Nome--do-Pai traz como implicação as perturbações do imaginário ligadas à ausência de referência fálica, conforme já mencionamos, fazendo com que o sujeito não *tenha,* mas *seja* um corpo. Outro efeito da foraclusão é a impossibilidade de o sujeito identificar-se sexualmente em conformidade com o desejo do Outro. Decidir sobre sua posição sexual na ausência da identificação fálica implica a ameaça de feminização (sexo sem falo).

Nesse sentido, o que distingue os sintomas conversivos neuróticos dos psicóticos é a possibilidade de se rastrear a significação fálica do sintoma, encontrando-se ou não a referência ao Nome-do-Pai, bem como uma posição sexuada.

A característica principal da histeria, estrutura clínica com a qual Freud iniciou sua pesquisa psicanalítica e que Lacan eleva à categoria de um dos quatro discursos vigentes no laço social, era a utilização do corpo como palco do sintoma: foi entre cegueiras e paralisias histéricas que Freud descobriu o discurso inconsciente. A passagem do tempo, porém, parece ter deslocado o predomínio das conversões histéricas para manifestações como bulimias, anorexias, pânicos e depressões como expressões preferenciais do mal-estar atual na cultura.

Todavia, como nos lembra Marie Hélène-Brousse, a histeria e suas conversões não estão eliminadas da cultura, pelo contrário, mantêm renovada sua função política de trazer à tona a questão da *verdade* subjetiva como algo que persiste, ao lado do predomínio do *gozo* subjacente aos sintomas contemporâneos. Brousse chama a atenção para o fato de que o rechaço dessa categoria clínica pela ciência oficial (representada pelo DSM IV) não a impede de se manifestar e cumprir seu papel político:

Então, longe de estar morta, a histeria está ainda mais viva. A dimensão da política, que sempre a acompanhou, está presente mais que nunca: do desafio singular à mentira da moralidade burguesa passou, graças ao rechaço do qual foi objeto, ao efeito de verdade planetário. Aqui responde à loucura consumista com o emagrecimento louco que impõe um desejo de magreza; ali, roça, provoca a preocupação de segurança sanitária generalizada das sociedades desenvolvidas. (Brousse, 2002, p. 2)

Brousse parece ressaltar o caráter histérico de muitos desses quadros atuais. Em sua releitura das interpretações de Freud no caso Dora, Lacan sublinha que a histeria revela que a ferida que lhe é causada pela privação do falo não pode ser compensada com a satisfação que o portador do falo obtém quando o oferece a ela, e, nesse sentido, simboliza a insatisfação primordial do sujeito humano. A histérica faz objeção à satisfação fálica escolhendo como sintoma a insatisfação do desejo, deixando o objeto de desejo sempre para outrem (em geral para outra mulher). A histeria revela à psicanálise que, paralelo ao desejo, todo discurso veicula uma posição de gozo que se atualiza na transferência, gozo que, no caso da histeria, é o da falta.

Ainda conforme Brousse, a histeria é exemplar para a psicanálise no que diz respeito ao gozo feminino, uma vez que nela podemos encontrar o descentramento entre o que se deseja e o que se quer. A histérica deseja um pai ideal (um mestre) para, em seguida, demonstrar sua impotência. Ela denuncia a impotência do significante-mestre e, simultaneamente, se coloca como sendo privada do falo por uma outra mulher (representante da mãe). Assim, seguir a lógica do gozo histérico é ir além da solução fálica do desejo, ir além da universalidade do discurso paterno.

Disso, Brousse extrai três consequências. A primeira é a própria redefinição do conceito de histeria: a histérica é aquela que define o falo como semblante e, com isso, nos aproxima da inexistência de proporção entre os sexos (já que é através da mediação imaginária da posse do falo que os corpos são distribuídos em masculinos e femininos). A segunda é uma consequência clínica: não se trata de curar a inveja do pênis da histérica, já que ela goza justamente de não tê-lo, mas, ao contrário, de possibilitar através da análise que ela abra mão de seu desejo de ser "toda mulher" e alcance ser efetivamente "uma mulher". A terceira consequência é que, através dessa vertente negativa da histérica (ser não fálica), ela revela menos um protesto viril e mais algo próprio do feminino, postulado por Lacan no Seminário 20 como a posição "não-toda" fálica.

> A palavra histérica é de rebelião; serviu de apoio à revolução feminista, porém mais amplamente é rebelião contra a lei do intercambio simbólico. A este respeito, ela pode considerar-se como um modelo. Todo discurso que se ordena em torno de uma tentativa de reduzir o impossível da relação sexual a significantes-mestres pode suscitar a resposta da histérica, que tenta fazer valer seu ser fundando-o fora da lei, igualando-se ela mesma a um signo do limite da linguagem. (Brousse, 2002, p. 3)

Assim, se as histéricas inicialmente encarnavam a impotência do mestre, o advento da psicanálise estruturou a inexistência da relação sexual sob a forma de um saber — o saber inconsciente extraído do sintoma histérico. Entretanto, quando esse saber deixa de provocar escândalo; quando, como afirma Brousse, "a inexistência da relação sexual já não choca ninguém", a histérica deve adequar-se às novas modalidades de mestria (Brousse, 2002, p. 1).

Já havíamos dito que na sociedade contemporânea a orientação paterna foi desvalorizada pelo empuxo ao gozo dos objetos. Frente a um Outro inconsistente, o modo de sustentar a separação entre necessidade e desejo talvez exija hoje dos sujeitos ações mais radicais, como é o caso da anorexia histérica. Nesses casos, o *desejo de nada* da anorexia, que Lacan (1958/

1998a, p. 606) realçou em "A Direção do tratamento (...)", tem a função de "escudo e suporte do desejo", como afirma Recalcati (2003, p. 23). Na anorexia histérica, a recusa em comer faz surgir o "nada de comida" como objeto separador: ao mesmo tempo em que aparece como uma recusa do Outro, é também uma demanda ao Outro. Recalcati relaciona essa radicalidade do ato anoréxico, no qual o corpo aparece totalmente fora da lógica do princípio do prazer e entregue ao empuxo da pulsão de morte, ao fato de o sujeito não receber do Outro sua falta como dom (Recalcati, 2003, pp. 24 e 65).

Essa indicação nos parece preciosa para fundamentar a hipótese de que, em certos casos de novos sintomas, temos formas extremas de demanda de amor do Outro, o que nos parece equivalente à formulação de que o sujeito *não sabe servir-se do pai*. A recusa do alimento, a agressão ao corpo promovida pela droga e também certas depressões podem ser pensadas como demandas que não se formulam pela negativização significante, mas que se revelam no deixar-se capturar — através do corpo — pelos gozos mortíferos oferecidos pela cultura. Tentaremos aprofundar essa hipótese no próximo capítulo, quando abordaremos essa dificuldade pela via da não assunção de uma posição sexuada, através da qual o sujeito orienta sua demanda ao Outro sexo.

Não obstante, como já dissemos, os novos sintomas são também, muitas vezes, expressões da carência paterna e da inexistência de uma metáfora que empreste ao sujeito uma significação fálica: trata-se aqui do acontecimento de corpo como suplência. É o que veremos a seguir.

O uso do corpo na psicose

Ao longo dos debates em Antibes, Miller apresenta outra indicação bastante precisa para uma clínica diferencial das psicoses. Partindo da formulação de Lacan sobre o fato de o esquizofrênico precisar buscar um uso para seus órgãos fora dos discursos estabelecidos, Miller propõe uma tipologia de acordo com o que o sujeito faz de seu corpo em cada estrutura. Assim, na histeria, o corpo é tomado, simultaneamente, a serviço e contra o desejo; portanto, é em torno do desejo que o sujeito apreende seu corpo. Na neurose obsessiva, o corpo é tomado pela vertente da demanda; do mesmo modo que na histeria, sob a forma do paradoxo, o obsessivo tanto se serve quanto recusa a demanda. Na esquizofrenia, por sua vez, o sujeito emprega esforço e atenção intensos sobre partes do corpo que têm a função de lhe garantir certa unidade; essa garantia, todavia, não lhe advém do discurso comum, mas de um discurso muito particular. O caráter excessivo da construção sintomática parece ser também um elemento distintivo da estrutura psicótica.

Nas palavras do próprio autor:

> O uso do corpo para o psicótico pode, por vezes, convergir com um uso que parece normal, ordinário. Mas, para chegar lá, ele deve desenvolver um esforço extremo. Por vezes, a única coisa que indica em que registro ele se encontra é o extremo esforço de invenção que há por trás, de invenção sob medida, enquanto que para as neuroses é um *prêt-à-porter*. Isto faz uma diferença. (Miller, 1999, p. 296)

Num artigo bastante esclarecedor sobre os diferentes modos de abordagem do corpo em psicanálise, Miller (2003) chama de "invenção" esse modo de o psicótico manejar os significantes visando localizar o gozo. Contudo, esse arranjo particular só pode ser considerado uma invenção quando se dá fora da lei paterna de organização do real. Como assinala Tânia Coelho, essa invenção se dá com os elementos que a cultura oferece, e é fácil encontrar nela os significantes que circulam na família; o que é particular é o modo como o sujeito os organiza e, especialmente, o fato de não poder se servir do Nome-do-Pai nessa organização (Coelho dos Santos, 2006c, pp.10-12).

Ainda em Antibes, Éric Laurent propôs certa linha de continuidade entre o arranjo esquizofrênico e o arranjo paranoico do corpo. Poder-se-ia dizer que o esquizofrênico constrói uma espécie de *delírio sobre o corpo*, e tal delírio se apoia num órgão; é-lhe suficiente encontrar uma função para esse órgão, sobre o qual se joga a questão da castração (recusada). Já no caso da paranoia, é necessário mobilizar um amplo *sistema de saber*. Retomando a ideia da "relação normal com o corpo" (Dewambrechies-La Sagna & Deffieux, 1998, p. 294), Laurent propõe que "se poderia assim fazer uma seriação com os diferentes tipos de fenômenos, que partiriam todos desta relação normal com o corpo, desta relação de invenção necessária" (Miller, 1999, p. 298).[64] Gostaria de privilegiar aqui um aspecto levantado por Miller em "A invenção psicótica": no caso da melancolia, parece adequado considerar justamente a impossibilidade de constituir essa invenção (Miller, 2003, p. 12). Nesses casos, haveria uma impossibilidade de aceitar o caráter ficcional dessa invenção (Lambotte, 1997, pp. 298-300).

Uma vez mais nos apoiaremos em Massimo Recalcati, que, com base nos fenômenos que afetam o corpo, pontua cinco índices reveladores da estrutura psicótica. O primeiro deles é a "mortificação real e não simbólica do sujeito": nesses casos, o que Freud nomeou "desfusão pulsional" parece deixar o corpo entregue à pulsão de morte. A mortificação real do corpo através de práticas lesivas, ou de sua desvitalização extrema, parece indicar não tanto uma separação entre desejo e gozo, mas muito mais a abolição total do desejo pelo domínio da pulsão de morte. O corpo neurótico é esvaziado de gozo pelo significante, mas, em contrapartida, recupera parcialmente esse gozo na erotização de suas bordas ditada pelo Outro. Na psicose, ao contrário, não ocorre a mortificação por via significante, e, consequentemente, tampouco a libidinização do corpo. A pulsão não se localiza; não há, portanto, um objeto que oriente o movimento pulsional. Assim, a libido destrói o corpo num autoerotismo mortífero.

Um segundo índice seria "a transformação da falta em furo no corpo que é percebido pelo sujeito como furo real". Nes-

---

64 Tradução da autora.

ses casos, provocado pela ausência da metáfora paterna, o sujeito parece transformar o furo no simbólico em furo no real do corpo; nos casos de psicoses não desencadeadas, isso exige um constante esforço do sujeito para manter esse espaço preenchido, ou fechado, e é o que se vê em muitos casos de bulimia e de obesidade mórbida — outra forma de se observar a não localização do gozo em zonas erógenas.

O terceiro índice seria o "uso anaclítico da imagem do outro", um tipo de identificação mimética com a imagem ideal do outro, que funciona como uma compensação imaginária para a foraclusão do Nome-do-Pai. O corpo do sujeito se regula pelo corpo do outro especular, mas sem o ponto de opacidade que define o lugar do objeto.

Nesses casos, o desencadeamento coincide com a quebra do par imaginário. Como afirma Recalcati:

> Este aprisionamento direto do outro sobre o corpo do sujeito, esta identificação maciça, generalizada, não localizada, esta espécie de mimesis identificatória marcará o vazio de ser que habita o sujeito psicótico e sua tentativa de preenchê-lo através do uso anaclítico da imagem ideal do outro. (Recalcati, 2003, p. 206)

As "práticas ou atuações sobre o corpo" constituem um quarto índice. Elas visam produzir, no real do corpo, a castração que não se produziu no simbólico. Algumas privações anoréxicas e algumas práticas de tatuagem, por exemplo, podem ser uma tentativa de localizar o gozo excessivo que o significante não pôde negativizar. Nesses casos, a ausência da metáfora paterna não teria separado o gozo da carne de modo eficaz. Uma modalidade dessa tentativa de localização do gozo se encontra em pacientes que se deixam submeter a várias cirurgias, muitas vezes desnecessárias.

O último índice destacado por Recalcati é a presença de uma "série continua de quebra de vínculos, um constante desarraigamento" na história do sujeito. As mudanças constantes, transformações, dificuldades para se manter nos vínculos sociais podem ser indicadores de um desengache do sujeito em relação ao Outro. Alguns pacientes vão se desvinculando gradualmente de todos os seus laços, num isolamento progressivo que parece refletir o fracasso em se manter numa posição discursiva que conecte o significante e o gozo. Os deslocamentos corporais do sujeito parecem ser a atuação corporal daquilo que, no plano da linguagem, seria a metonímia, sem o ponto de basta.

O fenômeno psicossomático e a hipocondria

Quanto aos "fenômenos psicossomáticos", parece que uma primeira distinção a ser feita é a existência de lesão real no órgão, diferentemente do que ocorre em outros fenômenos conversivos ou neoconversivos.

Lacan abordou o fenômeno psicossomático em alguns de seus seminários. Destacamos aqui sua formulação no *Seminário, livro 11, Os quatro conceitos fundamentais da psicanálise*, que trata da questão como um problema relativo à afânise do sujeito (Lacan, 1964/ 1985, p. 215), o que levaria a uma espécie de holófrase, ou ausência de intervalo na cadeia significante (Lacan, 1964/ 1985, p. 225). Compreendemos essa afirmação como uma indicação de que tais fenômenos apontam para um ponto onde o apagamento do corpo pela linguagem não teria operado convenientemente. No entanto, a indicação de que há um sujeito ali implicado parece apontar para a possibilidade de estes fenômenos serem mobilizados pela ação contingente de uma interpretação.

Onze anos mais tarde, na conferência de Genebra sobre o sintoma, Lacan tratará o fenômeno psicossomático como algo da ordem do escrito, mas um escrito que não sabemos ler: tratar-se-ia de uma assinatura, algo equivalente a um hieróglifo ou uma cifra. Lacan aponta ainda que a mobilização desses fenômenos depende de que se encontre o gozo neles fixado. Em suas palavras:

É por esse viés, pela revelação do gozo específico que há na sua fixação, que é preciso sempre visar abordar o psicossomático. Nisto podemos esperar que o inconsciente, a invenção do inconsciente, possa servir para alguma coisa. O que esperamos é dar-lhe o sentido do que se trata. O psicossomático é algo que, de todo modo, está, no seu fundamento, profundamente arraigado no imaginário. (Lacan, 1975/ 1998, p. 14)

Fenômenos psicossomáticos podem assumir valor de conversão ou de fenômeno de corpo psicótico, conforme a estrutura do sujeito. Embora os fenômenos psicossomáticos não sejam derivados do sintoma, sua estrutura é de metáfora, ainda que sob a forma da holófrase:[65] podem ser afetados pela linguagem. Como acentua o trabalho do grupo de Bordeaux, o fenômeno psicossomático na psicose, com sua estrutura de "cartucho do nome próprio", circunscreve no corpo um espaço privilegiado, a partir do qual o sujeito se faz um corpo (um nome) próprio sem passar pelo Nome-do-Pai. Na neurose, considera--se o fenômeno psicossomático como índice de um gozo perverso, que escapa à castração, desmentindo-a. Na transferência, é possível, então, descompactar a sutura significante (holófrase), permitindo ao sujeito reconhecer e responsabilizar-se pelo gozo nela fixado, como afirmam Dewambrechies-La Sagna & Deffieux (Miller, 1999, p. 110).

Os "fenômenos hipocondríacos", por sua vez, são tratados na Convenção de Antibes como sendo sempre da ordem da psicose. Em "Sobre o narcisismo, uma introdução", Freud assinala a estreita relação entre hipocondria e psicose, equivalente à relação entre as neuroses atuais e as psiconeuroses. Freud inscreve a hipocondria e as neuroses atuais do lado da libido do eu, e a psicose e as psiconeuroses do lado da libido sexual (Freud 1914/ 1974, pp. 100-101). Cremos poder compreender que, as-

---

65 "Holófrase" é a forma como Lacan descreve a estrutura do fenômeno psicossomático em que não há intervalo entre S1 e S2. Diríamos tratar-se de um sentido congelado no corpo, sem a possibilidade de uma dialética subjetiva (Lacan, 1964/ 1985, pp. 224 -225).

sim como Freud supunha uma neurose atual na base de toda psiconeurose (Freud 1916[1917]/ 1976, p. 455), a hipocondria estaria na base das psicoses, indicando um embaraço ao nível do corpo concernente à separação do corpo do Outro, ou, dito de outro modo, indicando a iminência de uma invasão de gozo.

François Sauvagnat sublinha dois tipos de hipocondria: a indeterminada, que abrangeria desde o sentimento de estar doente até as dores generalizadas, e a localizada, que toma um órgão fixo. Sauvagnat relaciona a primeira a um estado de pré--desencadeamento, mas já testemunhando a incursão de Um--pai (P_0) (Miller, 1999, pp.138-143). Quanto às hipocondrias localizadas, são consideradas por diferentes escolas psiquiátricas como francamente psicóticas. Nos termos da psicanálise, a falta de inscrição da castração no simbólico faz com que se atualize no real do corpo; essas hipocondrias localizadas parecem ser tentativas de suplência. Assim, ou podemos considerar esses fenômenos do tipo hipocondríaco no corpo como fenômenos elementares, ou como tentativas de suplência.

Para finalizar este capítulo, gostaríamos de ressaltar que o programa de pesquisas sobre as psicoses ordinárias segue com o status de "campo de pesquisa" no âmbito da Orientação Lacaniana. As hipóteses levantadas se mantêm como elemento de orientação para os analistas do Campo Freudiano na pesquisa dos sintomas cujos elementos classicamente estabelecidos para um diagnóstico diferencial (a presença da metáfora paterna, ou não, e sua extensão na vida subjetiva) não se apresentam claramente nas entrevistas preliminares. Além disso, à partir desse campo de investigação, abriu-se também um amplo campo de pesquisa acerca da função paterna. Uma positivação importante, resultante dessas pesquisas, nos parece ser um maior cuidado por parte dos analistas em definir casos de psicose, considerando-se que os usos que se pode fazer da função paterna são tão singulares que, por vezes, se assemelham muito às suplências psicóticas, sem que na verdade deixem de estar inscritos no campo da ordem fálica. Nesse sentido, tal pesquisa parece ter instrumentalizado melhor os analistas face às atuais apresentações dos sintomas.

Capítulo 6
Uma nova perspectiva clínica

A indiferença sexual

Neste capítulo utilizaremos como vinheta clínica um filme que bem poderia refletir encontros amorosos em qualquer grande metrópole da atualidade. Através dele, demonstraremos o aspecto de indiferenciação sexual que marca os sintomas contemporâneos. O título, "Todas as cores do amor",[66] se assemelha ao refrão "qualquer maneira de amor vale a pena", da música de Milton Nascimento "Paula e Bebeto". O roteiro trata das perspectivas de amor e sexualidade que vieram no rastro da "liberação sexual" promovida nas décadas de 1960 e 1970. A partir desse período, se, por um lado, as diferentes facetas nas quais o amor humano se revela foram autorizadas a se manifestar livremente, por outro parece ter ocorrido um incremento de condutas e sintomas que se fundam numa paralisia, numa não escolha diante do sexo. Nossa hipótese é de que alguns sintomas contemporâneos se esteiam na indiferenciação sexual.

No filme, sempre acompanhadas das respectivas relações sexuais, as relações amorosas variam entre parceiros de ambos os sexos com a fluidez própria aos laços contemporâneos (Bauman, 2004). A rapidez das mudanças e a aparente pouca densidade

---

66 Título original "Goldfish memory", filme irlandês, lançado em 2003, com direção e roteiro de Elizabeth Gill.

dos afetos que as acompanham criam uma atmosfera propicia-dora da crença de que, para o sujeito humano, qualquer tipo de relação amorosa poderia ser igualmente satisfatória. Cabe notar que o título original do filme, "*Goldfish memory*", faz alusão à falta de memória implicada nesses laços, já que o peixe dourado possui memória de apenas alguns segundos. Tom, o protagonis-ta, se refere a essa curta memória preconizando-a como ideal para os relacionamentos amorosos, o que supostamente faria com que os sujeitos envolvidos vivessem cada relacionamento como inteiramente novo. Tal premissa, como sabemos, é con-testada pela psicanálise, pois a clínica constantemente nos con-firma que o traço mnêmico do objeto original é o que orienta o pensamento e o desejo (Freud, 1895/ 1977, pp. 436-439).

O filme parece revelar uma face da moral sexual vigente na contemporaneidade que induz à maior variação de parceiros e, inclusive, de sexo, independentemente de os resultados dessas "escolhas" resultarem em insatisfação crescente. Na sequência, têm-se a impressão de que, embora algumas relações satisfaçam um pouco mais que outras, o sexo do parceiro é indiferente.

O roteiro, sem dúvida, não peca pelo engano de afirmar a relação sexual como possível: nenhuma das relações ali des-critas é inteiramente satisfatória, todas têm seus pontos de fra-casso, revelando a precariedade da resposta amorosa. Todavia, o que nos chama a atenção como pesquisadores em psicanálise é uma certa monotonia generalizada. Nenhuma relação se des-taca especialmente; o que se destaca é a aposta na indiferença quanto ao objeto de amor.

A aplicação da psicanálise como instrumento de leitu-ra dos movimentos sociais exige sempre que se demarque sua diferença com relação ao pensamento sociológico, cujo ponto básico é que a psicanálise se orienta por um compromisso com a clínica sob transferência. Além disso, a orientação psicanalíti-ca é para o real como impossível, o que significa uma orientação através dos fracassos nas tentativas de eliminar o mal-estar do sujeito com a sexualidade. A leitura psicanalítica de aconteci-mentos sociais, portanto, tem sempre algo de espúrio, já que estaria fora da transferência. Mesmo assim, desde Freud, com seus artigos como "O mal-estar na civilização", "O futuro de uma ilusão" e "Moisés e o monoteísmo", é feita essa extensão de leitura dos fenômenos sociais com as chaves dos acontecimentos individuais. A nosso ver, porém, esse exercício visa sempre encontrar na cultura as expressões da relação dos sujeitos com o real — e o mal-estar que este provoca — e as soluções encontradas, seus arranjos singulares com o sexo e a linguagem, provenientes da inexistência de um "programa sexual" (Ferrer, 2005) para os falantes, tudo isso visando entender as relações dos sujeitos com seu tempo, em sua singularidade: ainda que inscritos na ordem coletiva, tratam-se de arranjos essencialmente singulares.

Nesse sentido, o fato de a psicanálise considerar a diferença entre os sexos como um dado estrutural nos leva a uma posição bastante distinta daquela revelada no filme em questão. Nasce-se homem ou mulher, tanto no corpo como na nomeação, porquanto homem ou mulher são os significantes que designam o sexo do sujeito quando de seu nascimento. Porém, do ponto de vista do desejo, as coisas se passam de modo bastante distinto. De saída, não sabemos se o corpo que se tem, biologicamente falando, corresponde ao corpo que se tem subjetivamente. Todas as experiências clínicas que se têm atualmente com as transexualidades demonstram isso, mas não precisaríamos ir tão longe. O corpo, mesmo para a neurose mais banal, é sempre fonte de desconforto, já que o corpo é sempre Outro para o sujeito, seja em sua vertente de imagem capturada no campo do Outro, seja como campo de bordas pulsionais, onde apenas o objeto demarca um furo separador entre o que é do campo do sujeito e o que é do campo do Outro.

Se, como dissemos no Capítulo 4, as ficções do inconsciente são nossa matéria essencial, a indiferença entre os sexos não se coloca nem como ficção, já que o significante marca uma partilha no que diz respeito ao sexo. E se há algo além do inconsciente, um real que escapa às nossas ficções, uma afetação primitiva do corpo pelo significante, eis mais uma razão para se considerar que não há escolha sexual livre, apenas uma "escolha forçada".

Sexo e semblante[67]

Para Lacan, o semblante não é da ordem do artefato, não é uma transformação técnica oriunda da pesquisa do real. Digamos que, para ele, o semblante seja um efeito, quer no plano da imagem, quer no plano do significante, que indica um real impossível de aceder.

Em seu seminário "*De la naturaleza de los semblantes*", Miller (1991[1992]/ 2002) opõe o semblante ao real, afirmando que "o semblante consiste em fazer crer que há algo ali onde não há. Por isso a fórmula *não há relação sexual* implica que, no nível do real, só há semblantes, não há relação" (Miller, 1991[1992]/ 2002, p. 18). Assim, se há um real do sexo, este só ex-siste ao nível dos semblantes.

Daremos agora um passo atrás para compreender como, na teoria psicanalítica, o ser do sujeito se articula ao sexo, tentando pensar aí o papel da anatomia na constituição desses semblantes. Como atualizar o dito "anatomia é destino", atribuído a Napoleão Bonaparte e recuperado por Freud (1924/ 1976)? Como entender essa afirmação freudiana já tão utilizada, muitas vezes aceita e outras tantas contestada? Há, sem dúvida, várias leituras possíveis. Os psicanalistas de tradição pós-freudiana afirmam que o sexo corporal determinaria a escolha do objeto sexual, estabelecendo uma "normalidade" sexual — a heterossexualidade. Porém, após os anos 1970, muitos psicanalistas descartaram essa afirmação por considera-la um equívoco de Freud, próprio à sua formação na cultura vitoriana.

A primeira leitura orientou boa parte da escola inglesa, que tomou a organização genital infantil como uma evolução da polimorfia pulsional em direção a essa normalização, cujo ápice seria a primazia genital. A escolha do objeto evoluiria conforme

---

67 Este item foi publicado originalmente no artigo "Sobre o sexo e os limites do semblante" (Zucchi, 2008).

a organização das pulsões parciais, do mais periférico do corpo aos órgãos genitais, leitura que supunha, portanto, um objeto adequado para cada sexo e a reprodução como meta da sexualidade. Disso decorreu que a homossexualidade fosse tomada como neurose ou como perversão. No outro extremo estão aqueles que, sem dúvida fortemente influenciados pela leitura lacaniana de Freud, se opõem a essa visada. Contrariamente a Abraham (1970), que propôs a evolução da libido na progressão de fases, Lacan considerava não haver nenhum desenvolvimento pulsional em direção a uma pretensa genitalidade. Sob essa perspectiva, o caráter sexuado do objeto perde valor, em favor de seu caráter linguístico.

Ao longo de sua obra, Lacan fez profundas alterações no conceito de objeto, e tais alterações se coordenam com os seis paradigmas extraídos por Miller de seus ensinamentos (Miller, 2000a). Considerando os desdobramentos epistemológicos que Miller vem fazendo desse ensino, estabelecendo a existência de pelo menos três níveis, ou três ensinos, é importante ressaltar que as relações entre corpo e linguagem variam de modo bastante significativo nesses três momentos da obra lacaniana. Assim, no primeiro ensino, a teoria estava enfaticamente voltada para as relações do inconsciente com a linguagem: foi o período em que Lacan retomou a descoberta freudiana a partir das bases que lhe pareciam efetivamente originais, ou seja, a partir das relações que Freud havia descoberto entre sexualidade e linguagem. Nessa vertente, o corpo é uma imagem construída pelo significante; na relação especular com o Outro se produz uma precipitação jubilosa do eu como totalização, e o espaço do objeto se configura como sendo aquele que escapa a essa totalização da imagem.

Uma vez que o Outro enquanto suporte da fala e da linguagem não pode se reduzir à imagem do espelho, o encontro com a imagem especular (o semelhante) deixa como resto o objeto sem imagem, que, por sua vez, se torna a causa do desejo: esta é a vertente do objeto cuja formalização constituirá o segundo ensino de Lacan. Além da face estritamente imaginária (de semelhante) e do vazio (simbólico) que atua como causa, somar-se-ão os objetos parciais como pedaços de corpo indefinidos entre o sujeito e o Outro. Sob essa perspectiva, o corpo passa a ser considerado homólogo ao inconsciente; a pulsação das zonas erógenas se articula ao movimento de abrir e fechar do inconsciente, enquanto a demanda do Outro sobre o corpo do sujeito e a presença/ ausência do objeto desenham uma anatomia peculiar e singular. Os significantes do Outro e o corpo do sujeito se articulam de um modo tal que, em sua pulsação, pode-se apreender as vias pelas quais se escreve o desejo do sujeito, sua falta-a-ser.

Dito de outro modo, nessa pulsação se pode apreender em torno de que posição de objeto (objeto a) o sujeito construiu sua fantasia de completar o Outro e, assim, completar-se. Evidencia-se então que o inconsciente estruturado como linguagem tem sua face de pulsão temporal na qual o gozo se revela, se presentifica, na presença/ ausência do objeto nas zonas erógenas. O matema lacaniano do fantasma (S / $\lozenge$ a) condensa essas duas faces do sujeito do inconsciente: sua divisão significante e sua face de objeto do gozo do Outro. O conceito de fantasma permite, então, abordar as duas vertentes do inconsciente em jogo na experiência analítica: a do sentido a ser decifrado e a do gozo a ser localizado, reduzido.

Precisaríamos incluir, ainda nesse percurso, alguns desdobramentos relativos à questão do corpo no último ensino de Lacan. De modo bastante sucinto, diríamos que a partir do Seminário 20 Lacan opera uma radicalização dos fundamentos da subjetividade, ancorando-a no real do gozo.

Inicialmente, então, o sujeito é pensado como um efeito metafórico do Nome-do-Pai, o sujeito é a própria significação fálica produzida quando o significante paterno substitui a criança tomada como falo, como objeto do desejo da mãe. No segundo ensino, o sujeito é tanto a significação fálica quanto o objeto de gozo do Outro. Já no último ensino, o que dá fundamento ao falante é a articulação do corpo vivo à linguagem; nessa nova teorização, o sujeito e o gozo fantasmático estão conjugados sob a forma de insígnias (S1 e a), e o real como impossível é encarnado na diferença sexual. Não há relação ou proporção entre os sexos.

No seminário "O sinthoma", Lacan indica uma articulação entre a letra (fora, ou anterior à cadeia) e o corpo formando a consistência elementar do falante, que seria prévia, ou ex-sistente a qualquer amarração entre os registros simbólico, imaginário e real. É no "saber-fazer" com essa articulação que se enodam os registros. Nas palavras de Lacan: "Só se é responsável na medida de seu savoir-faire" (Lacan, 1975[1976]/ 2007, p. 59).

A partir do Seminário 20, a linguagem é tratada não mais como o que mortifica o gozo, mas como aquilo que o vivifica. A linguagem aparelha o gozo do corpo, aparelha o sujeito para gozar do corpo (Coelho dos Santos, 2002a). Nos dois primeiros ensinos, a linguagem limita o gozo do corpo restringindo-o ao sujeito, ora como imagem, ora como construção que a um só tempo o integra e separa do Outro (fantasma). Em contrapartida, no último ensino parece haver em Lacan uma abertura para a consideração do gozo do corpo vivo de uma maneira aparentemente ilimitada — dizemos "parece haver" porquanto o que aqui aparece radicalizado é o limite do real, situado na articulação fundante entre lalíngua e corpo. Em outras palavras, um falante não pode experimentar qualquer gozo com seu corpo, ao contrário, parece experimentar sempre o mesmo gozo, ainda que modalizado em diversos semblantes. Se a mulher para o homem é um sinthoma, e o homem para a mulher, bem mais que um sintoma, uma aflição, uma devastação (Lacan, 1975[1976]/ 2007, p. 101), consequentemente o real impossível, a inexistência da relação sexual não poderá se manifestar do mesmo modo para homens e mulheres. A consideração do corpo como vivo nos exige repensar o valor das consequências psíquicas da diferença anatômica entre os sexos.

Excertos de uma teoria queer sobre a sexualidade

Uma das correntes teóricas que buscam descentrar o modo de conhecimento ocidental pós-moderno, sustentado nas oposições masculino/ feminino e heterossexualidade/ homossexualidade, é a que traz em seu bojo as chamadas teorias *queer* — uma corrente fortemente desenvolvida nos anos 1990, na esteira do pós-estruturalismo, que, nos mais diferentes campos, visa servir-se da sexualidade "desviante" como método para repensar os padrões culturais. Trata-se, sem dúvida, de um movimento político.

No dicionário eletrônico Michaelis encontramos as seguintes definições para o termo "*queer*": adjetivo (1) esquisito, ridículo, fantástico, estranho; (2) adoentado; (3) substantivo homossexual, veado, bicha louca; verbo (1) estragar, arruinar; (2) embaraçar, desconcertar; (3) colocar-se em posição embaraçosa. "*He is in queer street*" [ele está com dívidas até o pescoço] (Michaelis, 2006).

O termo conjuga aspectos culturalmente considerados positivos e negativos. Todavia, o que evidentemente se destaca em sua significação é sua oposição à norma e à boa forma. Como esclarece Louro:

> *Queer* é tudo isso: é estranho, raro, esquisito. *Queer* é também, o sujeito da sexualidade desviante — homossexuais, bissexuais, transexuais, travestis, *drags*. É o excêntrico que não deseja ser 'tolerado'. *Queer* é um jeito de pensar e de ser que não aspira o centro nem o quer como referência; um jeito de pensar e de ser que desafia as normas regulatórias da sociedade, que assume o desconforto da ambiguidade, do 'entre lugares', do indecidível. *Queer* é um corpo estranho, que incomoda perturba, provoca, fascina. (Louro, 2004, pp. 7-8)

As teorias *queer* consideram que a heterossexualidade é apenas uma norma, uma instituição cultural, não uma dimensão anatômica. Seu método de análise é desconstrutivo e descentralizador, pretendendo uma ruptura epistemológica com as formas de conhecimento dominantes na cultura, nas quais a binariedade sexual repartiria quase todos os modos de apreensão da realidade. Os autores de tais teorias visam:

(...) provocar um jeito novo de conhecer e também pretendem apontar outros alvos de conhecimento. (...) A oposição
binária heterossexualidade/ homossexualidade ganha centra-
lidade nas análises desses autores, uma vez que entendem ser
essa uma oposição que articula as práticas sociais e culturais,
articula o conhecimento e o poder, contribuindo assim para a
produção de sujeitos. A homossexualidade é analisada como
parte de um regime de poder/ saber (mais do que como uma
identidade social minoritária). (Louro, 2004, pp. 59-60)

Isso conduz a uma posição conceitual fundamental: a sexualidade não define uma identidade. Trata-se de uma política
pós-identitária, cujo foco é a cultura e suas estruturas discursivas, e não a identidade (Louro, 2004, p. 60).

Essas teorias *queer* se desenvolveram com base em Michel Foucault, Jacques Derrida e até mesmo Jacques Lacan, cuja
abordagem da relação entre o saber e o poder sobre a sexualidade, por sua vez, se baseia em Foucault. Devem a Derrida a ideia
de que o pensamento ocidental opera por binarismos, elegendo
os elementos centrais e estabelecendo, a partir daí, o seu "outro"
ou seu oposto, subordinado ou inferior, o que exigiria sempre
uma desconstrução do discurso ordenador; e tomam emprestado de Lacan a noção de que o sujeito se constitui no campo do
Outro, a fim de concluir que não haveria nenhuma identidade
sexual, somente identificações (Louro, 2004, p. 39-42), lendo a
inexistência da relação sexual e a inconsistência do Outro como
o que possibilitaria aos corpos a abertura a qualquer forma de
gozo.

Com base nas proposições de Louro a respeito das relações entre a sexualidade e a educação, verifica-se que a construção da sequência sexo-gênero-sexualidade é percebida como
um ato cultural, determinado inicialmente por uma nomeação
— "é menino!" ou "é menina!") —, mas reiterado constantemente nas mais diversas práticas sociais. Todavia, há sujeitos que seguem desviantes em relação a essas normas, rompendo essas se-
quências pré-estabelecidas. Como afirma a autora: "Efeitos das

instituições, dos discursos e das práticas, o gênero e a sexualidade guardam a inconstância de tudo o que é histórico e cultural; por isso, às vezes escapam e deslizam" (Louro, 2004, p. 17).

Louro se utiliza da metáfora da viagem e do cruzamento de fronteiras para descrever os sujeitos que escapam à determinação cultural sexo-gênero-sexualidade, afirmando o caráter eminentemente político da ultrapassagem dessas fronteiras: uma conduta "desviante" de um sujeito tende a influenciar a de seus contemporâneos, no sentido de ampliar suas possibilidades de ser e viver (Louro, 2004, p. 23). A autora faz ainda uma interessante análise da evolução dos movimentos políticos de inclusão social da homossexualidade e dos sujeitos homossexuais ao longo das três últimas décadas, quando o segredo e a segregação foram sendo progressivamente substituídos pela tolerância e a convivência com as diferentes modalidades de gozo do corpo. Trata-se, inicialmente, de uma política de reforço identitário, da construção da comunidade homossexual, que passa, depois dos anos 1980, a uma política pós-identitária na qual o que conta é a desconstrução de uma concepção de sexualidade sustentada exclusivamente em duas binariedades, masculino/ feminino e heterossexual/ homossexual, afim de que se passe a incluir e legitimar um maior número de práticas e prazeres sexuais (Louro, 2004, pp. 29-38).

Todavia, Louro reconhece que nem todos os sujeitos que desviam sua sexualidade o fazem decididos a um ato político subversivo:

> Os sujeitos que cruzam as fronteiras de gênero e de sexualidade talvez não 'escolham' livremente essa travessia, eles podem se ver movidos para tal por muitas razões, podem atribuir a esse deslocamento distintos significados (...). Atravessam fronteiras ou adiam o momento de cruzá-las. Muitos permanecem referidos à via mestra, mesmo que pretendam recusá-la e 'partir para outra' (...). Sua recusa nem sempre é crítica, contundente ou subversiva; por caminhos transversos, sua recusa pode acabar reforçando as mesmas regras e normas que pretendeu negar. (Louro, 2004, p. 19)

Ressaltemos ainda que a autora se refere à inconstância do gênero e da sexualidade, mas sem negar a materialidade anatômica da diferença entre os sexos. Observa, porém, que o que interessa na discussão das relações entre a sexualidade e o dado corporal é antes de tudo a forma como o corpo se presta a transformações histórico-culturais, ou, em suas próprias palavras, "o que se enfatiza são os processos e as práticas discursivas que fazem com que aspectos dos corpos se convertam em definidores de gênero e de sexualidade e, como consequência, acabem por se converter em definidores dos sujeitos" (Louro, 2004, p. 80).

Em seu livro *Testo Yonqui*, caracterizado por sua estrutura investigação científica e de texto-depoimento, devido à sua experiência com a autoaplicação de testosterona, a autora *queer* Beatriz Preciado — atualmente autodenominada Paul Beatriz Preciado[68] — propõe uma conjunção entre experiência singular e produção de saber. Ainda que adepta de tais práticas, a autora consegue destacar o caráter econômico-político subjacente às novas experiências de transformação sexual, argumentando que estamos em plena era fármaco-pornográfica, uma vez que o século XX converteu a sexualidade (pornográfica) e a indústria farmacêutica em pilares da atividade político-econômica (Preciado, 2008, pp. 25-46). Em suas palavras:

> Durante o século XX, período em que se leva a cabo a materialização fármaco-pornográfica, a psicologia, a sexologia, a endocrinologia estabeleceram sua autoridade material, transformando os conceitos de psiquismo, de libido, de consciência, de feminilidade e masculinidade, de heterossexualidade e homossexualidade em realidades tangíveis, em substâncias químicas, em moléculas comercializáveis, em corpos, em biotipos humanos, em bens de intercâmbio passíveis de gestão pelas multinacionais farmacêuticas.[69] (Preciado, 2008, pp. 32)

68 Para ir além, conferir https://en.wikipedia.org/wiki/Paul_B._Preciado.
69 Tradução livre da autora.

Preciado afirma que, se a ciência alcançou o lugar hegemônico que ocupa hoje como discurso e prática na cultura, foi por sua capacidade de inventar e produzir artefatos vivos, transformando-se, assim, na nova religião da modernidade, porque tem a capacidade não só de descrever a realidade, mas de criá-la. Segundo a autora:

> O êxito da tecnociência contemporânea foi transformar nossa depressão em Prozac, nossa masculinidade em testosterona, nossa ereção em Viagra, nossa fertilidade/ esterilidade em pílula, nossa aids em triterapia, sem que seja possível saber quem vem antes, se a depressão ou o Prozac, se o Viagra ou a ereção, se a testosterona ou a masculinidade, se a pílula ou a maternidade, se a triterapia ou a aids. Esta produção em autofeedback é própria do poder fármaco-pornográfico.[70] (Preciado, 2008, p. 33).

Cabe-nos aqui retomar brevemente o caminho psicanalítico acerca da sexuação para os dois sexos, a fim de estabelecer nossa especificidade diante dessas novas formas de produção de saber.

Algumas consequências psíquicas da diferença anatômica entre os sexos

Retomemos um artigo central de Freud relativo ao processo de sexuação, "Algumas consequências psíquicas da diferença anatômica entre os sexos". Freud (1925/ 1976) inicia seu artigo afirmando que a análise do neurótico exige o exame da primeira eflorescência da vida sexual:

> Apenas examinando-se as primeiras manifestações da constituição instintual inata (pulsional) do paciente e os efeitos de suas primeiras experiências, podemos de fato avaliar

---

70 Tradução livre da autora.

com exatidão as forças motivadoras que levaram à sua neurose, e estar seguros contra os erros a que poderíamos ser induzidos pelo grau em que as coisas se tornaram remodeladas e sobrepostas na vida adulta. (Freud, 1925/ 1976, p. 309)

Ou seja, nos termos de Lacan, isso equivaleria a dizer que apenas orientados pelo tratamento dado ao gozo sexual é que se pode compreender a estruturação de uma neurose particular. Freud se propôs a discutir o ponto do desenvolvimento sexual em que meninos e meninas diferem em sua organização, fazendo girar seus argumentos em torno de um aspecto fundamental: a percepção da ausência de pênis nas meninas. Para ambos os sexos, essa ausência produziria efeitos que se coordenam ao complexo de castração e à entrada no Complexo de Édipo, mas isto se daria de modo completamente distinto, em conformidade com o sexo anatômico da criança.

O menino entra no Édipo com o objeto que sua libido investiu na primeira infância, a mãe, e sai dele impelido pelo temor da castração, identificado sexualmente ao pai e com possibilidade de dirigir sua libido às outras mulheres, desde que portem o traço fetiche que, na outra cena, mantém a mãe como objeto (não castrado). A ameaça de castração pode ser lida no imaginário como ameaça de perda do pênis para o rival, o pai. Já no simbólico, isso corresponderia à ameaça de perda do traço fálico. É preciso que o menino, então, mantenha o gozo do pai como exceção, a fim de que possa ter acesso a seu gozo próprio (gozo das outras mulheres que não a mãe).

Freud destaca ainda:

O assunto fica mais difícil de apreender pela circunstância complicante de que mesmo em meninos o complexo de Édipo possui uma orientação dupla, ativa e passiva, de acordo com sua constituição bissexual; o menino também deseja tomar o lugar de sua mãe como objeto de amor de seu pai — fato que descrevemos como sendo a atitude feminina. (Freud, 1925/ 1976, p. 311)

Para Freud, a atitude feminina do menino de refere ao amor pelo pai. Portanto, no caso do homem, a feminilidade se apresenta em sua relação com outro homem, o pai, na qual, Freud deixa claro no parágrafo seguinte, não está em jogo nenhuma rivalidade com a mãe. Disso se conclui que, embora ele se refira a uma "constituição bissexual", parece haver uma clara distinção quanto ao tratamento do objeto no Édipo direto e no Édipo invertido. No complexo edipiano normal, a mãe é o objeto sexual do menino. A posição fantasiada é a de oferecer ativamente gozo à mãe. Já naquilo que Freud chamou de complexo edipiano invertido, o objeto de amor é o pai, e o que aqui está em jogo é a submissão passiva a ele. Parece útil pensar essa vertente passiva como estando sempre presente na sexuação masculina, referindo-se não só à submissão erótica, mas especialmente à alienação aos significantes paternos.

Voltemos ao Édipo masculino direto. Frente à visão do órgão sexual feminino, inicialmente, o menino se mostra pouco interessado, ou mesmo desmente sua percepção. Só *a posteriori*, durante a vigência da ameaça de castração, é que essa percepção tomará sentido e gerará duas reações: (1) horror frente à criatura mutilada; e (2) desprezo triunfante sobre ela.

Nas palavras de Freud:

> Essa combinação de circunstâncias conduz a duas reações, capazes de se tornarem fixas e, se assim for, quer separada, quer juntamente, quer em conjunto com outros fatores, determinarão *permanentemente* (grifamos) as relações do menino com as mulheres (...). (Freud, 1925/ 1976, p. 314)

A menina, por sua vez, reage de modo diferente à percepção do pênis, isto é, vê, julga e decide; não tem e quer tê-lo. Numa nota fundamental, Freud afirma retificar sua tese anterior de que o que despertava o interesse sexual nas crianças seria a questão da origem dos bebês. Segundo ele, fica evidente que a diferença anatômica entre os sexos constitui o interesse sexual, nas meninas sempre, nos meninos algumas vezes. É possível constatar-se clinicamente que, se a diferença sexual não desperta de imediato o interesse sexual em alguns meninos, quando esse interesse ocorre ele é sempre orientado por seu corolário, o complexo de castração. O temor da castração é a mola de constituição do supereu masculino, derivado do complexo de Édipo.

A percepção da diferença leva a menina à inveja do pênis, cujas possíveis consequências podem ser, entre outras: a rejeição da percepção e da própria castração (que quando é duradoura revela uma psicose); e o complexo de masculinidade, no qual ou a menina fantasia o crescimento do pênis no futuro, ou vincula sua "perda" a alguma culpa. Mesmo depois de perceber a universalidade da castração nas mulheres, o traço da inveja do pênis permanece, seja no "sentimento de inferioridade" (que se adequa à concepção masculina da castração nas mulheres), seja no "ciúme" (aqui como mais uma manifestação da inveja), ou ainda no "afrouxamento da relação afetuosa da menina com seu objeto materno" (Freud, 1925/ 1976, p. 316), já que a mãe é responsabilizada por tê-la feito castrada. Todavia, a consequência que Freud reputa como mais importante é a "intolerância da mulher à masturbação", já que o abandono da masturbação clitoridiana (masculina) seria o passo necessário para o acesso à feminilidade. Em suas palavras:

> Não obstante, pareceu-me que a masturbação está mais afastada da natureza das mulheres que da dos homens e a solução do problema poderia ser auxiliada pela reflexão de que a masturbação, pelo menos do clitóris, é uma atividade masculina, e que a eliminação da sexualidade clitoridiana constitui precondição necessária para o desenvolvimento da feminilidade. (Freud, 1925/ 1976, p. 317)

Diferente do menino que sai do Édipo pelo temor à castração, a menina não tem esse temor como referência: sua entrada no complexo edipiano é um efeito da constatação de sua castração; é no deslizamento do desejo do pênis para o desejo de um bebê que a menina desloca para o pai o amor antes destinado à sua mãe. A sexualidade feminina normal se resolveria, então, pelo deslocamento para um outro homem da demanda de receber dele o falo-bebê, inicialmente dirigida ao pai. Neste ponto aparece a rivalidade com a mãe. O malogro desse desejo pode impelir a menina a uma identificação com o pai, fixando-a na posição masculina.

Em seu artigo "Sobre a sexualidade feminina" (1931/ 1974), Freud enfatiza que, frente ao reconhecimento de sua castração e da revolta contra ela, abrem-se para a mulher três linhas de desenvolvimento: (1) a inibição total da sexualidade e inclusive da virilidade em outros campos; (2) um apego ao complexo de masculinidade (a espera por receber o falo); e (3) a feminilidade normal, em que ela toma o pai como objeto de amor e entra no complexo de Édipo.

Ainda no texto sobre a sexualidade feminina, Freud afirma que a relação primitiva com a mãe tem peso muito maior na sexuação da mulher do que na do homem. Este é um ponto que nos interessa especialmente, levando à reflexão em torno de quais elementos se constitui o sintoma para homens e para mulheres.

O fim da análise e o repudio à feminilidade em ambos os sexos

Nos anos 1930, Freud se viu premido a teorizar a sexualidade propriamente feminina e a descreveu como orientada em torno de um gozo desconhecido, insondável e inominável. No artigo "Análise terminável e interminável" (Freud, 1937/ 1975), começa a discutir a questão da rapidez e da efetividade na conclusão de uma análise, tomando dois exemplos de fracasso: o de um homem — supostamente Ferenczi — que, após ter se analisado com ele, vem a criticá-lo anos depois por não lhe haver tratado a transferência negativa; e o de uma mulher, que, após ser tratada de uma paralisia histérica, tem uma vida bastante desafortunada, sem qualquer relação amorosa, até que, 14 anos mais tarde, ao passar por uma histerectomia, desenvolve uma erotomania em relação ao médico, recusando-se a retomar sua análise.

Freud discute essas ocorrências enfatizando os três fatores decisivos para o sucesso, ou não, do tratamento analítico: a influência dos traumas, a força constitucional dos instintos e as alterações do ego, ressaltando a questão do sintoma como a luta entre a força pulsional e o eu. Centrando a dificuldade do tratamento nesses dois elementos, isto é, na maior ou menor intensidade da força pulsional e na maior ou menor capacidade do eu em dominar as pulsões, apresenta o trabalho analítico como instrumento do eu. Em suas palavras: "Sem dúvida, é desejável abreviar a duração do tratamento analítico, mas só podemos conseguir nosso intuito terapêutico aumentando o poder da análise em vir em assistência do ego" (Freud, 1937/ 1975, p. 262).

Nos capítulos subsequentes, o artigo trata das questões da intensidade pulsional — o possível fator quantitativo ou biológico —, seu incremento ou diminuição e a influência disso no resultado final da análise. Discute também as alterações do eu, especialmente as provocadas pelos "mecanismos de defesa", bem como a maior ou menor adesividade da libido a certos modos de satisfação e a certos objetos. Contudo, o que aqui nos interessa sobremaneira é o ponto retomado por Freud, especialmente no último capítulo, quando discute com Ferenczi sobre o final da análise:

> Tanto em análises terapêuticas quanto em análises de caráter, observamos que dois temas vêm a ter preeminência especial e fornecem ao analista quantidade inusitada de trabalho. (...) Os dois temas correspondentes são, na mulher, a inveja do pênis — um esforço positivo por possuir um órgão genital masculino — e, no homem, a luta contra sua atitude passiva ou feminina para com outro homem. O que é comum nos dois temas foi distinguido pela nomenclatura psicanalí-

tica, em data precoce, como sendo uma atitude para com o complexo de castração. Subsequentemente, Alfred Adler colocou o termo 'protesto masculino' em uso corrente. Ele se ajusta perfeitamente ao caso dos homens, mas penso que, desde o início, 'repúdio da feminilidade' teria sido a descrição correta dessa notável característica da vida psíquica dos seres humanos. (Freud, 1937/ 1975, p. 284)

Freud retoma o que seria a inveja do pênis e suas consequências no acesso da mulher ao Édipo e à posição feminina normal, bem como o repúdio à feminilidade nos homens, demonstrando que neles esse repúdio é perfeitamente egossintônico. Mostra-se, ainda, contrário a Ferenczi, para quem uma análise só teria fim quando o temor à castração e a inveja do pênis tivessem sido dominados. Para Freud, esses complexos formavam uma espécie de "rochedo" intransponível, contra o qual os processos de análise se chocavam. O repúdio à feminilidade seria o fator insuperável na análise, tanto de homens como de mulheres; e é justamente sobre esse impasse que Lacan tenta avançar, valendo-se de sua teorização do feminino como *não-todo* e estabelecendo a dupla modalidade de satisfação, o gozo fálico e o Outro gozo, e a inexistência de relação entre eles. A concepção lacaniana da radical diferença entre o amor masculino (autoerótico) e o amor feminino (amor à alteridade, expresso na fala) dá à castração um lugar estrutural na sexualidade masculina, retirando seu caráter de impasse.

Voltando a Freud, queremos ainda ressaltar um aspecto. Em uma nota ao final desse artigo, ele afirma que o repúdio à feminilidade no homem não diz respeito ao repúdio à passividade em seu sentido genérico, mas muito especificamente à passividade frente a outro homem (Freud, 1937/ 1975, p. 287), passividade que é recusada e aparece sintomaticamente como rivalidade. A leitura mais frequente dessa afirmação põe em destaque aquilo que, na perspectiva lacaniana, seria, no caso dos homens, a vertente imaginária do repúdio à feminilidade, isto é, o amor homossexual pelo pai. Parece-nos, no entanto, que a leitura mais propícia seria a que propõe essa rivalidade como uma vertente neurótica, considerando que a identificação ao pai é o destino da sexuação masculina. Nesse caso, o repúdio à feminilidade nos homens seria um dado de estrutura que os mantém na lei paterna. Conforme observa Coelho dos Santos, o que o homem repudia não é a submissão ao pai, "mas a feminilidade como infinito do gozo, sem limites (...)" (Coelho dos Santos, 2006d, pp. 66-67), da qual a identificação ao traço paterno viria a protegê-lo. Assim, o que Freud nomeou repúdio à feminilidade como questão masculina pode também ser lido como o que o homem deve superar para submeter-se aos significantes paternos.

Se, como formula Lacan, a hipótese do inconsciente depende do Nome-do-Pai e deste podemos prescindir na condição de dele nos servir (Lacan, 1975[1976]/ 2007, p. 132), esta parece ser uma indicação de que a identificação ao Nome-do--Pai requer um passo a mais, ou seja, é necessário que a metáfora paterna se torne operativa na nomeação do Outro sexo, sintoma do homem.

Como lembra Jésus Santiago, no começo de seu último ensino Lacan retifica a questão da nomeação. Até o final da década de 1960, Lacan atribuía a função da nomeação do real exclusivamente ao simbólico, mas em seu último ensino, a suposição da não prevalência do simbólico resultou na formulação segundo a qual a articulação[71] entre os registros pode ser feita também pelo imaginário e pelo real. Essa nova concepção incide na questão da transmissão paterna; o "objeto a", prova da "encarnação da lei no desejo" exercida pelo pai, é o elemento real que nomeia o gozo para o filho, constituindo a versão paterna (pai-versão, do francês *père-version*). Encarnar a lei no desejo é tomar uma mulher como objeto, é humanizar a lei no desejo do pai por uma mulher. Nas palavras de Santiago:

> Afirmar que a encarnação da lei se efetua no plano do
> desejo — e não no plano do ideal — é dizer que o pai pode

---

71 Optamos pelo termo "articulação" em vez de "nomeação", já que esta última nos parece um privilégio da linguagem. A imagem e o gozo, por sua vez, parecem "unir", "ligar", "articular", "fazer consistir" registros, mas não nomeá-los.

humanizar o desejo pela via de um tratamento efetivo da satisfação pulsional que lhe concerne. É essa satisfação pulsional que assume, no ensino de Lacan, o nome de "modo de gozo". Assim, a lei paterna não se alimenta das mais diversas virtudes morais, mas da questão de um pai, diante de seus filhos, saber, ou não, ser responsável pelo seu "modo de gozo". (Santiago, 2006, pp. 83-84)

Desse modo, a versão paterna do gozo é também a via pela qual o sujeito masculino escreve sua filiação. No trabalho analítico, o falante apreende, em seu modo próprio de gozo, o tributo ao modo de gozo paterno, isto é, o modo pelo qual o pai tomou como causa de seu desejo um aspecto específico de uma mulher em particular. O acesso a esse modo de gozo se alcança atravessando o plano das identificações (face significante do fantasma, $\mathcal{S}$), que faz aparecer o plano pulsional propriamente dito (face de gozo do fantasma, a) (Santiago, 2006).

De acordo com Freud, o repúdio à feminilidade nas mulheres diz respeito essencialmente à "inveja do pênis". A menina, frustrada por ter sido gerada "imperfeita", se revolta com a mãe, a quem atribui essa constituição falha, e passa a esperar do pai o dom do falo — formulação inteiramente restrita à vertente masculina da sexuação feminina. Como destaca Coelho dos Santos, a análise das mulheres revela uma outra face, além da reivindicação fálica. Nas mulheres, o repúdio à feminilidade implica uma tentativa de separação do laço primitivo entre a menina e sua mãe (Coelho dos Santos, 2006d, p. 58), laço cujo caráter é com frequência mortificante para a menina, que, não podendo localizar o falo no outro sexo, e não conseguindo se reconhecer Outra para si mesma, frequentemente se percebe como inteiramente submetida ao gozo feminino da mãe. A menina pode oferecer-se como objeto para o que resta, na mãe, do gozo da mulher não nomeado pelo significante paterno. As decepções da mãe com o falo podem servir de pontos de fixação para a filha, impedindo-a, então, de "fazer do homem a via de acesso ao Outro gozo, S(Ⱥ)" (Coelho dos Santos, 2006d, p. 68), perspectiva condizente com as proposições do último ensino de Lacan, que apresentam o gozo feminino como tendendo ao infinito, o que muitas vezes é confundido com "ilimitado" ou "não localizável". Como destaca Miller (2003), o falo tomado de empréstimo no corpo do homem — seu parceiro libidinal — servirá à mulher como guia na regulação e localização desse gozo (S(Ⱥ)). Retomaremos esses tópicos a seguir.

O parceiro libidinal como parceiro-sintoma

No seminário "O Outro que não existe e seus comitês de ética", Miller começa a esboçar uma teoria complementar à teoria do sujeito, ou seja, a teoria do parceiro, aquele com quem o sujeito joga sua partida e que não lhe permite manter-se homeostático (Miller, 1996[1997]/ 2005, p. 284). Essa parceria se revela em vários níveis, que vão desde o parceiro-imagem até o parceiro-sintoma. Dada a prematuridade do humano, a incompletude do sujeito implica, de saída, uma partida entre o sujeito e sua imagem. O narcisismo, tal como Lacan o postulou, não é um processo independente da alteridade; ao contrário, o espelho e a imagem nele refletida já implicam a localização do Outro. No espelho, aparece, portanto, uma relação rivalitária do sujeito com o Outro, que se opõe à relação simbólica com o significante (falo) que resolve o impasse imaginário da relação especular: o parceiro simbólico por excelência é o falo como significante; o falo simbólico estabelece a diferença entre o outro imaginário e o Outro simbólico, isto é, entre o outro semelhante, o que pode enganar, e o Outro garantidor da verdade.

Todavia, como aponta Miller, o parceiro falo simbólico é complexo, pois não se trata exclusivamente do Outro que garante a verdade: o Outro que a análise desvela na linguagem é desejante, e isso desdobra a parceria simbólica em parceiro-falo e parceiro do amor. Nos termos de Miller, o parceiro simbólico se apresenta "não somente como parceiro da boa-fé em relação às tapeações imaginárias, mas também como um parceiro complexo que se apresenta com uma dialética diversificada segundo os sexos" (Miller, 1996[1997]/ 2005, pp. 292-293).

Nessa construção de Miller, o parceiro essencial do sujeito é o *objeto a* do fantasma, mesmo que este entre numa "dialética diversificada segundo os sexos". Pode ser uma imagem, um pedaço extraído do corpo do sujeito ou do Outro, e vale como ponto de gozo resultante da indiferenciação entre o sujeito e o Outro. É isto o que estrutura o fantasma: a relação do sujeito com o *objeto a* como objeto situado na interseção entre o campo próprio e o campo do Outro. Sob a perspectiva desse seminário, o parceiro essencial do sujeito é algo de seu gozo: trata-se de uma parceria autoerótica.

A partir do Seminário 20, Lacan elabora a relação do sujeito com seu gozo sob a perspectiva da diferenciação e da desproporção entre os sexos, abrindo assim uma nova perspectiva de gozo, além do fantasmático. Ao formular a tábua da sexuação, Lacan distingue dois modos de gozo que envolvem dois modos distintos de relação com o significante. Do lado masculino, a sexuação implica o reconhecimento de uma lei estruturada por um significante de exceção, o Nome-do-Pai. A identificação com esse significante permite ao sujeito isolar um objeto de gozo que lhe advirá como um objeto fetiche, uma versão do objeto paterno (*père-version*). É pela via fantasmática que o sujeito poderá recuperar parcialmente o gozo do objeto primeiro — por direito, um objeto paterno. Do lado feminino, no entanto, a inexistência de uma lei que organize o gozo destina a mulher a uma relação estrutural com o infinito da alteridade absoluta S($\cancel{A}$). Assim, o gozo de uma mulher requer o falo, que ela encontra no corpo do homem (Lacan, 1958/ 1998, p. 701). É esse significante que lhe permite localizar-se diante dessa alteridade radical. Nas palavras de Lacan:

> A mulher tem relação com o significante desse Outro, na medida em que, como Outro, ele só pode continuar sendo sempre Outro (...). O Outro, esse lugar onde vem se inscrever tudo que se pode articular de significante é, em seu funda-

mento, radicalmente Outro. É por isso que esse significante, com esse parêntese aberto, marca o Outro como barrado, S(Ⱥ). (Lacan, 1972[1973]/ 1985, p. 109)

O gozo feminino é, então, menos um gozo fantasmático tipicamente masculino, e mais um gozo com "as palavras de amor", o gozo com a fala. Lacan considerou como uma "Outra satisfação" aquilo que Freud via como "continente negro da feminilidade" (Coelho dos Santos, 2006d, p. 60). Essa Outra satisfação seria essencialmente aquela resultante da fala, para além do princípio do prazer (Lacan, 1972[1973]/ 1985, p. 87), isto é, a satisfação para além do sentido. De certo modo, o avanço de Lacan no Seminário 20, com a concepção do gozo feminino, um gozo para além do falo, equivale ao que foi articulado em Freud sob a perspectiva da pulsão de morte. Se o falo é a medida que regula o princípio do prazer, o gozo para além do falo seria aquele para além da regulação, aberto ao infinito, um gozo que não se localiza no corpo. No que diz respeito à relação da mulher com esse gozo feminino, baseada no Seminário 20 (Lacan, 1972[1973]/ 1985), Coelho dos Santos afirma:

> O gozo com a fala provém das palavras de amor que ela espera do parceiro, pois a definem como objeto causa do seu desejo. Do lado feminino, o nome do parceiro ancora o significante da identificação. O parceiro amoroso a n'homeia: a enaltece ou a difama (*dit femme*). (Coelho dos Santos, 2006, p. 64)

Assim compreendemos a afirmação de Miller de que o Outro sexual não é exatamente o parceiro do sujeito, e sim seu gozo. É ele, porém, que permite encarnar para o sujeito as marcas de seu exílio da relação sexual.

Trata-se de uma nova doutrina do amor, em que este não passa apenas pelo narcisismo. O amor passa pela existência do inconsciente, que supõe que o sujeito perceba o tipo de saber que nele responde à não-relação sexual, ou seja, supõe a percepção, no parceiro, do sintoma que ele elaborou em razão da não-relação sexual (Miller, 1996[1997]/ 2005, p. 295).

O parceiro libidinal é, assim, um cenário privilegiado da parceria subjetiva e, mais especificamente, sintomática. Sob a perspectiva analítica, conforme nos indica o próprio Miller, frente ao impossível da relação sexual cria-se a necessidade do sintoma e a contingência da relação entre o gozo e o Outro, isto é, o amor. Nesse contexto:

> (...) o amor quer dizer que a relação com o Outro não é estabelecida por qualquer instinto. Ela não é direta e sim mediada pelo sintoma. Eis porque Lacan pôde definir o amor como o encontro no parceiro, dos sintomas, dos afetos, de tudo o que nele e em cada um marca o rastro de seu exílio da relação sexual. (Miller, 1996[1997]/ 2005, p. 258).

Sob a perspectiva do sintoma como mensagem escrita no fantasma, o Outro libidinal é, em geral, aquele no qual o sujeito reencontra, sob a forma de objeto, sua própria posição de gozo. Entretanto, sob a perspectiva do sintoma como resposta real à inexistência da relação sexual, o parceiro libidinal é aquele que encarnaria o mais-de-gozar do sujeito.

Essa última perspectiva vem na esteira da ênfase atribuída por Lacan à diferença sexual, a partir do Seminário 20. A retomada do problema da feminilidade e a formulação da tábua da sexuação permitiram a Lacan teorizar a distinção entre o gozo fálico (tipicamente masculino) e o Outro gozo (o gozo feminino), atualizando a discussão freudiana sobre a distinção, não entre homens e mulheres, mas sim entre a masculinidade e a feminilidade relativas ao processo de sexuação. Ainda que para os lacanianos a tendência generalizada seja compreender essas distinções como desvinculadas da anatomia e da psicologia, as proposições do Seminário 22[72] — no qual Lacan localiza

---

72 (...) um pai não tem direito ao respeito, nem ao amor, se o dito amor, o dito respeito, não for, vocês não vão crer em seus ouvidos, "*père-versamente*" orientado, quer dizer, feito de uma mulher, objeto a que causa seu desejo (...) (Lacan, 1974[1975] , inédito, aula de 21/01/1975).

a transmissão paterna pela via da eleição de uma mulher na posição de objeto fetiche (*père-version*) —, bem como as do Seminário 23 — no qual ele atribui à mulher a função de sintoma do homem e ao homem o papel daquele que pode ceder o falo à mulher, podendo, por isso mesmo, também devastá-la —, indicam um lugar fundamental da diferença entre os sexos no processo de subjetivação. Note-se que não é simples na psicanálise a desconsideração absoluta à anatomia. Por outro lado, desde os seus primórdios, com a análise das histéricas, a psicanálise insiste na ideia de que a anatomia fantasmática é que determina o desejo, e não a biológica. Como esclarece Marcus André Vieira:

> A anatomia conta, é claro. Cada dia mais, porém, descobrimos o quanto ela não decide, por si só, a posição a ser ocupada no jogo. Em nosso teatro cotidiano dos sexos, em que se repartem não apenas aqueles que costumam se denominar homens e mulheres, como também, gays, lésbicas e simpatizantes, ela tende a marcar apenas o tíquete de entrada. Garante, contudo, uma bipolaridade de base que sustenta e organiza a pululante proliferação imaginária dos gêneros. Afinal, se não a tivéssemos, quantos banheiros se deveriam construir em cada sala de cinema?
>
> Se o que diz Lacan está certo, essa polaridade, essência do que nomeia estrutura simbólica, não pode se sustentar em evidências morfológicas — que podem ser culturalmente variáveis e cirurgicamente adaptáveis. A diferença se sustenta muito mais no fracasso, no impossível do sexo traduzido na incessante repetição dos encontros e desencontros amorosos, ou seja, vem dar lugar ao impossível da relação. (Vieira, 2008, p. 94)

Nos termos do último ensino de Lacan, a ausência de relação sexual destina o falante ao sinthoma. Entretanto, conforme Lacan mesmo sublinha, ao nível do sinthoma não há equivalência entre os sexos. E onde não há equivalência, há relação. Nas palavras do autor:

No nível do sinthoma, não há, portanto, equivalência da relação do rosa e do vermelho [referência aos aros do nó e aos sexos], para nos contentarmos com essa simples designação. Na medida em que há sinthoma, não há equivalência sexual, isto é, há relação.

Com efeito, se a não-relação deriva da equivalência, a relação se estrutura na medida em que não há equivalência. Portanto, ao mesmo tempo, há relação sexual e não há relação. Há relação na medida em que há sinthoma, isto é, em que o outro sexo é suportado pelo sinthoma. (Lacan, 1975[1976]/ 2007, p. 98)

Poderíamos compreender essa afirmação como a designação de que todo sinthoma seria a tentativa de estabelecer uma relação entre os sexos. Sob essa perspectiva, a proposição de final de análise estabelecida por Lacan no último ensino — a identificação ao sintoma — poderia implicar a identificação a uma posição sexuada para além do fantasma. Porém, as proposições de Miller em seu seminário inédito "O ser e o um" nos apontam para o sinthoma como além do sexo. Nos termos de Jésus Santiago, trata-se de alcançar a pulsão para além de seu enquadre fantasmático, que enclausura o sujeito num gozo autoerótico, sem acesso ao Outro sexo (Santiago, 2006, p. 87).

Desse modo, o acesso do falante ao real não depende do enredo mítico do complexo de Édipo, e tampouco prescinde da incidência da sexualidade dos pais no sintoma do sujeito. Em cada caso, se faz necessário verificar de que modo o próprio sujeito particular é sinthoma da tentativa de fazer existir a relação sexual por parte de seus pais.

O sexo entre o nominalismo e o realismo

Este subtítulo faz explícita alusão ao texto de Éric Laurent "O nome do pai entre realismo e nominalismo" (Laurent, 2005), no qual o autor nos apresenta um panorama das discussões atuais sobre as práticas sexuais e seus corolários (procriação por ectogênese, novos contratos de casamento, novas organizações familiares etc.), mostrando que o debate gira em torno da constatação de que as práticas técnico-jurídicas expressam claramente o arbitrário da nomeação, ampliando indefinidamente os semblantes quanto ao sexo e à procriação, em contraste com a busca sôfrega por um fundamento "natural".

Laurent segue em sua análise avaliando a posição do pai ao longo da teorização psicanalítica de Freud e Lacan. Face ao nominalismo que marca o discurso do mestre moderno, Freud foi criticado por colocar o pai tanto na origem do sujeito quanto na base de sua antropologia; dito de outro modo, por colocar o fundamento da subjetividade e da cultura numa relação hierárquica e ideal. Laurent assinala ainda que a relação com o pai não é só fundamento do sujeito, uma vez que é também o traço da convergência entre as forças opostas (amor e ódio, libido e destrutividade) que marcam todos os laços do sujeito. Nesse sentido, o pai não se reduz a um fundamento histórico, atualizando-se em todos os traços que revelam o fundo do real de onde o sujeito se destaca. Mesmo assim, Lacan escolheu reconstruir o percurso histórico do pai no pensamento ocidental para disso extrair o lugar da psicanálise.

A evolução da família, no sentido de sua redução, ou nuclearização, restringe o laço social à aliança homem-mulher, como o laço mínimo de civilização. Lacan, todavia, não atribui a esse núcleo mínimo o valor de alicerce, mas sim de resto, resíduo, isto é, na evolução histórica da família, o que resta são pai-mãe-criança como relações elementares no processo de humanização, historicamente resistentes ao desaparecimento. A mãe estaria vinculada ao cuidado vital que pode particularizar um bebê humano, e o Nome-do-Pai seria como a encarnação da íntima relação entre lei e desejo (Lacan,1969/ 2003, p. 369).

Laurent aponta ainda que, considerando-se a multiplicidade dos usos do nome, é impossível "isolar o parentesco das relações particulares que os dois sexos mantêm em uma dada civilização e a significação que eles tomam para cada um" (Laurent, 2005, p. 101). Nesse sentido, tanto a antropologia quanto a psicanálise parecem buscar localizar em outra articulação, diferente da biologia em si, ou da pretensa natureza, o ponto limite entre a multiplicidade dos nomes e o real.

Na civilização ocidental contemporânea, o regime das alianças é, sem dúvida, múltiplo; todavia, o casamento e a filiação persistem. Nesse contexto, multiplicam-se também os debates sobre o que vem a ser, ou onde se funda a paternidade, debate que Lacan já antecipara ao pluralizar o Nome-do-Pai. Com essa pluralização, Lacan passa da paternidade como inclusão simbólica (Nome-do-Pai) à paternidade como inclusão real, como nomeação pela via real do gozo (pai do nome).

Centrando-nos no tema que nos ocupa neste capítulo — a relação entre o sexo e o real —, vemos que a posição indicada por Laurent como sendo a da psicanálise de orientação lacaniana frente ao Nome-do-Pai pode ser estendida ao sexo. Segundo Laurent, o limite dos semblantes quanto ao real não pode ser fundado exclusivamente em perspectivas pragmáticas, sob pena de que as nomeações se tornem somente produções *ad hoc*, ou produções de conveniência; é preciso que o ato de nomeação retorne para quem nomeia. Laurent parece indicar aqui que a função paterna não pode ser exercida por qualquer um e a qualquer momento: há um retorno que afeta, e compromete, com seu ato, o próprio pai, e é nessa via que compreendemos que o pai seja encarnado. Laurent ressalta, no entanto, que é no fracasso, no limite da função paterna, que se encontra a relação entre nominalismo e realismo, uma relação que não se funda em nenhum utilitarismo, mas sim num impossível da função:

> Não é possível se alinhar plenamente e de maneira satisfatória sob o Nome-do-Pai porque a função faz objeção a isso. Há um impossível em jogo. (...) O nome do pai assegura sua consistência ao nomear o impossível. O relativismo sem margens pensa poder reabsorver a multiplicidade das identidades de gozo na pluralidade dos 'gêneros', sem resto. Sustentamos, com Lacan, que o Nome-do-Pai marca o resíduo irredutível

que assinala a impossibilidade desse empreendimento. (Laurent, 2005, p. 105)

O impossível se situa ao nível do sexo, ou melhor, da diferença sexual: os aforismos lacanianos "não há relação sexual" e "não há proporção entre os sexos" situam o impossível no plano da diferença sexual. Já as fórmulas da sexuação propostas por Lacan no Seminário 20 (Lacan, 1972[1973]/ 1985, p. 105) indicam uma desproporção quanto ao tratamento da castração. Enquanto na sexualidade masculina a exceção do pai (o Um fora da castração) universaliza a castração para os homens, fazendo de cada um deles um caso particular desse universal, no caso das mulheres não há exceção à castração, o que não permite a criação de nenhum universal, e, consequentemente, tampouco de nenhum particular. Nesse plano só existem singularidades. Assim sendo, temos dois tratamentos distintos do impossível.

Especialmente depois do trabalho de Michel Foucault, é indiscutível que a sexualidade e os corpos se interligaram discursivamente, e falar de gênero ou de sexualidade fora do campo discursivo a que estão submetidos os corpos seria um equívoco (Foucault, 1997). A psicanálise concorda, afirmando que não há sexualidade, não há sintoma fora da cultura, não há clínica do sujeito sem clínica da civilização. O corpo sexuado da era vitoriana, na qual Freud inventou a psicanálise, já não é o mesmo dos anos subsequentes à virada do milênio; e nesse sentido é bastante diverso o valor das fantasias homoeróticas, numa e noutra época, por exemplo. Não é possível negar o efeito político da difusão na cultura da ideia de descontinuidade entre sexo biológico, gênero e sexualidade. difusão que também é tributária da psicanálise.

Retomando a questão da anatomia, Colette Soler, por exemplo, empreende todo um esforço para não tomar a anatomia como fundamento essencial do masculino e do feminino. Considera, entretanto, que a "escolha" sexual não é arbitrária; nessa escolha não há lugar para a "indiferença", uma vez que o significante, em última instância, está ligado à anatomia:

É um órgão do corpo que dá sua representação ao significante falo, e por isso se diz que um indivíduo é menino ou menina, antes de qualquer posição de sujeito. Logo, se há uma escolha, é pelo menos uma escolha vivamente aconselhada. De outra forma, não se compreenderia a obtenção de qualquer modo de duas metades que praticamente se superpõe à *sex ratio*, de tal sorte que a reprodução da espécie continua a se dar (...). Em todo caso, é certo que, como os significantes 'homem' e 'mulher' não deixam de se relacionar com a anatomia, o sujeito é representado *a priori* por um ou outro desses significantes, e não tem a opção de não se pautar por eles. Portanto, persiste a questão. (Soler, 2006, p. 226)

Que estatuto dar então à materialidade do corpo anatômico, no processo de identificação com uma posição sexuada? Essa materialidade deve ser tratada como um dado de realidade? A realidade se funda, em última instancia, no real como impossível, um limite à liberdade das relações entre os significantes. A sexuação é uma exigência feita ao aparelho psíquico em consequência de suas relações com o corpo, mas há vários corpos participando da sexuação, desde o corpo-imagem até o corpo-falante cujo gozo é efeito de lalíngua. Nesse sentido, talvez a anatomia não seja propriamente o destino, mas um elemento da sexuação a ser conjugado na fantasia, a partir de seu fundamento autoerótico e, portanto, *a-sexuado*.

Os teóricos *queer* parecem preconizar que a identidade sexual ou qualquer nomeação (em especial as de "homem" ou "mulher") é sempre da ordem do excesso, isto é, não remetendo a nenhum real específico: toda nomeação é invenção. O método que utilizam é a desconstrução dos semblantes identitários, mas esse processo desconstrutivo não exige um real, ao contrário, valida todo e qualquer semblante. No fundo, tal procedimento parece manter um ideal de sujeito "não identificado", plástico a qualquer modo de gozo. Os autores enfatizam, inclusive, como o efeito desse processo tem sido, ao contrário do desejado, uma multiplicação de identidades (Miller & Laurent, 1996[1997]/ 2005).

Quanto ao filme "Todas as cores do amor", como já dissemos no início, talvez seja uma demonstração de que nem todas as formas de amor valham a pena para um sujeito, nem tanto pelo fracasso que implicam, já que todo amor é em sua essência uma forma de recobrimento do impossível da relação sexual; mas porque para cada um, há um destino, um sentido a dar, não tanto à sua anatomia, mas ao gozo do Um que nele itera. E este gozo não é equivalente a qualquer outro, ele se escreve numa letra que não se abre a qualquer sentido, justamente por estar no limite do sentido.

O corpo falante como (a)sexuado

Em seu artigo "El objeto (a)sexuado", Miquel Bassols nos apresenta um quadro bastante claro acerca da multiplicação dos sexos na atualidade, afirmando que, seja pela via da ciência, seja pela via da multiplicação dos gêneros, o resultado tem sido a infinitização dos sexos, indo muito além da binariedade anatômica. Bassols ressalta, no entanto, que tais discursos nada revelam sobre o órgão que, para a psicanálise, responde pela sexuação, e, portanto, pela possibilidade de determinação de um objeto sexual: o falo. Este órgão, que se poderia considerar suplementar, não se reduz senão imaginariamente ao pênis; rigorosamente, tal como desenvolveu Lacan, é o símbolo de uma falta, que distribui a sexualidade humana em dois grupos, como sublinha Bassols: o daqueles "a quem sempre falta o falo", e o dos que "sempre poderão perdê-lo" (Bassols, 2015).[73]

Considerando que a significação do falo, em sua ausência ou presença, é o que introduz a diferença no *continuum* do real do sexo, e aquilo que para o sujeito dá significação sexual ao objeto, a multiplicação dos gêneros só é compreensível para a psicanálise no que se refere às múltiplas significações do falo que dão significados ao desejo. Bassols destaca que, na falta dessa significação, o corpo passa a ser o suporte da diferença sexual,

---

73 As referências ao texto de Miquel Bassols são tradução livre da autora.

impossível de simbolizar devido à falta de referência simbólica ao falo. Em suas palavras:

> O resultado é uma espécie de contínua transformação de um corpo em outro que aboliria a diferença, uma espécie de *morphing*, para tomar o termo da técnica de informática que faz dessa transformação topológica um jogo virtual. (Bassols, 2015)

Bassols prossegue sublinhando que, na realidade, o que encontramos hoje é menos uma elisão real do falo e mais uma proliferação de seus simulacros:

> Será esse o futuro da sexualidade, uma sexualidade com a elisão do falo no real? Na realidade, nada indica que seja esta a orientação na promoção da diversidade das identidades e dos objetos sexuais. Se trata mais de um *morphing* do falo, em especial ali onde ele brilha por sua ausência, que num verdadeiro jogo de espelhos reduplica ao infinito a dialética freudiana entre o falo e a castração.
>
> Digamos, então, que a multiplicidade de cores e significações dos objetos sexuais responde a essa multiplicidade das significações do falo que recobrem sua falta, e não a uma suposta multiplicidade de identidades do ser sexuado que, nesta vertente, sempre seguirá a lógica binaria e dicotômica do falo e de sua ausência. (Bassols, 2015)

O ponto central destacado pelo autor refere-se ao fato de que há os "simulacros do falo" mas há também o "ser sexuado do corpo" — uma designação de Lacan para um plano da sexualidade que não se reduz aos simulacros e que tampouco pode ser reduzido a qualquer descrição fenomenológica da diferença sexual (Lacan, 1961/ 2003, p.188). Bassols ressalta que, se o falo como "significante do ser sexuado" é o que permite a vinculação do sujeito ao desejo do Outro, a vertente do corpo *remete a um gozo separado do Outro, a um objeto que deveremos considerar, enfim, fora de sua significação fálica*" (grifamos) (Bassols, 2015).

O autor sublinha ainda que, hoje em dia, a significação fálica vinculada ao desejo do Outro tende a separar-se dos fenômenos de gozo do corpo, do gozo autista, sem o Outro. Daí a proliferação de práticas incidindo sobre o real do corpo, para tentar dar conta da sexualidade cujo caráter é essencialmente de semblante, como já destacamos, já que não há no real a inscrição da diferença sexual para o falante.

Bassols pergunta, ainda, se a referência à significação do falo é suficiente para explicar a multiplicação das identidades sexuais e dos objetos. E conclui que a reinvindicação do direito ao gozo subjacente a essas novas identidades também responde por essa multiplicação: a reivindicação do direito ao gozo é marca de nosso tempo. Quando a operação subjetiva é pautada no gozo, e não no desejo, o Outro não existe; o que equivale a dizer que a prevalência não é do laço social, mas do autismo de gozo.

Como fica esclarecido no texto de Miquel Bassol, é isto que Miller apresenta no sexto paradigma do gozo presente no ensino de Lacan, que trabalhamos no Capítulo 2. Trata-se do gozo do UM, um gozo autista e (a)sexuado. A sexualidade como sustentada na diferença e na alteridade não está em jogo aqui. Como enfatiza Bassols, "no lugar deste Outro, o que o sujeito encontra é o objeto que está no núcleo de seu gozo mais ignorado e que é, enfim, um gozo assexuado, que não está significado pela diferença sexual" (Bassols, 2015). Para esclarecer o lugar desse objeto na lógica da sexualidade dos falantes, Bassols retoma o Seminário 20 de Lacan e as fórmulas da sexuação, onde o *objeto a* se localiza não no lado do para todos fálico, mas do lado do não-todo fálico, da série infinita, e, portanto, do lado feminino das fórmulas da sexuação.

Ao final de seu artigo, o autor mostra que o objeto que descompleta esse gozo opaco do UM é um objeto fora de toda significação atribuída pelo falo, daí sua condição de assexuado. E esclarece:

> É o que restará, por exemplo, do mais real do fetiche, uma vez desvestido ele próprio de sua significação fálica; é também o que restará de qualquer objeto que venha a eclipsar a castração, e ainda, sobretudo, o objeto, resto ou simulacro no qual se condensa o gozo do corpo. (Bassols, 2015)

O autor conclui que, se há escolha sexual, é justamente porque as identificações edipianas não podem eliminar a impossibilidade de se escrever na relação entre os sexos. Entendemos esse apontamento como indicação de que a escolha sexuada visa tratar o mal-estar oriundo da insistência desse gozo que itera sem fazer laço. Nesse sentido, a escolha sexual é sempre fracassada.

Cumpre neste ponto enfatizar a diferença fundamental entre um acesso a esse gozo assexuado como resultado de um percurso de análise (que é o que se verifica nos Testemunhos de Passe dos Analistas da Escola) e algumas práticas que nos chegam ao consultório, e que parecem apresentar esse autismo de gozo sem qualquer trabalho simbólico sobre ele.

Retomando nossa hipótese, caberia então pensar que em alguns sintomas contemporâneos, como nas adições, por exemplo, o objeto do consumo e a prática aditiva sobre ele visariam mantê-lo fora da significação fálica? Visaria a consistência e a repetição em torno da pretensa satisfação buscada nesse objeto evitar o que a sexuação produz, isto é, o encontro com a face de semblante do objeto e a inexistência da satisfação completa? E a sexualidade aparentemente liberada dos jovens hoje, onde a bandeira da possibilidade de eleição de qualquer objeto se faz presente, poderia ser pensada como uma inibição diante da tentativa de fazer passar do gozo autista ao laço, com a alteridade encarnada na parceria sexual?

Apoiamos esta última hipótese nas indicações de Serge Cottet em seu artigo "O sexo fraco dos adolescentes: sexo-máquina e mitologia do coração": diante da pergunta sobre se tais condutas constituem libertinagem ou liberalismo, Cottet conclui, apoiado em Lacan, que nem uma coisa nem outra. Tratar-

-se-ia, ao contrário, de uma defesa contra o encontro sexual impossível, defesa que se sustenta no não encontro do impossível da relação sexual através da inibição travestida de indiferença.

Conforme nos diz Cottet:

> Mais do que uma arte de viver *new age*, a indiferença dos jovens seria apenas uma defesa contra esse vazio: um sintoma, portanto. À ficção de um ato sexual 'que não tem mais importância do que, dizem, beber um copo d'agua' (Lacan, 1967, p. 31), Lacan opunha a angústia e os embaraços suscitados em tal ocasião. (Cottet, 2011, p. 67)

Conclusões provisórias

A ascensão do mais-de-gozar ao lugar de agente dominante na cultura hipermoderna implicou, especialmente, a elevação da satisfação individual e imediata à condição de norma cultural hegemônica. O efeito decorrente dessa nova norma é que a ascese do corpo é posta no centro das relações entre os sujeitos contemporâneos. Entretanto, o corpo é agora menos organizado por grandes narrativas sociais do que foi até a primeira metade do século passado. A ênfase atual está no gozo do corpo em sua face solitária ou autista.

Lacan utiliza a expressão gozo do "Um" para designar o corpo marcado por *lalangue*, anterior mesmo à sua relação com o discurso organizado da linguagem (Lacan, 1972[1973]/ 1985) — portanto, um corpo fora do sexo. Nesse nível, o corpo falante se sexua ao ceder algo desse gozo no laço com o Outro. Em seu último ensino, Lacan radicaliza a impossibilidade da relação sexual, que aparece como um real ex-sistente a toda organização sintomática.

Que tratamento dar, então, ao corpo sexuado na clínica psicanalítica atual? Qual é sua relação com o sintoma?

Em seu início, a psicanálise surgiu como uma tentativa de responder ao mal-estar do sujeito na cultura manifesto no sintoma, mal-estar cujo fundamento seria a perda de sua condição natural, sempre buscada nas figuras do objeto. O trabalho analítico era o de desvelar o gozo subjacente aos sintomas, bem como sob os avanços culturais; e o efeito dessa revelação era a liberação do gozo, com uma diminuição temporária do mal-estar. Parece, porém, que foi essa proposição levada ao paroxismo que terminou contribuindo para a elevação do objeto ao lugar de comando no discurso hipermoderno. A associação entre discurso científico e discurso capitalista elevou o objeto científico (transformado em objeto de consumo) à categoria de regente da nova ordem social, o que vem produzindo efeitos na organização das subjetividades (Miller, 2004).

O avanço tecnocientífico, sem dúvida, é fonte de benefícios sociais nunca antes experimentados. Esta, porém, não é sua única face. Tais benefícios se fazem acompanhar de outros efeitos bastante desastrosos; na civilização ocidental contemporânea, passamos muito rapidamente da "possibilidade" à "compulsividade" orientada pelo mercado. Os avanços no uso da tecnologia para utilização dos recursos naturais acarretam consequências destrutivas de igual ou pior monta, e o corpo é uma das sedes principais desses efeitos ambíguos da cultura hipermoderna. Aos avanços da medicina clínica e estética se somam as alterações corporais que encobrem tentativas de estabilização psicóticas, ou, no mínimo, satisfações autoeróticas, que desconhecem o corpo em sua face de efeito e instrumento de relação ao Outro.

Toda a evolução da genética moderna, por exemplo, vem trazendo consequências ainda incalculáveis para as subjetividades. Uma delas, todavia, já se faz perceber, e vai no sentido oposto ao do real como impossível. Parece pairar a ideia de que, em breve, se poderá produzir o corpo perfeito (em termos de saúde e estética) — ideia que, em si mesma, nega o real como falha.

De certo modo, assistimos a uma mesma ambiguidade no que diz respeito ao sexo: por um lado, a valorização cultural do gozo do Um permitiu que várias modalidades de gozo perdessem seu estatuto marginal ou mesmo criminal, possibilitando aos sujeitos o exercício desinibido de suas práticas; por outro, essa valorização parece ter contribuído para uma maior dificuldade ou labilidade no estabelecimento das identificações sexuais, especialmente em sujeitos jovens. Muitas vezes, isso aparece sob a veste de liberdade em experimentar relações tanto hétero como homoeróticas, mascarando, por vezes, a fragilidade do tratamento dado à inexistência de complementaridade entre os sexos.

No final de seu ensino, Lacan tentou renovar o sentido do sintoma com a introdução do termo sinthoma, o que não constituiu nem a recusa, nem a aceitação de que haja saber no real; trata-se, na verdade, da concepção de que a desproporção entre os sexos implica que o real não seja totalizável. Apoiado especialmente nas relações entre sexualidade e cultura — demonstradas por Freud em artigos como "O mal-estar da civilização" ou "Moral sexual 'civilizada' e doença nervosa moderna" —, Lacan mostra que a sexualidade faz furo no saber do real, ou, dito de outra forma: a sexualidade humana não se inscreve toda em nenhum regime de saber, o que a torna essencialmente subversiva, seja à ordem dita natural, seja às ordens culturais — filosóficas, científicas ou religiosas. Porém, é sempre na relação entre o sexo do Um e o sexo como oriundo do Discurso do Outro, tanto no impasse que essa relação implica como no tratamento real dado a ele, que o falante encontrará sua marca mais singular. A desarticulação original entre o inconsciente, a linguagem e o corpo sexuado, ou entre real, simbólico e imaginário, exige que o enodamento entre eles seja feito pelo sinthoma.

No último ensino de Lacan, a alteração na perspectiva do sintoma desdobrou-se em mudanças na concepção de corpo e sua relação com a subjetivação. A partir do Seminário 20, Lacan promove uma radicalização dos fundamentos da subjetividade, ancorando-os no real do gozo. Em seu primeiro ensino, como já vimos, o sujeito era um efeito metafórico do significante do Nome-do-Pai; o corpo como imagem totalizada era um efeito da nomeação paterna, e o sujeito era a própria significação fálica ($), que se produzia quando o significante paterno substituía a criança/ falo como objeto do desejo da mãe. No segundo ensino, o sujeito se define por meio do fantasma ($ \cancel{S} \lozenge a $). Ele não é mais apenas a significação fálica ($\cancel{S}$), mas também objeto de gozo do Outro. O corpo é concebido não tanto como imagem, mas como um conjunto de bordas por onde circula a libido entre sujeito e Outro. Já no último ensino, Lacan nomeia o sujeito como ser falante. Nessa nova teorização, sujeito e gozo do fantasma ($ \cancel{S} \lozenge a $) são articulados como insígnia (S1, a); o ser falante é um corpo vivo atravessado por lalíngua, que vivifica o corpo, aparelhando o gozo do corpo através da língua materna.

No Seminário 23, Lacan nos apresenta os três registros, real, imaginário e simbólico como peças avulsas, indicando uma articulação entre a letra (fora, ou anterior à cadeia) e o corpo, o que virá conferir consistência ao falante (Lacan, 1975[1976]/ 2007, p. 63). O processo de subjetivação deve fazer-se, assim, a partir um "modo de gozo". É preciso então um quarto nó, o sinthoma, para que esses registros sejam enlaçados uns aos outros.

A teoria do sinthoma é efeito também de uma retificação na concepção de paternidade, quando Lacan passa a pensá-la não só como efeito simbólico, mas também como efeito da transmissão real de um modo de gozo. Em seu último ensino, Lacan reafirma que o pai é aquele que confere peso sexual às palavras. Não há responsabilidade senão sexual. Do Nome-do-Pai depende um certo *saber-fazer* com o que resulta na articulação entre os registros, o que se esclarece na afirmação lacaniana segundo a qual uma mulher é para um homem um sinthoma e um homem é para uma mulher, algo pior que um sintoma, ou seja, uma aflição (Lacan, 1975[1976]/ 2007, p. 101).

Como podemos concluir, o real impossível e a inexistência da relação sexual não se manifestam do mesmo modo conforme o sexo. A consideração do corpo como vivo nos exige reconsiderar o valor das consequências psíquicas da diferença anatômica entre os sexos, o que nos leva a conceber de modo distinto o valor do sinthoma nas posições feminina e masculina (Coelho dos Santos & Zucchi, 2007).

Se, como demonstra Miller, no último ensino de Lacan

o Nome-do-Pai é tomado como "invenção", criação suplementar à desarticulação original entre os registros, acreditamos que o trabalho analítico deva ir na direção da constatação dos elementos através dos quais essa amarração singular se construiu. Como bem nomeia Dominique Laurent, não se trata de uma invenção qualquer, mas, bem mais que isso, de uma "Invenção Orientada" (Laurent, 2003) — a orientação, aqui, podendo ser tomada em alguns sentidos distintos. Ao longo deste livro trabalhamos com a perspectiva de que um fator de orientação é a diferença entre os sexos.

Percorrendo as alterações na concepção de sintoma e de corpo na obra de Lacan, pudemos constatar como a teoria libidinal, eminentemente masculina, exige de Lacan a teorização de seu suplemento, a teoria sobre o gozo feminino. A não complementaridade entre os sexos requer de Lacan retificações na teoria do amor; é na parceria amorosa que se atualizam simultaneamente os impasses e as soluções com relação à inexistência de relação entre os sexos. Subjetivar o sexo é um processo distinto para homens e mulheres, e, nesse sentido, a possibilidade de relação com o Outro sexo dependerá, para o homem, do reconhecimento de sua identificação com os significantes paternos, bem como da possibilidade de afastar-se um pouco do amor que esse laço identificatório implica, abandonando, consequentemente, a suposição de universalidade do modo de gozo paterno (*père-version*); no caso das mulheres, a sexuação implica o duplo movimento de permitir-se ser tomada como objeto-fetiche do homem para, desde esse lugar, servir-se do falo como instrumento de localização de seu gozo erotômano. Para isso, é necessário que a mulher também possa abdicar de sua posição de objeto suplementar da falta de outra mulher, sua mãe (Coelho dos Santos, 2006d).

No seminário "O Outro que não existe e seus comitês de ética" Miller esboça uma teoria complementar à teoria do sujeito, ou seja, a teoria do parceiro, aquele com quem o sujeito joga sua partida (Miller, 1996[1997]/ 2005, p. 284). Essa parceria se revela em vários níveis, que vão desde o parceiro-imagem até o parceiro-sintoma. O parceiro libidinal é, assim, um cenário privilegiado da parceria subjetiva. Conforme nos indica o próprio Miller, na perspectiva analítica, frente ao impossível da relação sexual, há a necessidade do sintoma e a contingência da relação entre o gozo e o Outro, isto é, o amor. Nesse contexto:

> (...) o amor quer dizer que a relação com o Outro não é estabelecida por qualquer instinto. Ela não é direta, e sim mediada pelo sintoma. Eis por que Lacan pôde definir o amor como o encontro no parceiro, dos sintomas, dos afetos, de tudo o que nele e em cada um marca o rastro de seu exílio da relação sexual. (Miller, 1996[1997]/ 2005, p. 258)

Contudo, ao analisarmos as proposições de Miller nesse seminário, comparando-as às de seu seminário de 1997/ 1998, "O Parceiro Sintoma", verificamos uma retificação quanto ao valor do parceiro na subjetividade. Sob a perspectiva do seminário "O Outro que não existe (...)", embora Miller (1996[1997]/ 2005), se refira a "uma dialética diversificada segundo os sexos", o parceiro essencial parece ser apenas o *objeto a* do fantasma ($\$ \lozenge a$). O *objeto a* pode ser uma imagem, um pedaço extraído do corpo do sujeito ou do Outro. Ele vale como ponto de gozo, resultante da indiferenciação entre o sujeito e o Outro. O parceiro essencial do sujeito, de acordo com Miller, é algo de seu gozo, um parceiro autoerótico.

Já em seu seminário do ano seguinte, Miller toma o Seminário 20 de Lacan, no qual este elabora a relação do sujeito com seu gozo distinguindo duas modalidades de sexuação: o modo masculino e o modo feminino de fazer suplência à relação sexual que não existe. Não há equivalência entre o gozo feminino e o masculino. Eles não são idênticos nem complementares. Essa dissimetria designa o modo masculino de gozo como submetido ao fantasma ($\$ \lozenge a$). Do lado feminino, a mulher se interessa pela significação fálica que encontra do lado masculino, porém não-toda. Seu pouco de identificação vem dessa vertente masculina, já que o restante de seu gozo se dirige ao infinito do campo dos significantes. Nesse seminário, Lacan vai além de Freud quando esclarece "o que quer verdadeiramente uma mulher": se ela quer o falo, é para, por meio dele, aceder ao discurso amoroso — S (Ⱥ). De acordo com Miller, para homens e mulheres:

> Trata-se de uma nova doutrina do amor, em que este não passa apenas pelo narcisismo. O amor passa pela existência do inconsciente, o que supõe que o sujeito perceba o tipo de saber que nele responde à não-relação sexual, ou seja, supõe a percepção, no parceiro, do sintoma que ele elaborou em razão da não-relação sexual. (Miller, 1996[1997]/ 2005, p. 295)

Sob a perspectiva do sintoma como mensagem escrita no fantasma, o Outro libidinal é, em geral, aquele em que o sujeito reencontra, sob a forma de objeto, sua própria posição de gozo. Já sob a perspectiva do sintoma como resposta real à inexistência da relação sexual, o parceiro libidinal é aquele que encarnaria o mais-de-gozar do sujeito (Coelho dos Santos & Zucchi, 2006). Na clínica dos sintomas atuais, o analista, em posição de parceiro-sintoma, é a testemunha e o avalista da resposta do sujeito à inexistência da relação sexual.

Poder-se-ia objetar a escolha do filme "Todas as cores do amor" perguntando qual a relação entre sintomas do tipo anorexias e bulimias, ou mesmo toxicomanias, e as escolhas sexuais múltiplas que tomamos como exemplo. Em primeiro lugar, ressaltamos o fato de elas serem unidas por seu caráter de "sintomas comunitários", ou sintomas sociais. Procuramos, assim, ressaltar que esses sintomas não podem se desvincular da cultura de onde provêm; são frutos da era do *Outro que não existe*, o que pode ser lido como a era onde se explicita que não há um Outro do Outro, ou não há um sentido ordenador de todas as leituras de sentido. Isso obriga cada sujeito a se apoiar no recurso a um significante-mestre isolado, do qual o sujeito se serve para nomear o real.

A questão é que a sociedade de consumo é pródiga no oferecimento desses significantes dos quais os sujeitos se servem na ausência de referências lastreadas numa verdade histórica. Por outro lado, como bem destaca Santiago, em seu estudo sobre a posição do analista frente ao amor homossexual, a homossexualidade em sua face de "norma de vida gay" é um excelente exemplo do uso dessa identificação comunitária numa perspectiva política do sintoma, preconizando, nesse caso, um estilo de vida hedonista vinculado à liberdade sexual e à igualdade entre os sexos (Santiago, 2006a). O que une essas respostas sintomáticas é que o "uso da droga", "o ideal de magreza" e a "indefinição sexual" são respostas oferecidas pela sociedade de consumo; homens e mulheres delas se servem para enfrentarem seu mal-estar na cultura, são artifícios de manejo com a inexistência da relação sexual que parecem não se servir dos semblantes do pai, passando ao largo da mitologia edipiana.

É importante destacar que ao tomarmos a posição gay como paradigmática dos sintomas contemporâneos, não optamos por uma leitura moralizante, que abaliza um modo de gozo em detrimento de outro, apoiando-nos numa pretensa noção de ordem sexual natural para o falante. Ao contrário, trata-se muito mais de considerar a transformação da homossexualidade em norma gay, ou a transformação da "magreza" em ditadura estética, ou ainda, a transformação do "bem-estar químico" em alternativa ao mal-estar radical do falante como tentativas de atribuir a função de lei[74] a um modo particular de gozo.

Há algum tempo atrás, circulou nas televisões brasileiras uma propaganda da Coca-Cola que nos parece exemplar desse processo de identificações, que, além de estarem fora da norma edípica, se fazem por compartilhamento de um modo de gozo, gerando um efeito de indefinição nos personagens envolvidos. Em suma, a propaganda mostra o seguinte: cada pessoa, ao repartir com outras um gole da Coca-Cola de uma mesma

---

74 A esta mesma conclusão parecem ter chegado os membros do Núcleo de Pesquisa em Toxicomania e Alcoolismo do ICP-RJ, conforme destacado no artigo de Henschel de Lima & Aragon (2006, pp. 116-117).

garrafa, passa imediatamente a ter uma de suas principais características. Esse processo se repete inúmeras vezes, até que os protagonistas começam a partilhar goles da bebida com animais e outros seres, e, assim, vão sofrendo transformações que os tornam não mais humanos nem tampouco animais, porém novas entidades teratológicas. Este exemplo parece bastante útil para demonstrar como a ausência da referência fálica não tem apenas o efeito benéfico de desnaturalizar o sexo, mostrando também seu efeito descaracterizador de algo do humano.

Como lembra Santiago (2006a), afirmar que a normatização do gozo se faz pelo Outro paterno é distinto de afirmar que ela se faz pelo próprio sintoma do sujeito. O deslocamento do pai como a lei que nomeia o lugar do sujeito e assim localiza seu gozo para aquilo que no pai escapa à função de lei, promovido por Lacan, privilegia a transmissão do inominado do modo-de-gozo paterno (sua *père-version*). No seu último ensino, Lacan apresenta o pai não mais como "encarnação da lei", mas como instrumento de articulação entre real, simbólico e imaginário, ferramenta da qual o sujeito pode se servir para obter algum saber sobre como o gozo age sobre ele (Santiago, 2006a). Sob essa perspectiva, para o campo psicanalítico a homossexualidade equivale à histeria, no sentido de problematizar a função paterna como lei que nomeia o gozo. A homossexualidade expõe o caráter de semblante da lei paterna, quando a saída do Édipo não se dá pela assunção das insígnias paternas, mas pelo fantasma perverso. Nas palavras de Santiago: "Se a homossexualidade ocupa o lugar que, em outros tempos, a histeria já ocupou, é porque ela explicita que o Édipo, ele próprio, é uma perversão, pois não há norma que não seja a norma particular do sintoma" (Santiago, 2006a).

Todavia, o ponto central nos parece ser o fato de estes "novos sintomas" ou "sintomas contemporâneos" terem como núcleo um recuo na resposta diante da angústia provocada pelo desejo do Outro, face à impossibilidade de relação entre os sexos. São soluções, e não sintomas. O recurso à identificação coletiva se presta para que o sujeito, frente à inexistência da relação entre os sexos, não se posicione como sexuado. Seu modo de gozo é menos uma questão sobre seu ser, e mais uma fuga autística da sexuação através do gozo do Um, que exclui o Outro sexo. O apoio na anatomia e nos significantes primários que a nomearam não serve de recurso para que o sujeito localize e nomeie seu modo particular de gozo.

Sob a perspectiva da sexuação, tal como proposta por Lacan após o Seminário 20, tem-se, de um lado, a mulher e seu gozo inominável e, de outro, o homem com sua exigência de um semblante que nomeie o gozo, isto é, o falo. As soluções contemporâneas dos "novos sintomas" parecem não poder servir-se dessa função fálica. Será na parceria com o analista que o sujeito poderá rastrear as contingências de seu encontro, tanto com a *père-version* quanto com o gozo feminino, reconhecendo e dando consequência à sua particularidade de gozo. A parceria com o analista se fará menos por sua posição agalmática e mais pelo que ele pode "acolher e sancionar" desse gozo, como parceiro (Outro) (Santiago, 2006a). Em outras palavras, uma vez que o analista está incluído no sintoma, ele pode, desde esse lugar, sancionar o uso de alguns significantes como significantes-mestres que orientem a posição do sujeito, isto é, tornar operante o Nome-do-Pai.

Como enfatizou Esthela Solano-Suarez, o fracasso da função do pai deixa o sujeito sem orientação quanto a seu desejo. A impossibilidade de dispor de alguns significantes que destaquem o ideal do eu impede o sujeito de estabelecer um princípio de leitura da sexuação, tornando indecidível a sua posição própria. É o analista, como parceiro no tratamento, que pode permitir ao sujeito isolar significantes que venham a cumprir essa função (Solano-Suarez, 2006, p. 183).

Antes de finalizar, achamos importante ressaltar que a pesquisa da hipótese da indiferenciação sexual como solução diante da impossibilidade de relação entre os sexos necessita ser verificada caso a caso, no estudo de cada uma das patologias contemporâneas isoladamente, o que não seria possível realizar no âmbito do presente trabalho.

Referências Bibliográficas

Abraham, K. (1970). *Teoria psicanalítica da libido*: *sobre o caráter e o desenvolvimento da libido*. (Trad. C. M. Oiticica). Rio de Janeiro: Imago. (Trabalho original publicado em 1925).

American Psychiatric Association (2003). DSM-IV-TR: *Manual Diagnóstico Estatístico de Transtornos Mentais*. (Trad. C. Dornelles) (4. Ed. rev.). Porto Alegre: Artmed.

Attié, J. (2013) *Mallarmé O Livro. Estudo Psicanalítico*. São Paulo: Forense Universitária.

Bassols, M. (mai. 2015) El objeto (a)sexuado. *El Caldero de la Escuela,* publicación de la Escuela de orientación Lacaniana.

http://elcaldero.eol.org.ar/Ediciones/001/template.asp?El-objeto-asexuado.html

Bauman, Z. (1998). *O mal-estar na pós-modernidade*. Rio de Janeiro: Jorge Zahar.

Bauman, Z. (2001). *Modernidade Líquida*. Rio de Janeiro: Jorge Zahar.

Bauman, Z. (2004). *Amor Líquido. Sobre a fragilidade dos laços humanos*. Rio de Janeiro: Jorge Zahar.

Beividas, W. (org.) (2002). *Psicanálise, pesquisa e universidade.* Rio de Janeiro: Contra Capa.

Blancard M.-H. (ago. 2013). Tomar o gozo ao pé da letra. *Opção Lacaniana.* (Vol. 66, 47-53). São Paulo: Eólia.

Blancard M.-H. (ago. 2013a). Uma odisseia singular. *Opção Lacaniana.* (Vol. 66, 55-61). São Paulo: Eólia.

Bokanowski, T. (2001). Sandor Ferenczi et la clinique des cas dits 'difficiles'. *Revue Française de Psychanalyse.* (Vol. LXXV, 391-404). Paris: PUF.

Brodsky, G. (1998). Nota introdutória. J.-A. Miller. *Los signos del goce.* (8). Buenos Aires: Paidós. (Trabalho original publicado em 1986[1987]).

Brousse, M-H. (2001). *El cuerpo en Psicoanálisis. Seminario de investigación.* Madrid: NUCEP/ Escuela Lacaniana de Psicoanálisis.

Brousse, M-H. (2002). Muerte y resurrección de la histérica. *Virtualia.* (N. 6). Buenos Aires: EOL.

Camps, V. (1994). *Los valores de la educación.* Madrid: Alauda/ Anaya.

Cancina, P. (2004). A *Fadiga Crônica. Neurastenia, as doenças do século.* Rio de Janeiro: Companhia de Freud.

Castiel, L. D. (1996). *Moléculas, moléstias, metáforas: o senso dos humores.* São Paulo: Unimarco Editora.

Castiel, L. D. & Vasconcellos-Silva, P. R. (2006). *Precariedades do excesso: informação e comunicação em saúde coletiva.* Rio de Janeiro: Editora Fiocruz.

Chilland, C. (mar. 2014). Le regard de l'autre, un miroir pour Narcise. *Revue française de psychanalyse.* (T. LXXVIII, Vol 1). Paris: PUF.

Coelho dos Santos, T. (2002). O analista como parceiro dos sintomas inclassificáveis. *Latusa, Revista da Escola Brasilei-*

ra de Psicanálise. (N. 7, 153-168). Rio de Janeiro: Escola Brasileira de Psicanálise.

Coelho dos Santos, T. (2006). *Sinthoma: corpo e laço social.* Rio de Janeiro: Editora Sephora/ UFRJ.

Coelho dos Santos, T. (2006a). *Efeitos terapêuticos na psicanálise aplicada.* (Org.). Rio de Janeiro: Contra Capa e Programa de Pós-Graduação em Teoria psicanalítica-UFRJ.

Coelho dos Santos, T. (2006b). *Comunicação oral.* Seminário de 3 de maio de 2006. Rio de Janeiro: UFRJ.

Coelho dos Santos, T. (2006c). *Os nomes do real: sexuação e invenção.* Projeto de Pesquisa aprovado pelo CNPq para o triênio 2007-2010, desenvolvido no Programa de Pós--Graduação em Teoria Psicanalítica da UFRJ.

Coelho dos Santos, T. (2006d). O psicanalista é um sinthoma. *Latusa* (N. 11, *Para que serve um pai: usos e versões*, 57-72). Rio de Janeiro: EBP-Rio.

Coelho dos Santos, T. & Zucchi, M. (2006). A ex-sistência do Real, a diferença sexual e a dissimetria dos gozos. *Latusa digital.* (N. 22). http://www.latusa.com.br/latusa_revista_digital_22.html.

Coelho dos Santos, T. & Zucchi, M. (2007). O Fantasma e o Real: sobre a desigualdade entre os sexos. *Revista Psicologia Clínica* (Vol. 18, 109-125). Rio de Janeiro: PUC-RJ.

Cottet, S. (1997). Gai savoir et triste vérité. *Revue de la Cause Freudienne* (N. 35, *Silhouettes du déprimé*). Paris: Navarin.

Cottet, S. (2003[2005]). Efeitos terapêuticos na clínica psicanalítica contemporânea. In T. Coelho dos Santos (Org.). *Efeitos terapêuticos na psicanálise aplicada.* Rio de Janeiro: Contra Capa e Programa de Pós-Graduação em Teoria Psicanalítica-UFRJ.

Cottet, S. (2011) *Ensaios de Clínica Psicanalítica.* Rio de Janeiro: Contra Capa.

Dewambrechies-La Sagna, C. & Deffieux J.-P. (Orgs.). (1997). *La conversation d'Arcachon. Cas rares, les inclassables de la clinique*. Paris: Agalma.

Dewambrechies-La Sagna, C. & Deffieux J.-P. (Orgs.). (1998). *Os casos raros, inclassificáveis, da clínica psicanalítica. A conversação de Arcachon*. São Paulo: Biblioteca Freudiana Brasileira.

Deffieux, J-P. (1998). La conversion d'un siècle à l'autre. *La Cause Freudienne*. (N. 38, 27-31). Paris: Navarin.

Dessal, G. (2001). Prefacio. In M-H. Brousse, *El cuerpo en Psicoanálisis. Seminario de investigación*. Madrid: NUCEP/ Escuela Lacaniana de Psicoanálisis.

Di Ciaccia, A. (2005). O Nome do Pai: prescindir, servir-se dele. *Correio, Revista da Escola Brasileira de Psicanálise*. (N. 52, 8-11). Minas Gerais: EBP.

Ehrenberg, A. (2000). *La fatigue d'être soi — Dépression et société*. Paris: Odile Jacob, Poches.

Esperanza, G. (mar. 2001). Una Invención: Legitimidad de la Biología Lacaniana. *El Caldero de la Escuela*. (N. 83). Buenos Aires: EOL.

Ferrer, T. (mai. 2005) Del padre a la mujer. *Tertulia de la Biblioteca del Campo Freudiano de la Escuela Lacaniana de Psicoanálisis*. Valencia. (Inédito).

Freud, S. (1974). Estudos sobre a Histeria. *Edição Standard Brasileira das Obras Psicológicas Completas de Sigmund Freud*. (Vol. II). Rio de Janeiro: Imago. (Trabalho original publicado em 1893[1895]).

Freud, S. (1976). As neuropsicoses de defesa. *Edição Standard Brasileira das Obras Psicológicas Completas de Sigmund Freud*. (Vol. III, 57-82). Rio de Janeiro: Imago. (Trabalho original publicado em 1894).

Freud, S. (1976). Sobre os critérios para destacar da neurastenia uma síndrome particular intitulada 'neurose de angústia'. *Edição Standard Brasileira das Obras Psicológicas Completas de Sigmund Freud.* (Vol. III, 107-135). Rio de Janeiro: Imago. (Trabalho original publicado em 1895).

Freud, S. (1977). Projeto para uma psicologia científica. *Edição Standard Brasileira das Obras Psicológicas Completas de Sigmund Freud.* (Vol. I, 395-517). Rio de Janeiro: Imago. (Trabalho original publicado em 1895).

Freud, S. (1972). A interpretação dos sonhos. *Edição Standard Brasileira das Obras Psicológicas Completas de Sigmund Freud.* (Vols. IV e V). Rio de Janeiro: Imago. (Trabalho original publicado em 1900).

Freud, S. (1972). Fragmento da análise de um caso de histeria. *Edição Standard Brasileira das Obras Psicológicas Completas de Sigmund Freud.* (Vol. VII, 5-119). Rio de Janeiro: Imago. (Trabalho original publicado em 1905).

Freud, S. (1972a). Três Ensaios sobre a Teoria da Sexualidade. *Edição Standard Brasileira das Obras Psicológicas Completas de Sigmund Freud.* (Vol. VII, 129-250). Rio de Janeiro: Imago. (Trabalho original publicado em 1905).

Freud, S. (1970). A concepção psicanalítica da perturbação psicogênica da visão. *Edição Standard Brasileira das Obras Psicológicas Completas de Sigmund Freud.* (Vol. XI, 197-203). Rio de Janeiro: Imago. (Trabalho original publicado em 1910).

Freud, S. (1974). Totem e tabu. *Edição Standard Brasileira das Obras Psicológicas Completas de Sigmund Freud.* (Vol. XII, 17-191). Rio de Janeiro: Imago. (Trabalho original publicado em 1913).

Freud, S. (1974). Sobre o narcisismo: uma introdução. *Edição Standard Brasileira das Obras Psicológicas Completas de Sigmund Freud.* (Vol. XIV, 89-119). Rio de Janeiro: Imago. (Trabalho original publicado em 1914).

Freud, S. (1974). O instinto e suas vicissitudes. *Edição Standard Brasileira das Obras Psicológicas Completas de Sigmund Freud*. (Vol. XIV, 137-162). Rio de Janeiro: Imago. (Trabalho original publicado em 1915).

Freud, S. (1974a). O inconsciente. *Edição Standard Brasileira das Obras Psicológicas Completas de Sigmund Freud*. (Vol. XIV, 185-245). Rio de Janeiro: Imago. (Trabalho original publicado em 1915).

Freud, S. (1974). Alguns tipos de caráter encontrados no trabalho psicanalítico. *Edição Standard Brasileira das Obras Psicológicas Completas de Sigmund Freud*. (Vol. XIV, 351-377). Rio de Janeiro: Imago. (Trabalho original publicado em 1916).

Freud, S. (1976). Conferências introdutórias sobre Psicanálise. Conferência XXIII "Os caminhos da formação dos sintomas". *Edição Standard Brasileira das Obras Psicológicas Completas de Sigmund Freud*. (Vol. XVI, 419-439). Rio de Janeiro: Imago. (Trabalho original publicado em 1916[1917]).

Freud, S. (1976b). Conferências introdutórias sobre Psicanálise. Conferência XXIV "O estado neurótico comum". *Edição Standard Brasileira das Obras Psicológicas Completas de Sigmund Freud*. (Vol. XVI, 441-456). Rio de Janeiro: Imago. (Trabalho original publicado em 1916[1917]).

Freud, S. (1976). Além do princípio do prazer. *Edição Standard Brasileira das Obras Psicológicas Completas de Sigmund Freud*. (Vol. XVIII, 17-85). Rio de Janeiro: Imago. (Trabalho original publicado em 1920).

Freud, S. (1976). Psicologia de grupo e análise do ego. *Edição Standard Brasileira das Obras Psicológicas Completas de Sigmund Freud*. (Vol. XVIII, 91-179). Rio de Janeiro: Imago. (Trabalho original publicado em 1921).

Freud, S. (1976). O ego e o id. *Edição Standard Brasileira das*

Obras Psicológicas Completas de Sigmund Freud. (Vol. XIX, 23-83). Rio de Janeiro: Imago. (Trabalho original publicado em 1923).

Freud, S. (1976). A dissolução do complexo de Édipo. *Edição Standard Brasileira das Obras Completas de Sigmund Freud.* (Vol. XIX, 217-224). Rio de Janeiro: Imago. (Trabalho original publicado em 1924).

Freud, S. (1976). Algumas consequências psíquicas da diferença anatômica entre os sexos. *Edição Standard Brasileira das Obras Completas de Sigmund* Freud. (Vol. XIX, 309-320). Rio de Janeiro: Imago. (Trabalho original publicado em 1925).

Freud, S. (1976a). Um estudo autobiográfico. *Edição Standard Brasileira das Obras Psicológicas Completas de Sigmund Freud.* (Vol. XX, 17-92). Rio de Janeiro: Imago. (Trabalho original publicado em 1925).

Freud, S. (1976b). Inibição, sintoma e ansiedade. *Edição Standard Brasileira das Obras Psicológicas Completas de Sigmund Freud.* (Vol. XX, 107-200). Rio de Janeiro: Imago. (Trabalho original publicado em 1925).

Freud, S. (1974). O mal-estar na civilização. *Edição Standard Brasileira das Obras Psicológicas Completas de Sigmund Freud.* (Vol. XXI, 81-171). Rio de Janeiro: Imago. (Trabalho original publicado em 1930).

Freud, S. (1974). Sobre a sexualidade feminina. *Edição Standard Brasileira das Obras Psicológicas Completas de Sigmund Freud.* (Vol. XXI, 259-279). Rio de Janeiro: Imago. (Trabalho original publicado em 1931).

Freud, S. (1976). Novas conferências introdutórias. Conferência XXXI, "A dissecação da personalidade psíquica". *Edição Standard Brasileira das Obras Psicológicas Completas de Sigmund Freud.* (Vol. XXII, 75-102). Rio de Janeiro. Imago. (Trabalho original publicado em 1933).

Freud, S. (1975). Análise terminável e interminável. *Edição Standard Brasileira das Obras Psicológicas Completas de Sigmund Freud*. (Vol. XXIII, 247-287). Rio de Janeiro: Imago. (Trabalho original publicado em 1937).

Green, A., Yorke, C., Rechardt, E, Segal, H., Widlöcher, D., Ikonen, P. & Laplanche, J. (1988). *A Pulsão de Morte*. São Paulo: Escuta.

Groddeck, G. (1988). *O livro d'isso*. (Cartas 15, 16 e 17, 111-130). São Paulo: Perspectiva.

Giddens, A. (2002). *Modernidade e identidade*. Rio de Janeiro: Zahar.

Henschel de Lima, C. & Aragon, V. (2006). Pai, modernidade e toxicomania: versão do pai e diagnóstico diferencial da toxicomania. *Latusa* (N. 11, 115-130). Rio de Janeiro: Escola Brasileira de Psicanálise-Rio.

Holanda-Ferreira, A. B. (1999). *O Dicionário da Língua Portuguesa Século XXI*. Rio de Janeiro: Nova Fronteira.

Houaiss, A. (2006). *Dicionário Houaiss da Língua Portuguesa*. Versão eletrônica. http://houaiss.uol.com.br.

Jimenez, S. (2014). *No cinema com Lacan: o que os filmes nos ensinam sobre os conceitos e a topologia lacaniana*. Rio de Janeiro: Ponteio.

Lacan, J. (2003). Os complexos familiares na formação do indivíduo. *Outros Escritos*. (29-90). Rio de Janeiro: Jorge Zahar. (Trabalho original publicado em 1938).

Lacan, J. (1998). O estádio do espelho como formador da função do Eu. *Escritos*. (96-103). Rio de Janeiro: Jorge Zahar Editor. (Trabalho original publicado em 1949).

Lacan, J. (1998). Função e campo da fala e da linguagem em psicanálise. *Escritos*. (238-324). Rio de Janeiro: Jorge Zahar Editor. (Trabalho original publicado em 1953).

Lacan, J. (1986). *O seminário, livro 1: Os escritos técnicos de Freud*. Rio de Janeiro: Jorge Zahar Editor. (Seminário proferido em 1953[1954]).

Lacan, J. (1985). *O seminário, livro 2: O eu na teoria de Freud e na técnica da Psicanálise*. Rio de Janeiro: Jorge Zahar Editor. (Seminário proferido em 1954[1955]).

Lacan, J. (1985). *O seminário, livro 3: As psicoses*. Rio de Janeiro: Jorge Zahar Editor. (Seminário proferido em 1955[1956]).

Lacan, J. (1998) O seminário sobre "A Carta Roubada". *Escritos*. (13-66). Rio de Janeiro: Jorge Zahar Editor. (Trabalho original publicado em 1957).

Lacan, J. (1998a) A instância da letra ou a razão desde Freud. *Escritos*. (496- 533). Rio de Janeiro: Jorge Zahar Editor. (Trabalho original publicado em 1957).

Lacan, J. (1998). De uma questão preliminar a todo tratamento possível da psicose. *Escritos*. (537-590). Rio de Janeiro. Jorge Zahar Editor. (Trabalho original publicado em 1958).

Lacan, J. (1998a). A direção do tratamento e os princípios de seu poder. *Escritos*. (591-652). Rio de Janeiro: Jorge Zahar Editor. (Trabalho original publicado em 1958).

Lacan, J. (1988). *O seminário, livro 7: A ética da Psicanálise*. Rio de Janeiro: Jorge Zahar Editor. (Seminário proferido em 1959[1970]).

Lacan J. (1998) A significação do falo. *Escritos*. (692-703) Rio de Janeiro: Jorge Zahar Editor. (Trabalho original publicado em 1958).

Lacan, J. (1998). Sobre o relatório de Daniel Lagache "Psicanálise e estrutura da personalidade". *Escritos*. (653-691). Rio de Janeiro: Jorge Zahar Editor. (Trabalho original publicado em 1960).

Lacan, J. (1998a). Subversão do sujeito e dialética do desejo no inconsciente freudiano. *Escritos*. (807-842). Rio de Janeiro: Jorge Zahar Editor. (Trabalho original publicado em 1960).

Lacan, J. (2003). Maurice Merleau-Ponty. *Outros escritos*. (183-192). Rio de Janeiro: Jorge Zahar. (Trabalho original publicado em 1961).

Lacan, J. (2005). *O seminário, livro 10: A angústia*. Rio de Janeiro: Zahar. (Seminário proferido em 1962[1963]).

Lacan, J. (1985). *O seminário, livro 11: Os quatro conceitos fundamentais da Psicanálise*. Rio de Janeiro: Jorge Zahar Editor. (Seminário proferido em 1964).

Lacan, J. (1998). Ciência e verdade. *Escritos*. (869-892). Rio de Janeiro: Jorge Zahar Editor. (Trabalho original publicado em 1965).

Lacan, J. (1998). De nossos antecedentes. *Escritos*. (65-76). Rio de Janeiro: Jorge Zahar Editor. (Trabalho original publicado em 1966).

Lacan, J. (2006). *Meu ensino*. Rio de Janeiro: Zahar. (Trabalho original publicado em 1967).

Lacan, J. (1967[1968]). O *seminário: O ato analítico*. Cópia reprográfica. (Inédito).

Lacan, J. (2003). Notas sobre a criança. *Outros escritos*. (369-370). Rio de Janeiro: Jorge Zahar. (Trabalho original publicado em 1969).

Lacan, J. (1992). *O seminário, livro 17: O avesso da Psicanálise*. Rio de Janeiro: Jorge Zahar Editor. (Seminário proferido em 1969[1970]).

Lacan, J. (2003). Radiofonia. *Outros escritos*. (404-447). Rio de Janeiro: Jorge Zahar Editor. (Trabalho original publicado em 1970).

Lacan, J. (2012). *O seminário, livro 19: ...ou pior*. Rio de Janeiro: Zahar. (Seminário proferido em 1971[1972]).

Lacan, J. (2003). Lituraterra. *Outros escritos*. (15-25). Rio de Janeiro: Jorge Zahar. (Trabalho original publicado em 1971).

Lacan, J. (1985). *O seminário, livro 20: Mais, ainda*. Rio de Janeiro: Jorge Zahar Editor. (Seminário proferido em 1972[1973]).

Lacan, J. (2003). Televisão. *Outros escritos*. (508-543). Rio de Janeiro: Jorge Zahar Editor. (Trabalho original publicado em 1973).

Lacan, J. (1974[1975]). *Seminário R.S.I.* http://www.psicoanalisis.org/lacan/seminario22.htm. (Inédito).

Lacan, J. (2011). A terceira. *Opção Lacaniana, Revista Brasileira Internacional de Psicanálise*. (N. 62, 11-36). São Paulo: Eólia. (Trabalho original publicado em 1974).

Lacan, J. (2007). *Seminário, livro 23: O sinthoma*. Rio de Janeiro: Zahar. (Seminário proferido em 1975[1976]).

Lacan, J. (2001). Joyce, le Symptôme. *Autres* écrits. (565-570). Paris: Seuil. (Trabalho original publicado em 1975).

Lacan, J. (dez. 1998). Conferência em Genebra sobre o sintoma. *Opção Lacaniana, Revista Brasileira Internacional de Psicanálise*. (N. 23, 6-16). São Paulo: Eólia (Trabalho original publicado em 1975).

Lacan, J. (2003). Joyce, o Sintoma. *Outros escritos*. (560-566). Rio de Janeiro: Jorge Zahar. (Trabalho original publicado em 1975).

Lambotte, M-C. (1997). *O Discurso melancólico*. Rio de Janeiro: Companhia de Freud.

Laplanche, P. & Pontalis, J.-B. (1986). *Vocabulário de Psicanálise*. (106-107). São Paulo: Martins Fontes.

Laurent, D. (2003). L'invention orientée. *La Cause Freudienne.* (N. 53, 89-95). Paris: Navarin.

Laurent, E. (2007). *A Sociedade do sintoma: a Psicanálise, hoje.* Rio de Janeiro: Contra Capa.

Laurent, E. (2010). O surfista da hiperletra e as periferias do significante. *Latusa.* (N. 15, 15-20). Rio de Janeiro: Escola Brasileira de Psicanálise-Rio.

Laurent, E. (2011). *El sentimiento delirante de la vida.* Buenos Aires: Colección Viva.

Louro, G. L. (2004). *Um corpo estranho: ensaios sobre sexualidade e a teoria queer.* Belo Horizonte: Autêntica.

Marx, C. & Engels, F. (1973). *Manifiesto del partido comunista.* Pequim: Ediciones en Lenguas Extranjeras. (Trabalho original publicado em 1848).

Michaelis Moderno, edição eletrônica. (2006). São Paulo: Editora Melhoramentos. http://michaelis.uol.com.br.

Miller, J-A. (1998). *Los signos del goce.* Buenos Aires: Paidós. (Trabalho original publicado em 1986[1987]).

Miller, J-A. (1998). A conversação. C. Dewambrechies-La Sagna & J.-P. Deffieux (Orgs.). *Os casos raros, inclassificáveis, da clínica psicanalítica. A conversação de Arcachon.* São Paulo: Biblioteca Freudiana Brasileira.

Miller, J-A. (2002). *De la naturaleza de los semblantes.* Buenos Aires: Paidós. (Trabalho original publicado em 1991[1992]).

Miller, J-A. (2003). Uma partilha sexual. *Clique, Revista dos Institutos Brasileiros de Psicanálise do Campo Freudiano.* (N. 2, 13-29). Minas Gerais: Instituto do Campo Freudiano do Brasil. (Trabalho original publicado em 1996[1997]).

Miller, J-A. (2004). *La experiencia de lo real en la cura psicoanalítica*. Buenos Aires: Paidós. (Trabalho original publicado em 1998[1999]).

Miller, J-A. (1999). *La psychose ordinaire: la convention de Antibes.* Paris: Le Paon/ Le Seuil.

Miller, J-A. (1999a). *Elementos de biologia lacaniana*. Belo Horizonte: EBP-MG.

Miller, J-A. (2000). Biologie lacanienne et événement de corps. *Revue de La Cause Freudienne*. (N. 44, 7-59). Paris: Navarin/ Seuil.

Miller, J-A. (2000a). Os seis paradigmas do gozo. *Opção Lacaniana, Revista Brasileira Internacional de Psicanálise*. (N. 26/ 27, 87-105). São Paulo: Eólia.

Miller, J-A. (2001). Una nueva modalidad de síntoma. *Virtualia*. (N. 1). http://www.eol.org.ar/virtualia/001/notas/index-001.html.

Miller, J-A. (2001[2002]). O real é sem lei. *Opção Lacaniana, Revista Brasileira Internacional de Psicanálise*. (N. 34, 7-16). São Paulo: Eólia.

Miller, J-A. (2002). Le dernier enseignement de Lacan. *Revue de la cause freudienne*. (N. 51, 7-32). Paris: Diffusion Navarin/ Seuil.

Miller, J-A. (2002a). A ex-sistência. *Opção Lacaniana, Revista Brasileira Internacional de Psicanálise*. (N. 33, 8-21). São Paulo: Eólia.

Miller, J-A. (2003). A invenção psicótica. *Opção Lacaniana, Revista Brasileira Internacional de Psicanálise*. (N. 36, 6-16). São Paulo: Eólia.

Miller, J-A. (2005). *O sobrinho de Lacan*. Brasil: Editora Forense Universitária.

Miller, J-A. (2005a). Uma fantasia. *Opção Lacaniana, Revista*

Brasileira Internacional de Psicanálise. (N. 42, 7-18). São Paulo: Eólia.

Miller, J-A. (2005/ 2006). Peças avulsas. *Opção Lacaniana, Revista Brasileira Internacional de Psicanálise*. (N. 44, 9-27; n. 45, 9-30). São Paulo: Eólia. (Trabalho original publicado em 2004[2005]).

Miller, J-A. (2006). Commentaire du "Séminaire Inexistant". *Quarto : Revue de psychanalyse*. (N. 87, *Le secret des Noms-du-Père*, 6-18). Bruxelles: ECF/ ACF.

Miller, J-A. (mar. 2011). Signos de Amor. *Página 12*. http://www.pagina12.com.ar/diario/psicologia/9-163348-2011-03-03.html

Miller, J-A. (2010[2011]). *O Ser e o Um*. Curso da Orientação Lacaniana. (Inédito).

Miller, J-A. (ago. 2013). Falar com seu corpo. *Opção Lacaniana, Revista Brasileira Internacional de Psicanálise*. (N. 66, 15). São Paulo: Eólia.

Miller, J-A. (2014[2016]) O inconsciente e o corpo falante. *Silicet, o inconsciente e o corpo falante, sobre o inconsciente no século XXI*. Rio de Janeiro: Escola Brasileira de Psicanálise.

Miller, J-A. & LAURENT, E. (2005) *El Otro que no existe y sus comités de ética*. Buenos Aires: Paidós. (Trabalho original publicado em 1996[1997]).

Milner, J. C. (1992). Linguistique et psychanalyse. *Encyclopédie Universalis*. (Corpus 13, 865). Paris: Encyclopédie Universalis S.A.

Morel, G. (1999). Recherches sur le début de la psychose. In J-A Miller. *La psychose ordinaire: la convention de Antibes*. Paris: Le Paon/ Le Seuil.

Nicéas, C. A. (2013). *Introdução ao narcisismo — O amor de si*. Rio de Janeiro: Civilização Brasileira.

Preciado, B. (2008). *Testo Yonqui*. Madrid: Espasa Calpe.

Quillet, P. (Org.) (1977). *Introdução ao pensamento de Bache-lard*. Rio de Janeiro: Jorge Zahar Editor.

Real Academia Española. Diccionario Usual. (2015). http://lema. rae.es/drae/srv/search?id=yXTJr0nN3DXX2NeUWr2L.

Recalcati, M. (2001). Il troppo pieno Del corpo. Per una clini-ca psicoanalitica dell'obesità. *Jonas Digital*. http://www. wapol.org/ornicar/articles/199rec.htm.

Recalcati, M. (2003). Clínica del vacío: anorexias, dependen-cias, psicosis. Madrid: Editorial Síntesis.

Recalcati, M. (2004). A questão preliminar na época do Outro que não existe. *Latusa Digital*. (N. 7). http://www.latusa. com.br.

Recalde, M. (dez. 2014). Responder a um Não. *Opção Lacania-na, Revista Brasileira Internacional de Psicanálise*. (N. 68/ 69). São Paulo: Eólia.

Rêgo Barros. R. (2003). Tríptico sobre a depressão. *Latusa digi-tal*. (N. 1). http://www.latusa.com.br.

Rêgo Barros, R. (2005). O sintoma enquanto contemporâneo. *Latusa* (N. 10, *Sintoma, Corpo e Laço Social*). (17- 28). Rio de Janeiro: EBP-Rio.

Rêgo Barros, R. (2012). *Compulsões e obsessões: uma neurose de futuro*. Rio de Janeiro: Civilização Brasileira.

Reich, W. (1981). *A função do orgasmo*. São Paulo: Brasiliense.

Reis, E. S. (2003). Autoerotismo: um vazio ativo na clínica con-temporânea. *AGORA Estudos em Teoria Psicanalítica*. (Vol. VI, n. 2, 187-203). Rio de Janeiro: UFRJ.

Rinaldi, D. (1996). *A ética da diferença: um debate entre psica-nálise e antropologia*. Rio de Janeiro: Jorge Zahar Editor.

Rodrigues, J. C. (1999). *O corpo na História*. Rio de Janeiro: Edi-tora Fiocruz.

Santiago, J. (2006). A clínica da *pai-versão. Latusa.* (N. 11, 73-89). Rio de Janeiro: Escola Brasileira de Psicanálise-Rio.

Santiago, J. (2006a). E o amor homossexual, o analista avalia? Conferência apresentada no Encontro Brasileiro de Psicanálise da EBP, em novembro de 2006. Belo Horizonte. (Inédito).

Saussure, F. (1977). *Curso de Linguí*stica Geral. (8. Ed.). São Paulo: Cultrix.

Solano-Suarez, E. (2006). Uma normalidade que faz mancha. *Latusa.* (N. 11, 177-184). Rio de Janeiro: EBP-Rio.

Solms, M. (jun. 2004). A grandeza de Sigmund Freud no campo mental vai acabar sendo algo como a de Charles Darwin no campo biológico. Entrevista a Salvador Nogueira. *Folha de São Paulo.* Caderno Ciência. Publicado em 20 de junho de 2004.

Strachey, J. (1974). Notas. In S. Freud. O inconsciente. *Edição Standard Brasileira das Obras Psicológicas Completas de Sigmund Freud.* (Vol. XIV, 185-245). Rio de Janeiro: Imago. (Trabalho original publicado em 1915).

Strachey, J. (1976). Notas. In S. Freud. O ego e o id. *Edição Standard Brasileira das Obras Psicológicas Completas de Sigmund Freud.* (Vol. XIX, 23-83). Rio de Janeiro: Imago. (Trabalho original publicado em 1923).

Tizio, H. (2006). Parejas por Internet. *Revista Asephallus.* (N. 2). http://www.isepol.com/asephallus/numero_02/pdf/atialidades1_esp.pdf.

Tizio, H. (jun. 2007). El cuerpo y los objetos. *AMP Papers.* (06/08, n. 2). http://www.nel-mexico.org/articulos/seccion/textosonline/subseccion/Cuerpo-y-Anorexia/611/El--cuerpo-y-los-objetos.

Tizio, H. (jun. 2007a). O corpo e os objetos. (Trad. Marcia Zucchi). *Papers - Boletim Eletrônico do Comitê de Ação da*

Escola Una – versão 2006-2008. (N. 02). Associação Mundial de Psicanálise. http://www.institutopsicanalise--mg.com.br/papers/papersport.htm#hebe

Ventura, O. (2002). La sublimación: un partenaire posible. *Ornicar? Digital.* http://wapol.org/ornicar/articles/vnt0052.htm.

Vieira, M. A. (2001). A ética da paixão: uma teoria psicanalítica do afeto. Rio de Janeiro: Jorge Zahar.

Vieira, M. A. (2008). *Restos: uma introdução lacaniana ao objeto da psicanálise.* Rio de Janeiro: Contra Capa.

Vieira, M. A. (2014). *Seminário Lições do Passe,* de 19 de maio de 2014. Seminários Institucionais da EBP-Rio. (Inédito).

Vieira, M. A. (2015). *Seminário Lições do Passe* de 27 de julho de 2015 Seminários Institucionais da EBP-Rio. http://ebprio.com/imagens/I%20-%20O%20passe%20e%20o%20corpo%20falante%20-%20Sujeito,%20objeto%20e%20corpo.pdf

Vieira, M. A. (2015b). Sujeito, objeto e corpo: quem fala? http://oimperiodasimagens.com.br/pt/faq-items/sujeito-obje-to-e-corpo-quem-fala-marcus-andre-vieira/.

Viganò, C. (jun. 2001). Une nouvelle question préliminaire: l'exemple de la toxicomanie. *Mental. Revue internationale de santé mentale et psychanalyse appliquée.* (N. 9, 57-79). Paris: Wapol.

Zucchi, M. (2011). *O caso Rosa e seus espinhos.* Trabalho apresentado no Congresso de Membros da EBP em abril de 2011. (Inédito).

Zucchi, M. (2008). O sexo e o limite do semblante. *Latusa.* (N. 13, *O Semblante e a Comédia dos Sexos*, 85-94). Rio de Janeiro: Escola Brasileira de Psicanálise-Rio.

www.ingramcontent.com/pod-product-compliance
Lightning Source LLC
Chambersburg PA
CBHW072115270326
41931CB00010B/1571